Para

com votos de paz.

/   /

Adilton Pugliese
Divaldo Franco
(pelo Espírito Manoel Philomeno de Miranda)

A obsessão: instalação e cura

Salvador
8. edição revista e ampliada – 2025

COPYRIGHT © (1998)
CENTRO ESPÍRITA CAMINHO DA REDENÇÃO
Rua Jayme Vieira Lima, 104
Pau da Lima, Salvador, BA.
CEP 412350-000
SITE: https://mansaodocaminho.com.br
EDIÇÃO: 8. ed. rev. e ampl. (3ª reimpressão) – 2025
TIRAGEM: 1.000 exemplares (milheiro: 31.500)
COORDENAÇÃO EDITORIAL
Lívia Maria C. Sousa

REVISÃO
Adriano Ferreira
Luciano Urpia
Plotino da Matta
CAPA
Cláudio Urpia
EDITORAÇÃO ELETRÔNICA
Marcus Falcão
COEDIÇÃO E PUBLICAÇÃO
Instituto Beneficente Boa Nova

PRODUÇÃO GRÁFICA
LIVRARIA ESPÍRITA ALVORADA EDITORA – LEAL
E-mail: editora.leal@cecr.com.br

DISTRIBUIÇÃO
INSTITUTO BENEFICENTE BOA NOVA
Av. Porto Ferreira, 1031, Parque Iracema. CEP 15809-020
Catanduva-SP.
Contatos: (17) 3531-4444 | (17) 99777-7413 (WhatsApp)
E-mail: boanova@boanova.net
Vendas on-line: https://www.livrarialeal.com.br

Dados Internacionais de Catalogação na Publicação (CIP)
(Catalogação na fonte)
BIBLIOTECA JOANNA DE ÂNGELIS

F825   FRANCO, Divaldo Pereira. (1927)

A obsessão: instalação e cura. 8. ed. / Divaldo Pereira Franco [ditado pelo Espírito Manoel Philomeno] e Adilton Pugliese. Salvador: LEAL, 2025.
    328 p.
    ISBN: 978-85-8266-219-9

    1. Espiritismo 2. Psicografia 3. Obsessão I. Franco, Divaldo
    II. Pugliese, Adilton III. Título

                                                        CDD: 133.93

Bibliotecária responsável: Maria Suely de Castro Martins – CRB-5/509

DIREITOS RESERVADOS: todos os direitos de reprodução, cópia, comunicação ao público e exploração econômica desta obra estão reservados, única e exclusivamente, para o Centro Espírita Caminho da Redenção. Proibida a sua reprodução parcial ou total, por qualquer meio, sem expressa autorização, nos termos da Lei 9.610/98.
Impresso no Brasil | Presita en Brazilo

*Abrir a mente à luz e o coração ao amor,
albergando a família padecente dos
homens, de que fazemos parte,
é o impositivo do Cristo para todos os que
creem, especialmente para os espiritistas, que
possuímos os antídotos eficazes contra
obsessões e obsessores, com o socorro
aos obsidiados e seus perseguidores,
sob a égide de Jesus.*

Joanna de Ângelis/Divaldo Franco
(*Estudos espíritas*)

AGRADECIMENTOS

Pela oportunidade reencarnatória: *a meus pais, Sisi e Aimone.*

Pela oportunidade redentora: *a Divaldo Franco, Nilson Pereira e Juventino Ferreira.*

Pela oportunidade deste modesto trabalho: *a Jucinara, Lívia, Ramon e Vanessa, esposa e filhos amados sempre.*

Também à Federação Espírita Brasileira – FEB, *que gentilmente concedeu permissão para que fossem transcritos, nesta obra, textos pertencentes a livros do Espírito Manoel Philomeno de Miranda psicografados pelo médium Divaldo Franco e publicados por sua editora.*

O organizador

HOMENAGENS

Homenagem especial pela passagem dos 71 anos do Centro Espírita Caminho da Redenção, fundado em 7 de setembro de 1947, e pelos 71 anos de oratória espírita do médium Divaldo Franco.

Pelos 91 anos de trajetória existencial do médium Divaldo Pereira Franco, comemorados em 5 de maio de 2018.

Pelos 160 anos de fundação, por Allan Kardec, da Sociedade Parisiense de Estudos Espíritas – SPEE, em 1º de abril de 1858.

Pelos 150 anos do Projeto 1868, escrito por Allan Kardec e constante do livro *Obras póstumas*.

Pelos 160 anos do lançamento da *Revista Espírita (Revue Spirite)*, em 1º de janeiro de 1868, por Allan Kardec.

Pelos 150 anos do lançamento de *A Gênese*, quinta obra da Codificação, em janeiro de 1868, por Allan Kardec.

Pelos 161 anos da publicação de *O Livro dos Espíritos*, por Allan Kardec, em 18 de abril de 1857.

Pelos 170 anos dos fenômenos mediúnicos ocorridos em Hydesville, EUA, com as irmãs Fox, em 31 de março de 1848, considerados os sinais precursores fundamentais do advento do Consolador, que é o Espiritismo.

Pelos 100 anos da desencarnação, no dia 1º de novembro de 1918, do professor e médium Eurípedes Barsanulfo, em Sacramento, MG.

Pelos 60 anos de fundação do Centro Espírita Cristo Redentor, em 1º de janeiro de 1958, em Salvador, BA.

Sumário

Flagelo ameaçador — 17

1 Obsessão: conceitos — 21

2 A obsessão nas obras de Allan Kardec — 23
   2.1 A obsessão em *O Livro dos Espíritos* — 25
   2.2 A obsessão em *O Livro dos Médiuns* — 27
   2.3 A obsessão em *O Evangelho segundo o Espiritismo* — 28
   2.4 A obsessão em *O Céu e o Inferno* — 31
   2.5 A obsessão em *A Gênese* — 34
   2.6 A obsessão em *O que é o Espiritismo* — 36
   2.7 A obsessão em *Obras póstumas* — 38
   2.8 A obsessão na *Revista Espírita* — 39

3 A obsessão nas obras de Manoel P. de Miranda (esclarecimentos) — 41
   3.1 Manoel Philomeno de Miranda (biografia) — 44
   3.2 Grupo I – Definições, classificações e análises — 49
      3.2.1 Obsessão: flagício social — 49
      3.2.2 Fenômenos obsessivos — 53
      3.2.3 Considerando a obsessão — 56
      3.2.4 Obsessão e pesquisas psíquicas — 61
      3.2.5 Examinando a obsessão — 67
      3.2.6 Obsessão simples — 81
      3.2.7 Obsessão por fascinação — 82
      3.2.8 Obsessão por subjugação — 84
      3.2.9 Obsessões especiais — 86
      3.2.10 Obsessões intermitentes — 89
      3.2.11 Obsessão e tramas do destino — 92
      3.2.12 Tormentos da obsessão — 100
   3.3 Grupo II – Técnicas obsessivas e análise dos envolvidos — 110
      3.3.1 Recepção da ideia perturbadora — 110
      3.3.2 Intercâmbio mental — 111
      3.3.3 Reflexos da interferência — 113
      3.3.4 Indução obsessiva — 115

3.3.5 Perante obsessores — 117
3.3.6 Perante obsidiados — 120
3.3.7 O obsessor — 123
3.3.8 O obsidiado — 126
3.3.9 O grupo familial — 131
3.3.10 Comportamentos por obsessão — 132
3.3.11 Obsessão e conduta — 135
3.3.12 Suicídio e obsessão — 138
3.3.13 Loucura e obsessão — 142
3.3.14 Alienação por obsessão — 146
3.3.15 Sanidade e desequilíbrio mental — 157
3.3.16 Sexo e obsessão — 160

3.4 Grupo III – Organização dos trabalhos — 169

3.4.1 A equipe de trabalho — 169
3.4.2 Reuniões sérias — 174
3.4.3 Serviços de desobsessão — 177
3.4.4 Na desobsessão — 184

3.5 Grupo IV – Prática desobsessiva — 187

3.5.1 Terapia desobsessiva — 187
3.5.2 Terapia de desobsessão — 189
3.5.3 Mediunidade socorrista — 192
3.5.4 Alienação obsessiva e a missão do Espiritismo — 195
3.5.5 Em oração — 198

3.6 Grupo V – Novos ensinamentos do Espírito Manoel Philomeno de Miranda (2004 a 2015) — 201

3.6.1 Parasitoses físicas — 201
3.6.2 Induções hipnóticas obsessivas — 208
3.6.3 As obsessões sutis e insidiosas — 213
3.6.4 Transição planetária — 231
3.6.5 Conflitos humanos e obsessões coletivas — 238
3.6.6 O amor nunca põe limites — 253
3.6.7 Diretrizes e alertas — 264

4 O Centro Espírita e a desobsessão — 271

4.1 Atendimento aos encarnados — 271

4.1.1 Padrão vibratório do Centro Espírita — 271
4.1.2 A desobsessão e o atendimento fraterno — 274
4.1.3 A desobsessão e a terapia pelos passes — 276
4.1.4 A desobsessão e as reuniões doutrinárias — 279
4.1.5 A desobsessão e o tratamento profissional especializado — 281
4.1.6 A desobsessão e a promoção do ser — 283

4.2 Atendimento aos desencarnados — 285
    4.2.1 A desobsessão e a reunião mediúnica — 285
    4.2.2 A desobsessão e a equipe mediúnica — 291
    4.2.3 Terapias desobsessivas — 293

5 Informações sobre as obras do Espírito Manoel P. de Miranda — 297

6 Notas — 303
    6.1 Sínteses biográficas — 303
    6.2 Informações gerais — 318

7 Referências — 321

Flagelo ameaçador[1]

O estudo criterioso das obsessões, com o objetivo de serem detectadas as suas causas, instalação, síndrome e manifestações, para posterior tratamento cuidadoso, deve ser encetado com gravidade, com seriedade, fugindo-se aos clichês fantasistas estabelecidos e às teorias apressadas, sem qualquer fundamento científico ou que não encontrem apoio nos nobres postulados da Doutrina Espírita.

À semelhança de previsível epidemia, vêm-se multiplicando os casos de psicopatologia obsessiva, que arrebanham multidões desavisadas que lhes tombam nas malhas soezes, com volumosos prejuízos morais para a sociedade.

Essa ocorrência tem lugar no mundo por causa da inferioridade espiritual em que as criaturas se demoram, permitindo-se a promiscuidade psíquica com os Espíritos atrasados que pululam em torno da Terra, emigrados do corpo físico pelo fenômeno incoercível da morte biológica.

Vítimas dos hábitos doentios a que se permitiram, prosseguem com avidez no comércio mental e emocional com todos quantos com eles sintonizam, em razão da afinidade de gostos e interesses que mantêm.

---
1. Página psicografada pelo médium Divaldo Franco no dia 4 de julho de 1998, em Salvador, BA (nota da Editora).

Simultaneamente, em razão do comportamento indito-so que foi experienciado em reencarnações transatas, que as assinalaram com matrizes vibratórias, nas quais eles acoplam os seus plugues de revolta e ódio, de vingança e perversidade, estabelecendo correntes psíquicas perturbadoras que se fixam profundamente no cerne da alma, de forma que geram processos lamentáveis de subjugações, quando em estados mais avançados.

Distraídas das questões espirituais – que são colocadas em plano secundário como resultado das negociações com a Divindade propostas por algumas religiões e seitas espiritualistas –, permitem-se conduta mental, emocional e comportamental perniciosa, facultando que se estabeleçam esses contatos ruinosos.

Graças à perda de significado psicológico que se permitem, os transtornos emocionais e psíquicos aumentam, facultando maior e mais fácil intercâmbio prejudicial entre os Espíritos perversos, atrasados e doentes, e as criaturas que se lhes assemelham.

[...] E a obsessão se avoluma nas paisagens humanas de forma ameaçadora.

A leviandade tem-se apresentado com teorias fascinantes e inócuas, prometendo curas miraculosas e outros resultados imediatos, como se estivesse diante de uma patologia simples, ao mesmo tempo que se tratasse com fenômenos cujas causas imediatas pudessem ser removidas a passe de mágica ou de fabuloso poder. Esquecida que o enfrentamento obsessivo tem geratriz anterior e assenta as suas raízes em fatores emocionais muito profundos, não pode ser combatida senão através de cuidadosa terapia espiritual, na qual ambos os litigantes se resolvam pelo amor, pelo olvido ao mal e construção do bem, renovando-se e iluminando-se com o conhecimento da realidade que dimana de Jesus Cristo, o Psicoterapeuta Excelente, que libertou inúme-

ros enfermos de todos os tipos que d'Ele se acercaram e se resolveram por mudar o panorama íntimo, adquirindo saúde moral.

A psicoterapia desobsessiva exige cuidados especiais e somente pessoas credenciadas pela conduta espiritual e pelo conhecimento do Espiritismo, que estejam habituadas ao intercâmbio mediúnico, particularmente com os Espíritos mentirosos, embusteiros, obsessores, que são portadores de incontáveis habilidades na arte de iludir e malsinar.

Igualmente, é indispensável a mudança de comportamento do enfermo, a sua adesão a novos valores de vida, com natural alteração de atividades orais e mentais, de forma que recrie o campo vibratório em que estagia com novas construções de energia saudável, retificando as que se encontravam danificadas.

A obsessão tem início muito sutilmente, quando não irrompe com violência incontida, levando de roldão os melhores projetos existenciais, por isso mesmo exigindo grande vigilância de todas as pessoas que, de alguma forma, estão incursas no quadro afligente de que as Soberanas Leis se utilizam para recuperar delinquentes espirituais e desertores da vida que pensaram em ludibriá-la, defrontando-a, porém, logo depois...

Assim pensando, consideramos o presente trabalho digno de ser examinado com seriedade pelos nossos leitores, tendo em vista o esforço de pesquisa e organização do nosso caro confrade Adilton Pugliese, que nele investiu muito tempo e dedicação, a fim de contribuir com segurança em favor da observação, diagnose e tratamento do terrível flagício espiritual, oferecendo material e critério para a cura dos obsidiados, dos obsessores e erradicação do mal, através de uma psicoterapia preventiva, mediante a vivência dos postulados da Doutrina Espírita.

Isso posto, exoramos a Deus que o abençoe e a todos quantos se interessam em diminuir os sofrimentos humanos, bem como aqueles que nos concederem a honra de perlustrar as páginas que ora são depositadas em suas mãos.

Salvador, 4 de julho de 1998.
MANOEL PHILOMENO DE MIRANDA

1
OBSESSÃO: CONCEITOS

1.1 O CONCEITO DE OBSESSÃO EM ALGUMAS OBRAS

1.1.1 *Novo Aurélio: o Dicionário da Língua Portuguesa*

Obsessão. [Do lat. *obsessione*.] S. f. **1.** Impertinência, perseguição, vexação. **2.** Pensamento, ou impulso, persistente ou recorrente, indesejado e aflitivo, e que vem à mente [Espírito] involuntariamente, a despeito de tentativa de ignorá-lo ou de suprimi-lo; ideia fixa, mania.

1.1.2 *O Livro dos Médiuns*

Domínio que alguns Espíritos logram adquirir sobre certas pessoas. Nunca é praticada senão pelos Espíritos inferiores, que procuram dominar. (Capítulo 23, item 237).

1.1.3 *O Evangelho segundo o Espiritismo*

Ação persistente que um Espírito mau exerce sobre um indivíduo. Apresenta caracteres muito diversos, desde a simples influência moral, sem perceptíveis sinais exteriores, até a perturbação completa do organismo e das faculdades mentais. (Capítulo 28, item 81).

1.1.4 *O Livro dos Espíritos*

[...] Pode a alma ficar na dependência de outro Espírito, de modo a se achar subjugada ou obsidiada, ao ponto de a sua vontade vir a achar-se, de certa maneira, paralisada. (Capítulo 9, questão 474).

1.1.5. *Obras póstumas*

Domínio que os maus Espíritos assumem sobre certas pessoas, com o objetivo de escravizá-las e submeter à vontade deles, pelo prazer que experimentam em fazer o mal. Quando um Espírito, bom ou mau, quer atuar sobre um indivíduo, envolve-o, por assim dizer, no seu perispírito, como se fora um manto. (Capítulo 7, item 56).

2
A OBSESSÃO NAS OBRAS DE ALLAN KARDEC

As experiências práticas de Allan Kardec com o que mais tarde ele caracterizaria como *obsessão* certamente ocorreram desde os contatos preliminares com os Espíritos.

Examinando-se sua agenda íntima, que contém dados cronológicos significativos para a compreensão da fase pré-natal do Espiritismo, depreende-se que o futuro codificador e sua equipe de médiuns e colaboradores seriam alvos de mentes atormentadas, administradoras do mal e que se arregimentariam para criar obstáculos, embora inutilmente, ao surgimento da novel Doutrina.

Desde a fase que Kardec chamou de *sua iniciação*, ele começou os seus *estudos sérios do Espiritismo* nas reuniões na casa da Sra. Roger e do Sr. Baudin, presenciando "o fenômeno das mesas que giravam, saltavam e corriam", assistindo, ainda, "a ensaios de escrita mediúnica". Enquanto muitos viam "naquelas aparentes futilidades" um passatempo, ele via "qualquer coisa de sério, como que a revelação de uma nova lei, que tomei a mim estudar a fundo" (*Obras póstumas*, p. 267).

E destaca o codificador:

Compreendi, antes de tudo, a gravidade da exploração que ia empreender; percebi, naqueles fenômenos, a chave do problema tão obscuro e tão controvertido do passado e do futuro da humanidade, a solução que eu procurara em toda a minha vida. Era, em suma, toda uma revolução nas ideias e nas crenças; fazia-se mister, portanto, andar com a maior circunspecção e não levianamente; ser positivista e não idealista, para não me deixar iludir.

Um dos primeiros resultados que colhi das minhas observações foi que *os Espíritos*, nada mais sendo do que as almas dos homens, *não possuíam nem a plena sabedoria, nem a ciência integral* [...]. Reconhecida desde o princípio, *esta verdade me preservou do grave escolho de crer na infalibilidade dos Espíritos e me impediu de formular teorias prematuras*, tendo por base o que fora dito por um ou alguns deles. (Idem, p. 268, grifamos).

Que significa este depoimento senão toda uma visão profilática profunda contra as obsessões, sobretudo na sua modalidade de *fascinação*? E a atitude preventiva de Kardec, que mais tarde ele consolidaria ensinando em O Livro dos Médiuns as técnicas desobsessivas, patenteia-se nesta sua afirmação:

Conduzi-me, pois, com os Espíritos, como houvera feito com os homens. Para mim, eles foram, do menor ao maior, meios de me informar *e não reveladores predestinados*. (Idem, p. 269, grifamos).

Antes mesmo de lançar O Livro dos Espíritos, Kardec terá oportunidade de receber informações sobre a influência obsessora dos Espíritos. Em 12 de maio de 1856, por exemplo, numa sessão pessoal, na casa do Sr. Baudin, num dos colóquios que mantém com as Entidades orientadoras, ele fala ao Espírito da Verdade sobre um homem, identificado no diálogo como M...; Kardec destaca que M... disporia de um médium por meio do qual Espíritos teriam feito revelações, inclusive sobre acontecimentos futuros. O Espírito da Verdade confirma o fato, porém destaca que teriam sido *Espíritos levianos* que haviam transmitido as informações, que não sabiam mais do que M... e lhe exploravam a exaltação.

Em 10 de junho do mesmo ano, na casa do Sr. Roustan, desta vez em contato mediúnico com o Espírito Hahnemann, que evoca, Kardec indaga se poderia utilizar a ajuda de um médium identificado como B..., a fim de acelerar o acabamento de *O Livro dos Espíritos*. A proposta, contudo, é rejeitada, porquanto "B..., bem moço, era um médium escrevente muito maleável, mas assistido por um Espírito muito orgulhoso e arrogante [...]", e que "lisonjeava o amor-próprio" do médium, que julgava ter na sua faculdade um meio de enriquecer (idem, p. 279-281).

São essas as experiências primordiais de Kardec, no campo sutil das influências dos Espíritos, e que ele, magistralmente e inspirado pelos codificadores desencarnados, desenvolveria nas obras básicas, como veremos a seguir.

2.1 A OBSESSÃO EM *O LIVRO DOS ESPÍRITOS*

Ao abordar, no capítulo IX da Segunda Parte, a questão *da intervenção dos Espíritos no mundo corporal*, Kardec indaga aos coordenadores da Codificação, a partir da questão 459, sobre a *influência oculta dos Espíritos em nossos pensamentos e atos*.

Todo o capítulo, no qual são explorados nada menos do que 12 subtemas envolvendo o núcleo básico dos estudos, iniciando-se com a *faculdade, que têm os Espíritos, de penetrar os nossos pensamentos*, a partir da pergunta 456, até as *bênçãos e maldições*, na questão 557, representa 102 indagações profundas acerca da *intervenção* dos Espíritos desencarnados no mundo dos seres encarnados.

Podem ser destacadas outras abordagens importantes que Kardec realiza nesse capítulo de *O Livro dos Espíritos*, as quais mantêm estreitas conexões com o tema obsessão:

    a) possessos e convulsionários;

    b) afeição que os Espíritos votam a certas pessoas;

    c) anjos guardiães ou anjos de guarda, Espíritos protetores, familiares ou simpáticos;

    d) influências dos Espíritos nos acontecimentos da vida;

    e) pactos, poder oculto, talismãs, feiticeiros.

Certamente, todo esse material informativo, esclarecedor e preventivo obtido dos Espíritos superiores, contido no livro que possui a fundamentação filosófica da Doutrina Espírita, lançado em Paris em 18 de abril de 1857, constituir-se-ia na massa crítica que possibilitaria ao codificador configurar os comentários futuros que desenvolveria e que seriam exarados, em 1861, em *O Livro dos Médiuns*, no capítulo XXIII, especificamente, que trata da obsessão, e em 1864, no capítulo XXVIII de *O Evangelho segundo o Espiritismo*, item 81, ao tratar da prece pelos obsedados, tendo tratado do assunto também na *Revista Espírita*. Deve-se, ainda, ser destacado o parágrafo VII da Primeira Parte do livro *Obras póstumas*, considerado por Herculano Pires o testamento doutrinário de Allan Kardec, no qual o mestre reforça os seus estudos sobre a obsessão e a possessão.

2.2 A obsessão em *O Livro dos Médiuns*

Podemos dizer, de forma *globalizada*, que *O Livro dos Médiuns* trata, genericamente, da *influência oculta dos Espíritos*, oferecendo os *meios* para que médiuns e doutrinadores laborem com eficiência e eficácia nessa área do "Espiritismo Experimental".

Entretanto, tal como começou *O Livro dos Espíritos*, de forma interrogativa, ao indagar aos Espíritos codificadores: – *Que é Deus?*, em *O Livro dos Médiuns*, igualmente Kardec inicia indagando: – *Há Espíritos?*, e nos conduz dialeticamente a profundas argumentações sobre a questão, destacando no capítulo I dessa famosa obra que "o Espírito pode comunicar-se com o homem, pode com ele trocar ideias", pode influenciar, portanto, a vida dos chamados vivos.

No conhecido capítulo XXIII, ele expressa o grau mais intenso e comprometedor dessas relações interexistenciais *entre os escolhos que apresenta a prática do Espiritismo*: a obsessão.

Nesse capítulo, composto de pouco mais de 17 páginas, o codificador define, classifica e demonstra os meios de combater a obsessão, e tem sido o núcleo de referência sobre tudo o que se escreveu acerca da temática depois de janeiro de 1861, quando Kardec lançou *O Livro dos Médiuns*, em Paris.

As conexões entre a chamada *Coleção André Luiz*, as obras de Manoel Philomeno de Miranda, nas abordagens acerca da obsessão, e esse capítulo XXIII de *O Livro dos Médiuns* são evidentes em várias passagens. Os Espíritos escritores foram buscar na substância doutrinária do mestre de Lyon o suporte para redigir centenas de páginas sobre o maior flagelo que tem atingido a Humanidade, influenciando a sua história, o seu passado, o seu presente e, infelizmente, o seu futuro.

São obras como as de Manoel Philomeno de Miranda que poderão contribuir poderosa e eficazmente para mudar os cenários pessimistas desse amanhã, porque elas representam os meios eficientes de combater esse terrível mal que é a obsessão.

2.3 A OBSESSÃO EM *O EVANGELHO SEGUNDO O ESPIRITISMO*

Encontraremos comentários elucidativos de Allan Kardec sobre a obsessão e suas variáveis, assim como orientações sobre as técnicas desobsessivas eficientes, nas seguintes passagens de *O Evangelho segundo o Espiritismo*:

> O Espírito mau espera que o outro, a quem ele quer mal, esteja preso ao seu corpo e, assim, menos livre, para mais facilmente o atormentar, ferir nos seus interesses, ou nas suas mais caras afeições. Nesse fato reside a causa da maioria dos casos de obsessão, sobretudo dos que apresentam certa gravidade, quais os de subjugação e possessão. O obsidiado e o possesso são, pois, quase sempre vítimas de uma vingança, cujo motivo se encontra em existência anterior, e à qual o que a sofre deu lugar pelo seu proceder. Deus o permite, para os punir do mal que a seu turno praticaram, ou, se tal não ocorreu, por haverem faltado com a indulgência e a caridade, não perdoando. Importa, conseguintemente, do ponto de vista da tranquilidade futura, que cada um repare, quanto antes, os agravos que haja causado ao seu próximo, que perdoe aos seus inimigos, a fim de que, antes que a morte lhe chegue, esteja apagado qualquer motivo de dissensão, toda causa fundada de ulterior animosidade. (Capítulo X, item 6, p. 171).

Pode-se, portanto, contar inimigos assim entre os encarnados, como entre os desencarnados. Os inimigos do mundo invisível manifestam sua malevolência pelas obsessões e subjugações com que tanta gente se vê a braços e que representam um gênero de provações, as quais, como as outras, concorrem para o adiantamento do ser, que, por isso, as deve receber com resignação e como consequência da natureza inferior do globo terrestre. (Capítulo XII, item 6, p. 201).

[...] Prova a experiência que, da parte dos que não aproveitam os conselhos que recebem dos bons Espíritos, as comunicações, depois de terem revelado certo brilho durante algum tempo, degeneram pouco a pouco e acabam caindo no erro, na verbiagem, ou no ridículo, sinal incontestável do afastamento desses bons Espíritos.

Conseguir a assistência destes, afastar os Espíritos levianos e mentirosos, tal deve ser a meta para a qual convirjam os esforços constantes de todos os médiuns sérios. Sem isso, a mediunidade se torna uma faculdade estéril, capaz mesmo de redundar em prejuízo daquele que a possua, pois pode degenerar em perigosa obsessão. (Capítulo XXVIII, item 9, p. 397).

A obsessão é a ação persistente que um Espírito mau exerce sobre um indivíduo. Apresenta caracteres muito diversos, desde a simples influência moral, sem perceptíveis sinais exteriores, até a perturbação completa do organismo e das faculdades mentais. Oblitera todas as faculdades mediúnicas; traduz-se, na mediunidade escrevente, pela obstinação de um Espírito em se manifestar, com exclusão de todos os outros.

Os Espíritos maus pululam em torno da Terra, em virtude da inferioridade moral de seus habitantes. A ação malfazeja que eles desenvolvem faz parte dos flagelos com que a Humanidade se vê a braços neste mundo. A obsessão, como as enfermidades e todas as tribulações da vida, deve ser considerada prova ou expiação e como tal aceita.

Do mesmo modo que as doenças resultam das imperfeições físicas, que tornam o corpo acessível às influências perniciosas exteriores, a obsessão é sempre o resultado de uma imperfeição moral, que dá acesso a um Espírito mau. As causas físicas se opõem forças físicas; a uma causa moral tem-se de opor uma força moral. Para preservá-lo das enfermidades, fortifica-se o corpo; para isentá-lo da obsessão, é preciso fortificar a alma, pelo que necessário se torna que o obsidiado trabalhe pela sua própria melhoria, o que as mais das vezes basta para o livrar do obsessor, sem recorrer a terceiros. O auxílio destes se faz indispensável, quando a obsessão degenera em subjugação e em possessão, porque aí, não raro, o paciente perde a vontade e o livre-arbítrio.

Quase sempre, a obsessão exprime a vingança que um Espírito tira e que com frequência se radica nas relações que o obsidiado manteve com ele em precedente existência. (Veja-se: cap. X, item 6; cap. XII, itens 5 e 6.)

Nos casos de obsessão grave, o obsidiado se acha como que envolvido e impregnado de um fluido pernicioso, que neutraliza a ação dos fluidos salutares e os repele. É desse fluido que importa desembaraçá-lo. Ora, um fluido mau não pode ser eliminado por outro fluido mau. Mediante ação idêntica à do médium curador nos casos de enfermidade, cumpre se elimine o fluido mau com o auxílio de um fluido melhor, que produz, de certo modo, o efeito de um reativo. Esta a ação mecânica, mas que não basta; necessário, sobretudo, *é que se atue sobre o ser inteligente*, ao qual importa se possa falar com autoridade, que só existe onde há superioridade moral. Quanto maior for esta, tanto maior será igualmente a autoridade.

E não é tudo: para garantir-se a libertação, cumpre induzir o Espírito perverso a renunciar aos seus maus desígnios; fazer que nele despontem o arrependimento e o desejo do bem, por meio de instruções habilmente ministradas, em evocações particulares, objetivando a sua educação moral. Pode-

-se então lograr a dupla satisfação de libertar um encarnado e de converter um Espírito imperfeito.

A tarefa se apresenta mais fácil quando o obsidiado, compreendendo a sua situação, presta o concurso da sua vontade e da sua prece. O mesmo não se dá quando, seduzido pelo Espírito embusteiro, ele se ilude no tocante às qualidades daquele que o domina e se compraz no erro em que este último o lança, visto que, então, longe de secundar, repele toda assistência. É o caso da fascinação, infinitamente mais rebelde do que a mais violenta subjugação. (*O Livro dos Médiuns*, 2ª Parte, cap. XXIII.)

Em todos os casos de obsessão, a prece é o mais poderoso auxiliar de quem haja de atuar sobre o Espírito obsessor. (Capítulo XXVIII, item 81, p. 431).

2.4 A OBSESSÃO EM *O CÉU E O INFERNO*

Segundo o Espiritismo, nem anjos nem demônios são *Entidades* distintas, por isso que a criação de seres inteligentes é uma só. Unidos a corpos materiais, esses seres constituem a Humanidade que povoa a Terra e as outras esferas habitadas; uma vez libertos do corpo material, constituem o Mundo espiritual ou dos espíritos, que povoam os espaços. Deus criou-os *perfectíveis* e deu-lhes por escopo a perfeição, com a felicidade que dela decorre. *Não lhes deu*, contudo, *a perfeição*, pois quis que a obtivessem por seu próprio esforço, a fim de que também e realmente lhes pertencesse o mérito. Desde o momento da sua criação que os seres progridem, quer encarnados, quer no estado espiritual. Atingido o apogeu, tornam-se *puros espíritos* ou *anjos* segundo a expressão vulgar, de sorte que, a partir do embrião do ser inteligente até ao anjo, há uma cadeia na qual cada um dos elos assinala um grau de progresso.

Do expresso resulta que há espíritos em todos os graus de adiantamento moral e intelectual, conforme a posição em que se acham na imensa escala do progresso.

Em todos os graus existe, portanto, ignorância e saber, bondade e maldade. Nas classes inferiores destacam-se Espíritos ainda profundamente propensos ao mal e que se comprazem com o mal. A estes se pode denominar *demônios*, pois são capazes de todos os malefícios que a eles são atribuídos. O Espiritismo não lhes dá tal nome por se prender ele à ideia de uma criação distinta do gênero humano, como seres de natureza essencialmente perversa, voltados ao mal eternamente e incapazes de qualquer progresso para o bem.

Segundo a doutrina teológica os demônios foram criados bons e tornaram-se maus por sua desobediência: são anjos colocados primitivamente por Deus no ápice da escala, tendo dela decaído. Segundo o Espiritismo os demônios são espíritos imperfeitos, suscetíveis de regeneração e que, colocados na base da escala, hão de nela graduar-se. Os que por apatia, negligência, obstinação ou má vontade persistem em ficar por mais tempo nas classes inferiores, sofrem as consequências dessa atitude, e o hábito do mal lhes dificulta a regeneração. Chega-lhes, porém, um dia a fadiga dessa vida penosa e das suas respectivas consequências; eles comparam a sua situação à dos bons Espíritos e compreendem que o seu interesse está no bem, tanto que procuram então melhorarem-se, mas por ato de espontânea vontade, sem que haja nisso o mínimo constrangimento. *Submetidos à lei geral do progresso, em virtude da sua aptidão para o mesmo, não progridem, ainda assim, contra a vontade.* Deus fornece-lhes constantemente os meios, porém, com a faculdade de aceitá-los ou recusá-los. Se o progresso fosse obrigatório não haveria mérito, e Deus quer que todos tenhamos o mérito de nossas obras. Ninguém é colocado em primeiro lugar por privilégio; mas o primeiro lugar a todos é franqueado à custa do esforço próprio. (Primeira Parte, capítulo IX, itens 20 e 21, p. 131).

Os modernos fenômenos do Espiritismo têm atraído a atenção sobre fatos análogos de todos os tempos, e nunca a História foi tão compulsada neste sentido como ultimamente. Pela semelhança dos efeitos, inferiu-se a unidade da causa. Como sempre acontece relativamente a fatos extraordinários que o senso comum desconhece, o vulgo viu nos fenômenos espíritas uma causa sobrenatural, e a superstição completou o erro ao ajuntar-lhes absurdas crendices. Provém daí uma multidão de lendas que, pela maior parte, são um amálgama de poucas verdades e muitas mentiras.

As doutrinas sobre o demônio, porque prevaleceram por tanto tempo, haviam de tal maneira exagerado o seu poder, que fizeram, por assim dizer, esquecer Deus; por toda parte surgia o dedo de Satanás, bastando para tanto que o fato observado ultrapassasse os limites do poder humano. Até as coisas melhores, as descobertas mais úteis, sobretudo as que podiam abalar a ignorância e alargar o círculo das ideias foram tidas muita vez por obras diabólicas. Os fenômenos espíritas de nossos dias, mais generalizados e mais bem observados à luz da Razão e com o auxílio da Ciência, confirmaram, é certo, a *intervenção de inteligências ocultas*, porém que agem dentro de leis naturais e revelam por sua ação uma nova força e leis até então desconhecidas. (Grifamos.)

A questão reduz-se, portanto, a saber, de que ordem são essas inteligências.

Enquanto se não possuía do Mundo espiritual noções mais que incertas e sistemáticas, a verdade podia ser desviada; mas hoje, que observações rigorosas e estudos experimentais esclareceram a natureza, origem e destino dos Espíritos, bem como o seu modo de ação e papel no Universo – hoje, dizemos, a questão se resolve por fatos. Sabemos, agora, que essas inteligências ocultas são as almas dos que viveram na Terra. Sabemos também que as diversas categorias de bons e maus Espíritos não são seres de espécies diferentes, porém que apenas representam *graus diversos de adiantamento*. Segundo a posição que ocupam em virtude do desenvolvimento intelectual e moral, os seres que se manifestam apresentam os mais fundos contrastes, sem que por isso possamos supor não tenham saído todos da grande família humana, do mesmo modo que o selvagem, o bárbaro e o homem civilizado. (Primeira Parte, capítulo X, itens 1 e 2, p. 135-136).

2.5 A OBSESSÃO EM *A GÊNESE*

Pululam em torno da Terra os maus Espíritos, em consequência da inferioridade moral de seus habitantes. A ação malfazeja desses espíritos é parte integrante dos flagelos com que a humanidade se vê a braços neste mundo. A obsessão que é um dos efeitos de semelhante ação, como as enfermidades e todas as atribulações da vida, deve, pois, ser considerada como provação ou expiação e aceita com esse caráter.

Chama-se obsessão à ação persistente que um Espírito mau exerce sobre um indivíduo. Apresenta caracteres muito diferentes, que vão desde a simples influência moral, sem perceptíveis sinais exteriores, até a perturbação completa do organismo e das faculdades mentais. Ela oblitera todas as faculdades mediúnicas. Na mediunidade audiente e psicográfica, traduz-se pela obstinação de um Espírito em querer manifestar-se, com exclusão de qualquer outro.

[...] Quase sempre a obsessão exprime vingança tomada por um Espírito e cuja origem frequentemente se encontra nas relações que o obsidiado manteve com o obsessor, em precedente existência.

Nos casos de obsessão grave, o obsidiado fica como que envolto e impregnado de um fluido pernicioso, que neutraliza a ação dos fluidos salutares e os repele. É daquele fluido que importa desembaraçá-lo. Ora, um fluido mau não pode ser eliminado por outro igualmente mau. Por meio de ação idêntica à do médium curador, nos casos de enfermidade, *preciso se faz expelir um fluido mau com o auxílio de um fluido melhor*.

Nem sempre, porém, basta esta ação mecânica; cumpre, sobretudo, *atuar sobre o ser inteligente*, ao qual é preciso se possua o direito de falar com autoridade, que, entretanto, falece a quem não tenha superioridade moral. Quanto maior esta for, tanto maior também será aquela.

Mas, ainda não é tudo: para assegurar a libertação da vítima, indispensável se torna que o Espírito perverso seja levado a renunciar aos seus maus desígnios; que se faça que o arrependimento desponte nele, assim como o desejo do bem, por meio de instruções habilmente ministradas, em evocações particularmente feitas com o objetivo de dar-lhe educação moral. Pode-se então ter a grata satisfação de libertar um encarnado e de converter um Espírito imperfeito.

[...] Na obsessão, o Espírito atua exteriormente, com a ajuda do seu perispírito, que ele identifica com o do encarnado, pois que fica este afinal enlaçado por uma como teia e constrangido a proceder contra a sua vontade.

Na possessão, em vez de agir exteriormente, o Espírito atuante se substitui, por assim dizer, ao Espírito encarnado; toma-lhe o corpo para domicílio, sem que este, no entanto, seja abandonado pelo seu dono, pois que isso só se pode dar pela morte. A possessão, conseguintemente, é sempre temporária e intermitente, porque um Espírito desencarnado não pode tomar definitivamente o lugar de um encarnado, pela razão de que a união molecular do perispírito e do corpo só se pode operar no momento da concepção. (Cap. XI, item 18.) (Capítulo XIV, itens 45-47, p. 304-305).

35. Parece que, ao tempo de Jesus, os obsidiados e os possessos eram em grande número na Judeia, donde a oportu-

nidade que Ele teve de curar a muitos. Sem dúvida, os Espíritos maus haviam invadido aquele país e causado uma epidemia de possessões. (Cap. XIV, item 49.)

Sem apresentarem caráter epidêmico, as obsessões individuais são muitíssimo frequentes e se apresentam sob os mais variados aspectos que, entretanto, por um conhecimento amplo do Espiritismo, facilmente se descobrem. Podem, não raro, trazer consequências danosas à saúde, seja agravando afecções orgânicas já existentes, seja ocasionando-as. Um dia, virão a ser, incontestavelmente, arroladas entre as causas patológicas que requerem, pela sua natureza especial, especiais meios de tratamento. Por revelar a causa do mal, o Espiritismo rasga nova senda à arte de curar e fornece à Ciência meio de alcançar êxito onde até hoje quase sempre vê malogrados seus esforços, pela razão de não atender à primordial causa do mal. (*O Livro dos Médiuns,* 2ª Parte, Cap. XXIII.)(Capítulo XV, item 35, p. 330).

2.6 A obsessão em *O que é o Espiritismo*

Não confundamos a *loucura patológica* com a obsessão; esta não provém de lesão alguma cerebral, mas da subjugação que Espíritos malévolos exercem sobre certos indivíduos, e que, muitas vezes, têm as aparências da loucura propriamente dita. Esta afecção, muito frequente, é independente de qualquer crença no Espiritismo e existiu em todos os tempos. Neste caso, a medicação comum é impotente e mesmo prejudicial.

Fazendo conhecer esta nova causa de perturbação orgânica, o Espiritismo nos oferece, ao mesmo tempo, o único meio de vencê-la, agindo não sobre o enfermo, mas sobre o Espírito obsessor. O Espiritismo é o remédio e não a causa do mal. (Capítulo I, p. 113-114).

Um dos maiores escolhos da mediunidade é a obsessão, isto é, o domínio que certos Espíritos podem exercer sobre os médiuns, pois que impõem-se-lhes sob nomes apócrifos e impedem que se comuniquem com outros Espíritos. É também um obstáculo que se depara a todo observador novato e inexperiente que, por não conhecer os caracteres desse fenômeno, pode ser iludido pelas aparências, como aquele que, por desconhecer a Medicina, pode enganar-se sobre a causa e natureza de qualquer mal.

A fascinação obsessional é muito mais grave, porque nela o médium é completamente iludido. O Espírito que o domina apodera-se de sua confiança, a ponto de impedi-lo de julgar as comunicações que recebe, de modo que lhe faz achar sublimes os maiores absurdos. O caráter distintivo deste gênero de obsessão é porque provoca no médium uma excessiva suscetibilidade e o leva a não acreditar bom, justo e verdadeiro senão o que ele escreve; a repelir e mesmo considerar mau todo conselho e toda observação crítica, tanto que prefere romper com os amigos a convencer-se de que está sendo enganado; a encher-se de inveja contra os outros médiuns cujas comunicações sejam julgadas melhores que as suas; a querer impor-se nas reuniões espíritas, das quais se afasta quando não pode dominá-las.

Um fato importante a considerar-se é que a obsessão, qualquer que seja a sua natureza, é independente da mediunidade, e que ela se encontra, de todos os graus, em grande número de pessoas que nunca ouviram falar de Espiritismo.

Como a obsessão nunca pode ser produto de um bom Espírito, torna-se um ponto essencial o saber reconhecer-se a natureza dos que se apresentam.

O médium não esclarecido pode ser enganado pelas aparências, mas o prevenido percebe o menor sinal suspeito, e o Espírito, vendo que nada pode fazer, retira-se.

O conhecimento prévio dos meios de distinguir os bons dos maus Espíritos é, pois, indispensável ao médium que se não quer expor a cair num laço. Ele o é também ao simples observador, que pode, por esse meio, apreciar o justo valor do que vê e ouve. (Capítulo II, itens 70, 71, 76 e 78, p. 175-178).

2.7 A obsessão em *Obras póstumas*

[...] Quando um Espírito, bom ou mau, quer atuar sobre um indivíduo, envolve-o, por assim dizer, no seu perispírito, como se fora um manto. [...] Se o Espírito é bom, sua atuação é suave, benfazeja, não impele o indivíduo senão à prática de atos bons; se é mau, força-o a ações más. [...] Tal a origem da obsessão, da fascinação e da subjugação que se produzem em graus muito diversos de integridade. [...]

Pois que os Espíritos existiram em todos os tempos, também desde todos os tempos representaram o mesmo papel, porque esse papel é da natureza e a prova está no grande número que sempre houve de pessoas obsidiadas, ou possessas, se o preferirem, antes que se falasse de Espíritos, ou que, nos dias atuais, se ouvisse falar de Espiritismo, nem de médiuns. É, pois, espontânea a ação dos Espíritos, bons ou maus [...].

A experiência comprova a ineficácia do exorcismo nos casos de possessão, e provado está que quase sempre aumenta o mal, em vez de atenuá-lo. A razão se encontra em que a influência está toda no ascendente moral exercido sobre os maus Espíritos e não num ato exterior, na virtude das palavras e dos gestos. [...] Ora, aqui, quem realmente manda é o homem de coração mais puro, porque é a ele que os bons Espíritos de preferência atendem. (Primeira Parte, itens 56, 57 e 59, p. 68, 69 e 73).

2.8 A OBSESSÃO NA *REVISTA ESPÍRITA*

Desde o seu lançamento, em 1º de janeiro de 1858, a *Revista Espírita*, que Kardec publicou durante onze anos e três meses, apresentou vários artigos sobre obsessão, podendo ser destacados:

Assunto	Ano	Meses	Páginas
Obsessão – abordagens diversas	1859	Novembro	314
	1860	Abril	105
		Maio	160
		Agosto	237
	1862	Junho	164
		Dezembro	359
			362-364
	1863	Janeiro	1-8
		Fevereiro	33-37
		Março	88
		Abril	99
		Maio	131-139
	1864	Janeiro	14-15
		Junho	176
	1865	Janeiro	13
	1866	Fevereiro	41
		Novembro	349
	1867	Junho	192
Obsessão coletiva	1865	Fevereiro	54
Obsessão de encarnado sobre desencarnado e vice-versa	1867	Junho	192
Obsessão epidêmica	1862	Abril	107 a 109
		Dezembro	355
Obsessão e exorcismo	1860	Fevereiro	53
		Maio	138-161
	1863	Maio	137
	1865	Maio	136
Obsessão e fascinação	1858	Outubro	277
	1862	Dezembro	359-364
Obsessão e possessão	1863	Dezembro	373
	1865	Janeiro	4 a 19
Obsessão e prece	1863	Maio	138
Obsessão simulada	1869	Janeiro	31
Obsidiados	1858	Outubro	275

3
A OBSESSÃO NAS OBRAS DE MANOEL P. DE MIRANDA (ESCLARECIMENTOS)

> [...] *Quando vi que aquilo constituía um todo e ganhava as proporções de uma doutrina, tive a ideia de publicar os ensinos recebidos, para instrução de toda a gente.* (*Obras póstumas*, p. 270).

Os livros de Manoel Philomeno de Miranda psicografados pelo médium Divaldo Pereira Franco são caracterizados e lidos como *romances*. Relatos profundos compõem os enredos e as respectivas tramas que envolvem os personagens, baseados em casos verídicos. Embora mantenham no anonimato os verdadeiros protagonistas, participam encarnados e desencarnados desse fantástico "litígio entre os dois mundos", um visível, outro invisível.

Todo o desenvolvimento das histórias apresenta seres que se deixaram envolver e dominar pelos sentimentos das emoções em desequilíbrio, provocando o exacerbar das paixões, as quais culminaram em ódios, rancores e ressentimentos que os conduziram ao flagelo da obsessão.

Entretanto, observamos que, em todos os nove volumes de estilo romanceado aqui utilizados, o meticuloso estudioso da mediunidade atormentada e das psicopatologias obsessivas oferece páginas profundas de teor didático, uma introdução *técnico-institucional* para uma melhor compreensão da narrativa central. Sem esse introito, acreditamos que a substância doutrinária da obra, que verdadeiramente representa a essência da mensagem global, confundir-se-ia com as descrições sempre entremeadas de lances emocionantes nas aventuras repletas de peripécias da alma humana, muitas vezes dominada por fantasias e paixões que se diluem na rápida aventura da vida física.

Ao verificar, então, o rico acervo doutrinário contido nessas introduções, resolvemos compilá-lo e organizá-lo numa sequência modulada, de tal forma que pudesse ser útil aos núcleos espíritas, aos médiuns, doutrinadores e estudiosos desse sempre momentoso e às vezes polêmico assunto que é a obsessão, e o seu antídoto, a desobsessão.

Somente de *Trilhas da libertação*, *Tormentos da obsessão* e *Sexo e obsessão* é que extraímos capítulos não integrantes do critério utilizado, ou seja, das introduções. Selecionamos textos de elevado valor prático a respeito dos serviços de desobsessão, que no agrupamento de organização dos trabalhos se constituem em valioso material de apoio às tarefas mediúnicas.

Além dos comentários introdutórios aos livros de teor romanceado, também selecionamos textos do livro *Temas da vida e da morte*, e de outras obras onde o venerável amigo de José Petitinga tem registradas várias mensagens avulsas psicografadas por Divaldo Franco, as quais abordam a temática em questão. Ao todo, foram utilizados 15 livros do acervo de obras psicografadas pelo admirado médium e tribuno baiano.

As transcrições foram feitas na íntegra. Não foram reproduzidas as partes finais de alguns capítulos. Pequeníssimas atualizações ortográficas e adaptações foram feitas, a exemplo de inclusão, no corpo do texto, de referências colocadas no rodapé nas obras originais e atribuição de título em alguns deles, mas sem quaisquer prejuízos para a compreensão e fidelidade das orientações transmitidas por Manoel Philomeno de Miranda.

Trinta e sete textos foram selecionados em quatro grandes grupos temáticos.

O primeiro, denominado definições, classificação e análise, inclui 12 textos em que Manoel Philomeno de Miranda define, classifica e analisa a obsessão.

No segundo grupo – técnicas obsessivas e análise dos envolvidos –, o mesmo autor espiritual, em 16 textos, demonstra as técnicas obsessivas e faz meticulosa análise do perfil dos envolvidos nos processos obsessivos.

No terceiro – organização dos trabalhos – são apresentados quatro textos que explicam a forma como os trabalhos de desobsessão devem ser organizados.

No último grupo – prática desobsessiva –, em cinco textos selecionados, ele nos oferece amplas orientações acerca da prática desobsessiva e culmina com comovente prece a Jesus. Os grifos pertencem aos originais transcritos e em cada um deles citamos a editora, edição e página.

Todas as redações extraídas das obras originais, organizadas e agrupadas, dispensam quaisquer comentários adicionais. O estudo acurado e programado de forma sequencial possibilitará aos que militam no campo da mediunidade socorrista excelente material de adestramento contínuo e permanente, visto que apontam procedimentos seguros que, certamente, conduzirão a resultados sempre positivos e de elevada qualidade.

Importante também será a leitura, na íntegra, das narrativas que estruturam cada romance. Elas representam a exemplificação dos ensinamentos teóricos exarados por Manoel Philomeno de Miranda no limiar de cada livro.

Nos relacionamentos negativos comprometedores de alguns personagens e positivos facilitadores de outros, encontraremos sempre as explicações seguras, à luz dos postulados espíritas, que demonstram, entre outros, a existência de Deus, a reencarnação, a Lei de Causa e Efeito, a comunicabilidade dos Espíritos, o perispírito e a Lei dos Fluidos...

Entretanto, em todos os relatos se destaca a figura permanente, soberana e indispensável de Jesus, o tipo mais perfeito que Deus tem oferecido ao homem, para lhe servir de Guia e Modelo da perfeição moral a que a Humanidade pode aspirar na Terra, tal como confirmaram os Espíritos Superiores e como Allan Kardec complementou na questão 625 de *O Livro dos Espíritos*.

Por isso, no epílogo de cada aventura, deparar-nos-emos com a vitória do amor cobrindo a multidão de pecados.

3.1 MANOEL PHILOMENO DE MIRANDA (BIOGRAFIA)[2]

Mais conhecido como Philomeno de Miranda, foi, por muitos anos, destacado colaborador do Movimento Espírita da Bahia, que culminou com sua eleição para a presidência da União Espírita Baiana, em substituição a José

---
2. Publicado na revista *Reformador*, ano 108, n. 1.940, nov. 1990, p. 35 (nota da Editora).

Petitinga, quando este retornou ao Plano espiritual, em 25 de março de 1939, em Salvador, BA.

Manoel Philomeno Baptista de Miranda nasceu no dia 14 de novembro de 1876, em Jangada, Município do Conde, no Estado da Bahia. Foram seus pais Manoel Baptista de Miranda e D. Umbelina Maria da Conceição.

Diplomou-se pela Escola Municipal da Bahia, hoje Faculdade de Ciências Econômicas da Universidade Federal da Bahia, colando grau na turma de 1910, como Bacharel em Comércio e Fazenda. Exerceu sua profissão com muita probidade, sendo um exemplo de operosidade no campo profissional. Ajudava sempre aqueles que o procuravam, pudessem ou não retribuir os seus serviços. Foi tão grande em sua conduta, quanto na modéstia.

Debilitado por uma enfermidade pertinaz, em 1914, e tendo recorrido a diversos médicos, sem qualquer resultado positivo, foi curado pelo médium Saturnino Favila, na cidade de Alagoinhas, com passes e água fluidificada, complementada a cura com alguns remédios da flora medicinal. Nessa época, indo a Salvador, conheceu José Petitinga, que o convidou a frequentar a União Espírita Baiana.

A partir daí, Manoel Philomeno de Miranda interessou-se pelo estudo e prática do Espiritismo, e se tornou um dos mais firmes adeptos de seus ensinamentos. Fiel discípulo de Petitinga, foi autêntico diplomata no trato com o Movimento Espírita da Bahia, com capacidade para resolver todos os assuntos pertinentes às casas espíritas. A serviço da Causa, visitava periodicamente as sociedades espíritas, da capital e do interior, a fim de procurar soluções para qualquer dificuldade. Delicado, educado, porém decidido na luta, não dava trégua aos ataques descabidos, arremetidos por religiosos e cientistas que tentavam destruir o trabalho dos espíritas.

Mesmo modesto, não pôde impedir que suas atividades sobressaíssem nas diversas frentes de trabalho que empreendeu em favor da Doutrina. Na literatura escreveu *Resenha do Espiritismo na Bahia* e *Enxertos que justificam o Espiritismo*, os quais publicou com omissão do próprio nome. Em resposta ao Padre Huberto Rohden, publicou um opúsculo intitulado: *Porque sou espírita*.

Dedicou-se com muito carinho às reuniões mediúnicas de desenvolvimento e desobsessão. Achava imprescindível que as instituições espíritas se preparassem convenientemente para o intercâmbio espiritual, sendo de bom alvitre que os trabalhadores das atividades desobsessivas se resguardassem ao máximo, na oração, na vigilância e no trabalho superior. Salientava a importância do trabalho da caridade, para se precaverem de sofrer ataques das *Entidades* que se sentem frustradas nos planos nefastos de perseguições. É o caso de muitas casas espíritas que, a título de falta de preparo, omitem-se dos trabalhos mediúnicos.

Do Plano espiritual Philomeno de Miranda tem dado ênfase a esse trabalho, nos livros[3] psicografados por Divaldo Franco. Seus livros são repositórios de ensinamentos e sabe-

---

3. Na atualidade, estão publicados pela LEAL: *Grilhões partidos* (1974), *Nas fronteiras da loucura* (1982), *Painéis da obsessão* (1983), *Tormentos da obsessão* (2001), *Sexo e obsessão* (2002), *Entre os dois mundos* (2004), *Reencontro com a vida* (2006), *Transtornos psiquiátricos e obsessivos* (2008), *Transição planetária* (2010), *Mediunidade: desafios e bênçãos* (2012) e *Perturbações espirituais* (2015); e pela FEB: *Nos bastidores da obsessão* (1970), *Tramas do destino* (1976), *Loucura e obsessão* (1988), *Temas da vida e da morte* (1989), *Trilhas da libertação* (1996) (nota da Editora).

doria, que ensejam aprendizados de como proceder nas reuniões mediúnicas e de desobsessão.

Philomeno de Miranda foi amigo de Leopoldo Machado e patrocinou grandes conferências desse inesquecível trabalhador, que deixou um marco de luz em sua passagem pela Terra.

Exerceu na União Espírita Baiana, hoje Federação Espírita do Estado da Bahia, os cargos de 2º secretário, em 1921-1922, e de 1º secretário, de 1922 a 1939, juntamente com José Petitinga e uma plêiade de grandes trabalhadores. Em 1939, substituiu Petitinga. Ele já vinha no serviço ativo daquela Federativa por mais de vinte e quatro anos consecutivos, uma vez que trabalhava na administração, no socorro espiritual como grande doutrinador, nos serviços da caridade, a zelar sempre pelo bom nome da Doutrina, com todo o desvelo de que era possuído.

Manoel Philomeno Baptista de Miranda sofreu sérios problemas cardíacos, agravados em virtude da idade, os quais nunca o impediram de cumprir as suas obrigações com a Casa e com a Causa; escondia até mesmo o seu verdadeiro estado físico, para não preocupar os amigos. Retornou ao Plano espiritual no dia 14 de julho de 1942, exemplificando corajosamente o seu labor em favor do Espiritismo.

Antônio de Souza Lucena

Segue quadro esquemático sobre a obsessão nas obras e mensagens de Manoel Philomeno de Miranda psicografadas por Divaldo Pereira Franco e publicadas até o ano de 2002:

Nº	ASSUNTO	OBRA DE REFERÊNCIA	PÁGINAS
GRUPO I – DEFINIÇÕES, CLASSIFICAÇÕES E ANÁLISES			
1	Obsessão: flagício social	Nos bastidores da obsessão	7 a 13
2	Fenômenos obsessivos	Temas da vida e da morte	153 a 156
3	Considerando a obsessão	Sementes de vida eterna	104 a 108
4	Obsessão e pesquisas psíquicas	Nos bastidores da obsessão	15 a 20
5	Examinando a obsessão	Nos bastidores da obsessão	21 a 34
6	Obsessão simples	Nas fronteiras da loucura	9 a 10
7	Obsessão por fascinação	Nas fronteiras da loucura	14 a 15
8	Obsessão por subjugação	Nas fronteiras da loucura	15 a 17
9	Obsessões especiais	Nos bastidores da obsessão	34 a 36
10	Obsessões intermitentes	Antologia espiritual	119 a 122
11	Obsessão e tramas do destino	Tramas do destino	11 a 21
12	Tormentos da obsessão	Tormentos da obsessão	64 a 72
GRUPO II – TÉCNICAS OBSESSIVAS E ANÁLISE DOS ENVOLVIDOS			
13	Recepção da ideia perturbadora	Nas fronteiras da loucura	10 a 11
14	Intercâmbio mental	Nas fronteiras da loucura	11 a 12
15	Reflexos da interferência	Nas fronteiras da loucura	12 a 13
16	Indução obsessiva	Sementes de vida eterna	109 a 111
17	Perante obsessores	Nos bastidores da obsessão	36 a 39
18	Perante obsidiados	Nos bastidores da obsessão	39 a 41
19	O obsessor	Grilhões partidos	17 a 20
20	O obsidiado	Grilhões partidos	20 a 23
21	O grupo familiar	Grilhões partidos	23 a 24
22	Comportamento por obsessão	Roteiro de libertação	115 a 117
23	Obsessão e conduta	Painéis da obsessão	7 a 9
24	Suicídio e obsessão	Painéis da obsessão	9 a 12
25	Loucura e obsessão	Loucura e obsessão	11 a 15
26	Alienação por obsessão	Sementeira da fraternidade	31 a 42
27	Sanidade e desequilíbrio mental	Nas fronteiras da loucura	1 a 4
28	Sexo e obsessão	Sexo e obsessão	187 a 196
GRUPO III – ORGANIZAÇÃO DOS TRABALHOS			
29	A equipe de trabalho	Grilhões partidos	13 a 17
30	Reuniões sérias	Nos bastidores da obsessão	44 a 47
31	Serviços de desobsessão	Trilhas da libertação	73 a 79
32	Na desobsessão	Depoimentos vivos	191 a 193
GRUPO IV – PRÁTICA DESOBSESSIVA			
33	Terapia desobsessiva	Nas fronteiras da loucura	17 a 18
34	Terapia de desobsessão	Antologia espiritual	123 a 125
35	Mediunidade socorrista	Nos bastidores da obsessão	41 a 44
36	Alienação obsessiva e a missão do Espiritismo	Grilhões partidos	7 a 10
37	Em oração	Nos bastidores da obsessão	47 a 49

3.2 Grupo I – Definições, classificações e análises

    3.2.1   Obsessão: flagício social
    3.2.2   Fenômenos obsessivos
    3.2.3   Considerando a obsessão
    3.2.4   Obsessão e pesquisas psíquicas
    3.2.5   Examinando a obsessão
    3.2.6   Obsessão simples
    3.2.7   Obsessão por fascinação
    3.2.8   Obsessão por subjugação
    3.2.9   Obsessões especiais
    3.2.10 Obsessões intermitentes
    3.2.11 Obsessão e tramas do destino
    3.2.12 Tormentos da obsessão

3.2.1 Obsessão: flagício social

(Obra: *Nos bastidores da obsessão*. 1. ed. FEB, p. 7 a 13.)

> Pululam em torno da Terra os maus Espíritos, em consequência da inferioridade moral de seus habitantes. A ação malfazeja desses Espíritos é parte integrante dos flagelos com que a Humanidade se vê a braços neste mundo. A obsessão, que é um dos efeitos de semelhante ação, como as enfermidades e todas as atribulações da vida, deve, pois, ser considerada como provação ou expiação e aceita com esse caráter. (*A Gênese*, capítulo XIV).

A obsessão, mesmo nos dias de hoje, constitui tormentoso flagício social. Está presente em toda parte, convidando o homem a sérios estudos.

As grandes conquistas contemporâneas não conseguiram ainda a erradicar. Ignorada propositadamente pela chamada Ciência oficial, prossegue a colher nas suas malhas, diariamente, verdadeiras legiões de incautos que se deixam arrastar a resvaladouros sombrios e truanescos, nos quais padecem irremissivelmente até a desencarnação lamentável, continuando, não raro, mesmo após o traspasse... Isso porque a morte continua em triunfo, ignorada, qual ponto de interrogação cruel para muitas mentes e incontáveis corações.

As disciplinas e doutrinas decorrentes da Psicologia Experimental, nos seus diversos setores, preferem continuar teimosamente arregimentando teorias que não respondem aos resultados da observação demorada e das constatações de laboratório, como se a imortalidade somente merecesse acirrado combate e não investigação imparcial, capaz de ensejar ao homem esperanças e consolações quando tudo lhe parece conspirar contra a paz e a felicidade.

Desde as honestíssimas pesquisas do Barão von Güldenstubbe, em 1855, e as do Prof. Robert Hare, insuspeito lente de Química, na Universidade da Pensilvânia, em 1856, os quais concluíram pela realidade do Espírito preexistente ao berço e sobrevivente após o túmulo, que os cientistas conscientes das suas responsabilidades se têm entregado ao afã da verificação da imortalidade. E todos aqueles que se dedicaram à observação e ao estudo, à experimentação e ao fenômeno são concordes na comprovação da continuidade da vida depois da morte...

Nos EUA se tornaram famosas as experiências psiquiátricas realizadas pelo Dr. Carl Wickland, que, utilizando-se da argumentação espírita, conseguiu desobsidiar inúmeros pacientes que lhe chegavam atormentados ao consultório. Simultaneamente, em seus trabalhos especializados, utilizava-se de uma médium clarividente, sua própria esposa, que o ajudava na técnica da desobsessão.

Diante de <u>Alcina</u>, incorporada pelo Espírito <u>Galeno</u>, em plena sessão no <u>Salpêtrière</u>, respondeu <u>Charcot</u> aos interessados no fenômeno, que o inquiriram, que lhes não convinha se adiantassem à própria época em que viviam... Sugeriu que se não buscassem raciocínios que aclarassem os resultados das investigações, devendo contentar-se somente com aquela *observação experimental*, a que todos haviam presenciado. Tal atitude anticientífica tem sido mantida por respeitáveis investigadores, por temerem a realidade da vida imperecível.

❖

Com Allan Kardec, no entanto, tiveram início os eloquentes testemunhos da imortalidade, da comunicabilidade dos Espíritos, da reencarnação e das obsessões. Coube ao insigne mestre lionês a honrosa tarefa de apresentar conveniente terapêutica para ser aplicada nos obsidiados como também nos obsessores. A partir da publicação de *O Livro dos Médiuns*, em janeiro de 1861, em Paris, todo um conjunto de regras, com um notável esquema das faculdades mediúnicas, foi apresentado, a par de seguro estudo do Espírito, nas suas diversas facetas, que culminou com o exame das manifestações espíritas, organização de sociedades espíritas e palestras dos Espíritos elevados, que traçaram rotas de segurança para os que ingressarem na investigação racional dos fenômenos medianímicos. A bússola para o sadio exercício da mediunidade foi apresentada com rigoroso equilíbrio por meio da obra magistral.

No entanto, diante dos lancinantes problemas da obsessão na atualidade, tem-se a impressão de que nada até o momento haja sido feito a fim de ser modificado esse estado de coisas.

De Kardec aos nossos dias, todavia, quantas edificantes realizações e preciosos estudos acerca dos médiuns, da mediunidade, das obsessões e das desobsessões têm sido apresentados! Este capítulo dos problemas psíquicos – a obsessão – tem merecido dos cristãos novos o mais acendrado interesse. Apesar disso, avassaladoramente se tem mantido em caráter epidêmico, qual morbo virulento que se alastra por toda a Terra, hoje mais do que em qualquer época.

Sinal dos tempos, a que se referem os Escritos Evangélicos, prenuncia essa dor generalizada a Era do Espírito Imortal. Milhões de criaturas, no entanto, dormem o sono da indiferença, entregues aos anestésicos do prazer e ao ópio da ilusão.

Por todos os lugares se manifestam os Espíritos, os quais advertem, esclarecem, despertam.

No entanto, o carro desatrelado da juventude corre na direção de abismos insondáveis. Os homens alcançam a maturidade vencidos pelos desgastes da quadra juvenil, e a velhice em desassossego padece o abandono. Os altos índices de criminalidade de todos os matizes e as calamidades sociais espalhadas na Terra são, todavia, alguns dos fatores predisponentes e preponderantes para as obsessões... Os crimes ocultos, os desastres da emoção, os abusos de toda ordem de uma vida ressurgem depois, noutra vida, em caráter coercitivo, obsessivo. É o que hoje ocorre como consequência do passado.

A Doutrina Espírita, porém, possui os antídotos, as terapias especiais para tão calamitoso mal. Repetindo Jesus, distende lições e roteiros para os que se abeberam das suas fontes vitais.

3.2.2 Fenômenos obsessivos
(Obra: *Temas da vida e da morte*. 1. ed. FEB, p. 153-156.)

As obsessões de ordem espiritual, nas quais homens e Espíritos se expressam em pugna lamentável, têm curso normalmente demorado.

Obedecendo a gêneses que procedem de reencarnações anteriores, traduzem-se por: ódios furibundos; amores apaixonados, em situações frustrantes; cobiças exacerbadas; desforços bem programados numa esteira de incidentes que se sucedem sob chuvas de fé e azorragues de loucura.

Em todos os casos, o encarnado possui os condicionamentos que propiciam o nefando intercâmbio que, muitas vezes, não se interrompe com a morte física.

Porque a Divina Justiça se encontra insculpida na consciência da criatura, o delinquente ou réprobo proporciona os recursos predisponentes ou preponderantes para o conúbio devastador.

Preferências iguais assinalam o perseguidor e o perseguido, porque do mesmo nível de evolução moral. Temperamentos fortes, em face das aquisições negativas a que se dedicaram, identidade de interesses mesquinhos, decorrentes da viciação a que se entregaram, facultam ligações de igualdade fluídica, entrelaçando os litigantes no mesmo halo de comunhão, ampliando-se a interdependência na razão direta em que o *hospedeiro* se entrega ao *albergado* psíquico, interdependência que sempre, quando não cuidada, termina na *osmose parasitária* aniquiladora.

Desde que conhecidos e afins psiquicamente, o enfermo encarnado recusa a ajuda que lhe é oferecida, assimilando prazerosamente as induções que lhe chegam por via telepática e que incorpora os hábitos aos quais se submete.

Quando a perturbação é causada por antagonista que ignora as técnicas de vampirismo – no caso das obsessões simples –, fazem-se mais fáceis as psicoterapias libertadoras. Todavia, à medida que evolui o processo desagregador da personalidade, o algoz se adestra em mecanismos de controle da vontade da sua vítima, muitas vezes sob a orientação de impenitentes perseguidores outros, que se comprazem em produzir aflições nos homens.

São, então, armadas ciladas contínuas, e inumeráveis tentações se apresentam disfarçadas, arrojando os incautos em compromissos mais graves de lesa consciência, graças aos quais perde os contatos com os possíveis recursos de auxílio que são propiciados pela Providência Divina.

Obnubila-se a razão, que se turba, fixando-se nas faixas da vinculação nefasta, não deixando claros mentais para as intuições lenificadoras, nem campo para as recapitulações positivas que dulcificam o sentimento, favorecendo a captação das ideias benéficas.

As obsessões enxameiam por toda parte, e os homens terminam por conviver infelizes com essas psicopatologias para as quais, fugindo à sua realidade, procuram as causas nos traumas, nos complexos, nos conflitos, nas pressões sociais, familiares e econômicas, como mecanismo de fuga aos exames de profundidade da gênese real de tão devastadora enfermidade.

Não negando a preponderância de todos esses fatores que desencadeiam problemas de comportamento psicológico, afirmamos que eles, antes de constituírem causa dos distúrbios, são em si mesmos efeito de atitudes transatas que o Espírito imprime na organização físico-psíquica ao reencarnar-se, porquanto é sempre colocado no grupo familiar com o qual se encontra enredado, por impositivo de ressarcimento de dívidas, para o equilíbrio evolutivo.

Enquanto o homem não for estudado na sua realidade profunda – ser espiritual que é, preexistente ao corpo e a ele sobrevivente –, muito mais difícil serão os êxitos da Ciência Médica na área da saúde mental. As doenças psíquicas, entre as quais se destacam, pela alta incidência, as obsessões, continuarão ainda a perseguir o homem.

Todo comportamento que se exacerba ou se deprime, exaltando paixões e comandando desregramentos, fomentando ódios e distonias, guarda na sua raiz graves incidências obsessivas que merecem cuidados especiais.

É indispensável que a compreensão das finalidades da vida comande o pensamento do homem, oferecendo-lhe as seguras diretrizes para precatar-se contra essa epidemia voluptuosa, ao mesmo tempo armando os cultores das *ciências da alma* com os valiosos instrumentos para a terapia de profundidade, na qual ambos os enfermos – obsessor e obsidiado – sejam amparados, apaziguando-se e produzindo no bem, em favor de si mesmos e da comunidade em geral.

Não desejamos transferir para os Espíritos turbados ou maus as ocorrências desditosas na Terra, isentando os homens da responsabilidade que lhes cabe.

Afirmamos que partilham os desencarnados, mais do que se pensa, dos sucessos e acontecimentos humanos negativos, por assimilação e vinculação, nos quais se comprazem os encarnados, que lhes oferecem os meios e a sintonia para que tenham lugar esses fatos reprováveis.

É certo que, no sentido inverso, o intercâmbio com as *Entidades* evoluídas também se faz amiúde, num programa de amor e socorro ao ser humano, como expressão do Divino Auxílio.

Como, todavia, as manifestações mais primárias predominam nas atividades terrestres, a incidência obsessiva torna-se mais volumosa, até que a criatura se descubra como é, filha de Deus, e resolva-se a atender ao chamado paterno, para avançar na Sua direção pelas vias do amor.

3.2.3 Considerando a obsessão
(Obra: *Sementes de vida eterna*. 3. ed. LEAL, p. 104-108.)

Com etiologia mui complexa, a alienação por obsessão continua sendo um dos mais terríveis flagícios para a Humanidade.

Não significando a morte o fim da vida, antes o início de nova expressão de comportamento em que o ser eterno retorna ao Mundo espiritual donde veio, a desencarnação liberta a consciência que jazia agrilhoada aos liames carnais, ora desarticulando, ora ampliando as percepções que melhor se fixaram nos painéis da mente, fazendo que o ser, agora livre do corpo físico, *revincule-se* ou não aos sítios, pessoas ou aspirações que sustentou durante a vilegiatura carnal.

O amor, por constituir alta aspiração do Espírito, mantém-no em comunhão com os objetivos superiores que lhe representam sustento e estímulo na marcha em direção do progresso. Assim também, o ódio e todo o seu séquito de paixões decorrentes do egoísmo e do orgulho reatam os que romperam os grilhões da carne àqueles que foram motivo direto ou não das suas aflições e angústias, especialmente se se permitiram guardar as ideias e reações negativas equivalentes.

Sutilmente, a princípio, em delicado processo de hipnose, a ideia obsidente penetra a mente do futuro *hospedeiro*, que, desguardado das reservas morais necessárias à manutenção de superior padrão vibratório, começa a dar guarida ao pensamento infeliz, incorporando-o às próprias concepções e traumas que vêm do passado, por cujo comportamento cede lugar à manifestação ingrata e dominadora da alienação obsessiva.

Vezes outras, através do processo da agressividade violenta com que a indução obsessiva desorganiza os registros mentais da alma encarnada, produz-se o doloroso e lamentável domínio que se transforma em subjugação de longo curso.

Noutras oportunidades, inspirando sentimentos nefastos, latentes ou não no paciente desavisado, os desencarnados em desdita nele instalam o seu baixo teor vibratório, logrando produzir variadas distonias psíquicas e emocionais que o atormentam e o desgovernam, em face da inditosa dependência em que passa a exaurir-se a expensas da vontade escravizante do *hóspede* que o encarcera e aflige...

Pululam por toda parte os vinculados gravemente às Entidades perturbadoras do Mundo espiritual inferior.

Obsidiados, desse modo, sim, somos quase todos nós, em longo trânsito pelas faixas das fixações tormentosas do passado donde vimos para as sintonias superiores que buscamos.

Muito maior, portanto, do que se supõe é o número dos que padecem de obsessões na Terra.

Lamentavelmente, esse grande flagelo espiritual que se abate sobre os homens – e não apenas sobre eles, já que existem problemas obsessivos em várias expressões, como os de um encarnado sobre outro, de um desencarnado sobre outro, de um encarnado sobre um desencarnado e, genericamente, deste sobre aquele – não tem merecido dos cientistas nem dos religiosos do passado como do presente o cuidado, o estudo, o tratamento que merece.

Antes, vinculados aos preconceitos injustificáveis, ditos cientistas e religiosos se entregavam à indiferença, quando não à perseguição sistemática aos portadores de obsessões, acreditando que, ao destruírem as vítimas de tão grave enfermidade, ou não lhe oferecendo qualquer importância, aniquilavam a ignorada causa do problema...

Ainda hoje, todavia, a atitude mais ou menos geral é idêntica, variando apenas na forma de encarar a questão.

Mesmo as modernas ciências que se dizem preocupadas em conhecer profundamente a psique humana colocam, *a priori,* os problemas obsessivos à margem, situando-os em ridículas posições mui simplistas, já que os seus pesquisadores se encontram atados aos mecanismos atávicos herdados dos fisiologistas e psicólogos do século XIX, que se diziam livres de qualquer vinculação com a alma...

Repontam, é verdade, aqui e ali esforços individuais tentando apresentar respostas claras e objetivas às tormentosas interrogações da afligente quão severa problemática, logrando admitir a possibilidade de interferência da mente desencarnada sobre o deambulante do escafandro orgânico.

Terapêutica, porém, salutar para a magna questão é a Doutrina Espírita. Não apenas como caráter profilático, mas sobretudo como terapêutica eficiente, por assentar as suas lições e postulados nos sublimes ensinamentos de Jesus Cristo, com toda a justiça cognominado o *Senhor dos Espíritos*, graças à sua ascendência demonstrada várias vezes ante as Entidades ignorantes, perturbadoras e obsessoras.

A Allan Kardec, o ínclito codificador do Espiritismo, coube a tarefa de aprofundar *sondas* e *bisturis* no organismo e na etiologia das alienações por obsessão, projetando luz meridiana sobre a intrincada enfermidade da alma. Kardec não somente estudou a problemática obsessiva, como também ofereceu medidas profiláticas e terapêutica salutar, firmado na informação dos Espíritos superiores, na vivência com os obsidiados, bem como na observação profunda e meticulosa com que elaborou verdadeiros tratados de higiene mental, que são as obras do Pentateuco Espírita, esse incomparável monólito de luz, que inaugurou era nova para a Ciência e para a Filosofia, tornando-se o Espiritismo a Religião do homem integral, da criatura ansiosa por religação com o seu Criador.

Diante de qualquer expressão em que se apresentem as alienações por obsessão ou em que se manifestem suas sequelas, mergulhemos a mente e o coração no organismo da Doutrina Espírita e, procurando auxiliar o paciente encarnado a desfazer-se do jugo constrangedor, não olvidemos o paciente desencarnado, igualmente infeliz, momentaneamente transformado em perseguidor ignorante, embora se dizendo consciente, mas sofrendo, de alguma forma, pungentes dores morais.

Concitemos o encarnado à reformulação de ideias e hábitos, à oração e ao serviço, porquanto, através do exercício da caridade, conseguirá sensibilizar o temporário algoz, que o libertará, ou granjeará títulos de enobrecimento, armando-se de amor e equilíbrio para prosseguir em paz jornada afora.

[...] E, em qualquer circunstância, procuremos em Jesus, Mestre e Guia de todos nós, o amparo e a proteção, entregando-nos a Ele através da prece e da ação edificante, porque somente por meio do amor o homem será salvo, já que o amor é a alma da caridade.

Obsessões e obsidiados são as grandes chagas morais dos tumultuados dias da atualidade. Todavia, a Doutrina Espírita, trazendo de volta a mensagem do Senhor, em espírito e verdade, é o portal de luz por onde todos transitaremos no rumo da felicidade real que nos aguarda, quando desejemos alcançá-la.

3.2.4 Obsessão e pesquisas psíquicas
(Obra: *Nos bastidores da obsessão.* 1. ed. FEB, p. 15-20.)

> Os Espíritos exercem incessante ação sobre o mundo moral e mesmo sobre o mundo físico. Atuam sobre a matéria e sobre o pensamento e constituem uma das potências da Natureza, causa eficiente de uma multidão de fenômenos até então inexplicados ou mal explicados e que não encontram explicação racional senão no Espiritismo. As relações dos Espíritos com os homens são constantes. Os bons Espíritos nos atraem para o bem, nos sustentam nas provas da vida e nos ajudam a suportá-las com coragem e resignação. Os maus nos impelem para o mal: é-lhes um gozo ver-nos sucumbir e assemelhar-nos a eles. (O Livro dos Espíritos, Introdução, p. 23).

Os modernos pesquisadores de mente encarnada, fascinados pelas experiências de laboratório, surpreendem paulatinamente as realidades do Mundo extrafísico. Ligados, porém, aos velhos preconceitos científicos, denominam a faculdade através da qual veiculam tais fatos pelo nome genérico de *psi*. O *psi* é uma designação que dá elasticidade quase infinita aos recursos plásticos da mente, tais como: conhecimento do passado, ou acontecimentos que tiveram lugar anteriormente e se encontram gravados nas mentes de outras pessoas (telepatia); conhecimento de ocorrências no mundo exterior sem o contato com impressões sensoriais (clarividência); e percepção do futuro (presciência).

Em princípio, os recursos valiosos da mente nas experiências de transposição dos sentidos, fenômenos de profetismo e lucidez, demonstrações de insensibilidade táctil, nas alucinações, polarizações e despolarizações psíquicas realizadas em epilépticos e histéricos hipnotizados ensejavam conclusões apressadas que pareciam confirmar as características do *psi*.

Comprovou-se mui facilmente, através da sugestão hipnológica, que se pode impressionar um percipiente a fim de que ele assuma personificações parasitárias momentaneamente, representando vultos da História ou simples pessoas da plebe...

Considerando-se, todavia, em outras experiências os fenômenos intelectuais, como nos casos de xenoglossia e glossolalia, especialmente entre crianças de tenra idade, ou naqueles de ordem física, como a pneumatografia, o metafonismo, a telecinesia, a teleplasmia e os diversos fenômenos dentro da metergia, constata-se não haver elasticidade que se ofereça à mente encarnada que os possa elucidar, senão pela aceitação tácita de uma *força externa inteligente*, com vontade própria, que atua no sensitivo, a este conferindo tais possibilidades.

Estudiosos do assunto, no passado, tais como William James, acreditaram que todos vivemos mergulhados numa *corrente de consciência cósmica*, enquanto Henri Bergson supunha que "a mente possui um conhecimento de tudo, em qualquer lugar, sem limitação de tempo ou de espaço", dando ao cérebro a função de velador de tal conhecimento.

Enquanto tais fenômenos se demoram sem explicação definitiva, a sobrevivência do Espírito após a morte do corpo não encontra aceitação pelas academias; distúrbios mentais de vária ordem aprisionam multidões em cárceres estreitos e sombrios, povoados pelos fantasmas da loucura, reduzindo o homem à condição primitiva do passado...

Embora os desvarios da razão estejam presentes nos fastos de todos os tempos, jamais, como na atualidade, o homem se sentiu tão perturbado.

Tratadistas estudiosos dos problemas psicossociológicos do presente atribuem grande parte dos distúrbios mentais à *tensão* das horas em que se vive, elevando, cada dia, o número dos desarranjados psiquicamente e aturdidos da emoção.

Naturalmente que, além desses, afirmam os de procedência fisiológica, da hereditariedade, de vírus e germens, as sequelas da epilepsia, da tuberculose, das febres reumáticas, da sífilis, os traumatismos e choques que se encarregam de contribuir larga e amplamente para a loucura. Fatores outros predisponentes a que também se referem não podem ser relegados a plano secundário. Todavia, além desses, que dão origem a psicoses e neuroses lamentáveis, *outros* há que somente podem ser explicados pela Doutrina Espírita, no capítulo das obsessões estudadas carinhosamente por Allan Kardec.

Fazendo-se ligeiro levantamento através da História – e os acontecimentos têm sido registrados em todas as épocas do pensamento, mesmo nas mais recuadas –, surpreendemos, ao lado dos alienados de qualquer procedência, magos e sacerdotes manipulando exorcismos e orações com que pretendiam afastar os Espíritos atormentadores, que se comprazem em vampirizar ou exaltar suas vítimas em infeliz comércio entre os dois planos da vida: o corporal e o espiritual.

Os livros sagrados de todos os povos, desde a mais remota Antiguidade Oriental, em se referindo às leis morais, reportam-se à vida extraterrena, às consolações e às penalidades impostas aos Espíritos – como se a informação tivesse sido haurida na mesma fonte, tendo como única procedência a inspiração dos desencarnados –, estudando, igualmente, as aflições e perturbações de origem espiritual, que remontam às vidas pregressas...

Considerados inicialmente como anjos maus ou demônios, ao tempo de Jesus foram por Ele classificados de *Espíritos imundos*, com os quais se defrontou, reiteradas vezes, durante a jornada vivida na Terra.

Todos os grandes pensadores, artistas, escritores, filósofos do passado, *pais de religiões*, *doutores da Igreja* são unânimes em atestar as realidades da vida além da carne, pelos testemunhos inconfundíveis da imortalidade.

Aos Espíritos dos ditos mortos se referem Anaxágoras, Plutarco, Sócrates, Heródoto, Aristóteles, Cícero, Horácio, Plínio, Ovídio, Lucano, Flávio Josefo, Virgílio, Dionísio de Halicarnasso, Valério Máximo, que, em seus relatos, apresentam farta documentação comprobatória do intercâmbio espiritual, citando outras não menos célebres personagens do seu tempo.

Ricos são os comentários sobre as aparições, as casas *assombradas*, os *avisos* e as consultas nos santuários de todas as grandes civilizações.

Mais tarde, Lactâncio, Orígenes, Ambrósio, Basílio e Arnóbio dão farto e eloquente testemunho das comunicações com os desencarnados.

A Escola Neoplatônica de Alexandria, através dos seus mais expressivos vultos, que pregavam a multiplicidade das existências (reencarnação), afirma, por intermédio de Plotino, Porfírio, Jâmblico, Próculo, a continuidade da vida concedida ao princípio espiritual.

A Idade Média foi farta em provas sobre os desencarnados. *Anjos e Espíritos imundos* subitamente invadiram a Europa, e os *inspirados* e *endemoninhados*, os *adivinhos* e *feiticeiros* foram levados à pira crematória, sem que conseguissem extingui-los.

Das primeiras lutas entre o Empirismo e o Racionalismo intelectual à Era Atômica, filósofos e cientistas não ficaram indiferentes aos Espíritos... No século XIX, porém, fadado pelas suas conquistas a servir de base ao futuro, no que diz respeito ao conhecimento, a sobrevivência mereceu por parte de psicólogos e psiquistas o mais acirrado debate, inaugurando-se a época das investigações controladas cientificamente.

Foi nesse período que Allan Kardec, convidado à liça da cultura e da informação, empunhando o *bisturi* da investigação, clareou, com uma filosofia científica – o Espiritismo –, calcada em fatos devidamente comprovados, os escaninhos do obscurantismo, oferecendo uma terapêutica segura para as alienações torturantes, repetindo as experiências de Jesus Cristo com os *endemoninhados* e enfermos de toda ordem.

Classificou como obsessão a grande maioria dos distúrbios psíquicos e elaborou processos de recuperação do obsidiado, estudando as causas anteriores das aflições à luz das reencarnações através de linguagem condizente com a razão e demonstrável experimentalmente.

A Codificação Kardequiana, como um monumento granítico para os séculos porvindouros, certamente não resolveu o *problema do homem*, pois que este ao próprio homem é pertinente; ofereceu, todavia, as bases e direções seguras para que tenha uma vida feliz, ética e socialmente harmoniosa na família e na comunidade onde foi chamado a viver.

Psiquistas de nomeada, advertidos pelos resultados observados na Europa e na América a respeito do fascinante assunto – comunicabilidade dos Espíritos –, empenharam-se, então, em laboriosas experiências, criando, alguns, por mais compatível com as suas investiduras acadêmicas, sucedâneos para a alma, que introduziram na genética da Biologia, negando àquela o direito à legitimidade. O Prof. Gustave Geley, por exemplo, criou a designação de *dínamo-psiquismo*; Pauley, a de *consciência profunda*; Hans Driesch, a de *entelequia*, e teorias metapsiquistas vieram a lume, em ferrenho antagonismo à imortalidade, esgrimindo as armas do sofisma e da negação, sem conseguirem, no entanto, resultado positivo.

O célebre Prof. Charles Richet, estimulado pelas experiências eminentemente científicas de Sir William Crookes, elaborou a Metapsíquica e, ao despedir-se da sua Cátedra de Filosofia na Universidade de Paris, deixou ao futuro a satisfação de confirmar, de negar ou desdobrar as suas conclusões.

Com o advento da moderna Parapsicologia, novos sucedâneos têm sido criados para o Espírito imortal, e, enquanto os pesquisadores se demoram no problema da designação nominativa que inspira debates e celeumas, a Doutrina Espírita, lecionando amor e fraternidade, estudo e conhecimento da vida sob a inspiração dos Imortais, distende braços e liberta das malhas vigorosas da obsessão aqueles que, por imprevidência ou provação, deixaram-se arrastar aos escuros precipícios da anarquia mental, perturbados ou subjugados por forças ultrizes da Erraticidade, prescrevendo as mesmas diretrizes morais insertas no Evangelho de Jesus Cristo, vivido em espírito e verdade.

3.2.5 Examinando a obsessão
(Obra: *Nos bastidores da obsessão*. 1. ed. FEB, p. 21-34.)

> [...] *Entre os que são tidos por loucos, muitos há que apenas são subjugados; precisariam de um tratamento moral, enquanto que com os tratamentos corporais os tornam verdadeiros loucos. Quando os médicos conhecerem bem o Espiritismo, saberão fazer essa distinção e curarão mais doentes do que com as duchas.*[4] (*O Livro dos Médiuns*, item 254).

Com muito acerto asseverou o codificador que "o conhecimento do Espiritismo, longe de facilitar o predomínio dos maus Espíritos, há de ter como resultado, em tempo mais ou menos próximo e quando se achar propagado, *destruir esse predomínio*, o da obsessão, dando a cada um os meios de se pôr em guarda contra as sugestões deles" (idem, item 244). E o iluminado mestre, não poucas vezes, embora profundo conhecedor do magnetismo, convocado a atender obsidiados de variado jaez, utilizou-se dos eficientes métodos da Doutrina Espírita para libertá-los com segurança, através da moralização do Espírito perturbador e do sensitivo perturbado.

Obsessão – segundo Allan Kardec – é "o domínio que alguns Espíritos logram adquirir sobre certas pessoas. Nunca é praticada senão pelos Espíritos inferiores, que procuram dominar. Os bons Espíritos nenhum constrangimento infligem. Aconselham, combatem a influência dos maus e, se não os ouvem, retiram-se. Os maus, ao contrário, agarram-se

---

[4]. Ao tempo da publicação de *O Livro dos Médiuns* (1861), as duchas eram tidas como dos mais eficientes tratamentos para as enfermidades mentais. Daí a referência feita por Allan Kardec (nota do autor espiritual).

àqueles de quem podem fazer suas presas. Se chegam a dominar algum, identificam-se com o Espírito deste e o conduzem como se fora verdadeira criança" (idem, item 237). Ainda é o egrégio intérprete dos Espíritos da Luz que comenta: "As causas da obsessão variam, de acordo com o caráter do Espírito. É, às vezes, uma vingança que este toma de um indivíduo de quem guarda queixas do tempo de outra existência. Muitas vezes, também, não há mais do que desejo de fazer mal: o Espírito, como sofre, entende de fazer que os outros sofram; encontra uma espécie de gozo em atormentá-los, em vexá-los, e a impaciência que por isso a vítima demonstra mais o exacerba, porque esse é o objetivo que colima, ao passo que a paciência o leva a cansar-se" (idem, item 245).

E prossegue: "Há Espíritos obsessores sem maldade, que alguma coisa mesmo denotam de bom, mas dominados pelo orgulho do falso saber" (idem, item 246).

Obsidiados, sempre os houve em todas as épocas da Humanidade.

Repontando, vigoroso, o fenômeno mediúnico em todos os povos e em todos os tempos, oferecendo roteiros iluminativos para muitas civilizações, foi também veículo de pungentes dramas de vultos que se celebrizaram na História.

Nabucodonosor II, o Grande, rei da Caldeia, perturbado por Espíritos vingadores, experimentou tormentos inomináveis, obsidiado, descendo à misérrima condição de *animal*...

Tibério, de mente dirigida por Espíritos impiedosos, atingiu alto índice de crueldade, pela desconfiança exacerbada, insuflada pelos adversários desencarnados...

Domício Nero, tristemente celebrizado, após uma existência de loucuras, avassalado por cruéis inimigos do Além-túmulo, não poucas vezes, por meio de desdobramentos espirituais reencontrou a mãe, Agripina e a esposa, Otávia, que foram assassinadas por sua ordem, pressagiando-lhe o termo doloroso...

É, no entanto, na epopeia sublime do Evangelho que desfilam ao lado de Jesus, em larga escala, os atormentados por Espíritos infelizes, que encontram n'Ele o Médico Divino que lhes lucila o íntimo e os liberta do sofrimento.

Os discípulos do Rabi Galileu, vezes sem conto, aplicaram o passe curativo nos inúmeros obsidiados que os buscavam, prosseguindo o ministério apostólico entre os atormentados da Terra e os perturbadores do Mundo espiritual, como fizera o Mestre.

E depois deles os registros históricos apresentam *loucos* de nomenclatura variada, às voltas com Entidades atormentadoras, sofrendo na fogueira e no exílio, no *poço das serpentes* e nos manicômios sombrios o resultado da convivência psíquica com os que atravessaram o portal da Imortalidade e se demoram nas viciações e nos sentimentos em que se comprazimam.

Asseverou Allan Kardec: "Não foram os médiuns, nem os espíritas que criaram os Espíritos; ao contrário, foram os Espíritos que fizeram haja espíritas e médiuns. Não sendo os Espíritos mais do que as almas dos homens, é claro que há Espíritos desde quando há homens; por conseguinte, desde todos os tempos eles exerceram influência salutar ou perniciosa sobre a Humanidade. A faculdade mediúnica não lhes é mais que um meio de se manifestarem. Em falta dessa faculdade, fazem-no por mil outras maneiras, mais ou menos ocultas" (idem, item 244).

"Os meios de se combater a obsessão – esclarece o eminente seareiro – variam, de acordo com o caráter que ela reveste" (idem, item 249). E elucida: "As imperfeições morais do obsidiado constituem, frequentemente, um obstáculo à sua libertação" (idem, item 252).

A obsessão, todavia, ainda hoje é um terrível escolho à paz e à serenidade das criaturas.

Com origem nos refolhos do Espírito encarnado, obsessões há em escala infinita, e, consequentemente, obsidiados existem em infinda variedade, sendo a etiopatogenia de tais desequilíbrios, genericamente denominados de distúrbios mentais, mais ampla do que a clássica apresentada, merecendo destaque aquela denominação causa cármica.

Jornaleiro da eternidade, o Espírito conduz os germens cármicos que facultam o convívio com os desafetos do pretérito, ensejando a comunhão nefasta.

Todavia, não apenas o ódio, como se poderia pensar, é o fator causal das obsessões, nem somente na Terra se manifestam os tormentos obsessivos... Além da sepultura, nas regiões pungentes e aflitivas de reajustamentos imperiosos e despertamentos inadiáveis das consciências, defrontam-se muitos verdugos e vítimas, começando ou dando prosseguimento aos nefandos banquetes de subjugação psíquica, em luta intérmina de extermínio impossível...

Obsessores há milenarmente vinculados ao crime, em estruturas de desespero invulgar, em que se demoram voluntariamente, envergando indumentárias de perseguidores de outros *obsessores* menos poderosos mentalmente, que, perseguindo, são também escravos daqueles que se nutrem às suas expensas, imanados por forças vigorosas e cruéis...

Na Terra, igualmente, é muito grande o número de encarnados que se convertem, por irresponsabilidade e invigilância, em obsessores de outros encarnados, estabelecendo um consórcio de difícil erradicação e prolongada duração, quase sempre em forma de vampirismo inconsciente e pertinaz. São criaturas atormentadas, feridas nos seus anseios, invariavelmente inferiores, que, fixando aqueles que elegem gratuitamente como desafetos, perseguem-nos em corpo astral, através dos processos de desdobramento inconsciente, prendendo, muitas vezes, nas malhas bem urdidas da sua rede de idiossincrasias, esses desassisados morais, que, então, transformam-se em vítimas portadoras de enfermidades complicadas e de origem clínica ignorada...

Outros, ainda, afervorados a esta ou àquela iniquidade, fixam-se mentalmente a desencarnados com que efetivamente se identificam e fazem-se obsessores destes, amargurando-os e retendo-os às lembranças da vida física, em lamentável comunhão espiritual degradante...

Além dessas formas diversificadas de obsessão, outras há, inconscientes ou não, entre as quais, aquelas produzidas em nome do amor tiranizante aos que se demoram nos invólucros carnais, atormentados por aqueles que partiram em estado doloroso de perturbação e egocentrismo... ou entre encarnados que mantêm conúbio mental infeliz e demorado...

Obsessores, obsidiados!

A obsessão, sob qualquer modalidade que se apresente, é enfermidade de longo curso, exigindo terapia especializada de segura aplicação e de resultados que não se fazem sentir apressadamente.

Os tratamentos da obsessão, por conseguinte, são complexos, impondo alta dose de renúncia e abnegação àqueles que se oferecem e se dedicam a tal mister.

Uma força existe capaz de produzir resultados para os perseguidores encarnados ou desencarnados, conscientes ou inconscientes: a que se deriva da conduta moral. A princípio, o obsessor dela não se apercebe; no entanto, com o decorrer do tempo, os testemunhos de elevação moral que enseja, confirmando a nobreza da fé, que professa como servidor do Cristo, colimam por convencer o algoz da elevação de princípios de que se revestem os atos do seu doutrinador, terminando por deixar livre, muitas vezes, aquele a quem aflige. Além da exemplificação cristã, a oração consegue lenir as úlceras morais dos assistidos, conduzindo beneses de harmonia que apaziguam o desequilibrado e reacendem nele a sede e a necessidade da paz.

Nem sempre, porém, os resultados são imediatos. Para a maioria dos Espíritos, o tempo, conforme se conta na Terra, tem pouca significação. Demoram-se, obstinados, com tenacidade incomparável nos propósitos a que se entregam anos a fio, sem que algo de positivo se consiga fazer, prosseguindo na tarefa insana, em muitos casos, até mesmo depois da morte... Isto porque do paciente depende a maioria dos resultados nos tratamentos da obsessão. Iniciado o programa de recuperação, deve este esforçar-se de imediato para a modificação radical do comportamento, exercitando-se na prática das virtudes cristãs e, principalmente, moralizando-se. A moralização do enfermo deve ter caráter prioritário, considerando-se que, através de uma renovação íntima bem encetada, ele demonstra para o seu desafeto a eficiência das diretrizes que lhe oferecem como normativa de felicidade.

Merece considerar, neste particular, que o desgaste orgânico e psíquico do *médium* enfermo, mesmo depois do afastamento do Espírito malévolo, ocasiona um refazimento mais demorado, sendo necessária, às vezes, compreensivelmente, assistência médica prolongada.

Diante dos esforços que se conjugam entre o assistente e o assistido, os Espíritos superiores interessados no progresso da Humanidade oferecem, também, valiosos recursos que constituem elementos salutares e preciosos.

Sem tal amparo, toda incursão que se intente no ministério da desobsessão será improfícua, senão perigosa, pelos resultados negativos que apresenta.

Um Espírito lidador, devidamente preparado para as experiências de socorro aos obsidiados, é dínamo potente que gera energia eletromagnética, que, aplicada mediante os passes, produz distonias e desajustes emocionais no *hóspede* indesejável, afastando-o de momento e facultando, assim, ao *hospedeiro* a libertação mental necessária para se assepsiar moralmente, reeducando a vontade, meditando em oração, num verdadeiro programa evangélico bem disciplinado que, segura e lentamente, edifica uma cidadela moral de defesa em volta dele mesmo.

Por isso o Mestre, diante de determinados perseguidores desencarnados, afirmou: "*Contra esta casta de Espíritos, só a oração e o jejum*" (Marcos, 9: 29), e, após atender às aflições de cada atormentado que O buscava, prescrevia, invariável e incisivo: *"Não voltes a pecar, para que algo pior não te aconteça"* (João, 5: 14).

❖

Quando você *escute* nos recessos da mente uma ideia torturante que teima por se fixar, interrompendo o curso dos pensamentos; quando constate, imperiosa, atuante força psíquica interferindo nos processos mentais; quando verifique a vontade sendo dominada por outra vontade que parece dominar; quando experimente inquietação crescente, na intimidade mental, sem motivos reais; quando sinta o impacto do desalinho espiritual em franco desenvolvimento, acautele-se, porque você se encontra em processo imperioso e ultor de obsessão pertinaz.

Transmissão mental de cérebro a cérebro, a obsessão é síndrome alarmante que denuncia enfermidade grave de erradicação difícil.

A princípio se manifesta como inspiração sutil, depois intempestivamente, para com o tempo fazer-se interferência da mente obsessora na mente encarnada, com vigor que alcança o clímax na possessão lamentável.

Ideia negativa que se fixa, campo mental que se enfraquece, dando ensejo a ideias negativas que virão.

Da mesma forma que as enfermidades orgânicas se manifestam onde há carência, o campo obsessivo se desloca da mente para o departamento somático onde as imperfeições morais do pretérito deixaram marcas profundas no perispírito.

Tabagismo – O fumo, pelos danos que ocasiona ao organismo, é por isso mesmo perigo para o corpo e para a mente.

Hábito vicioso, facilita a interferência de mentes desencarnadas também viciadas, que se ligam em intercâmbio obsessivo simples a caminho de dolorosas desarmonias...

Alcoolfilia – Embora necessário para o organismo sujeito a climas frios, o álcool em dosagens mínimas acelera a digestão e aumenta a diurese.[5] No entanto, pelas consequências sociomorais que acarreta, quando se perverte em viciação criminosa, simples em começo e depois aberrante, é veículo de obsessores cruéis, ensejando a alcoólatras desencarnados vampirismo impiedoso, com consequentes lesões do aparelho físico-psíquico.

Sexualidade – Sendo porta de santificação para a vida, altar de preservação da espécie, é também veículo de alucinantes manifestações de mentes atormentadas, em estado de angústia pertinaz. Através dela, sintonizam consciências desencarnadas em indescritível aflição, mergulhando em *hospedagem* violenta nas mentes encarnadas, para se demorarem em absorções destruidoras do plasma nervoso, gerando obsessões degradantes...

Estupefacientes – À frente da ação deprimente de certas drogas que atuam nos centros nervosos, desbordam-se os registros da subconsciência, e impressões do pretérito ressurgem, misturadas às frustrações do presente, já em depósito, realizando conúbio desequilibrante, através do qual desencarnados em desespero emocional se locupletam, ligando-se aos atormentados da Terra, conjugando à sua a loucura deles, em possessão selvagem...

---

5. Alguns médicos falam sobre a desnecessidade do uso de alcoólicos, mesmo nos climas frios (nota do autor espiritual).

Alienação mental – Sendo todo alienado, conforme o próprio verbete denuncia, um ausente, a alienação mental começa, muitas vezes, quando o Espírito retorna ao corpo pela reencarnação em forma de limitação punitiva ou de corrigenda, ligado a credores dantanho, em marcha inexorável para o aniquilamento da razão, quando não se afirma nas linhas do equilíbrio moral...

Glutoneria, maledicência, ira, ciúme, inveja, soberba, avareza, medo, egoísmo etc. são estradas de acesso para mentes desatreladas do carro somático em tormentosa e vigilante busca na Erraticidade, sedentas de comensais com os quais, em conexão segura, continuam o enganoso banquete do prazer fugidio.

Por essa razão, a Doutrina Espírita, em convocando o homem ao amor e ao estudo, prescreve como norma de conduta o Evangelho vivo e atuante – nobre Tratado de Higiene Mental –, em cujas lições haure o Espírito vitalidade e renovação, firmeza e dignidade, ensinando a oração que enseja comunhão com Deus, prescrevendo *jejum* ao crime e continência em relação ao erro, num vade-mécum salvador para uma existência sadia na Terra, com as vistas voltadas para uma vida espiritual perfeita.

❖

O problema da obsessão, sob qualquer aspecto considerado, é também problema do próprio obsidiado.

Atormentada por evocações fixadas nas telas sensíveis do pretérito, a mente encarnada se encontra ligada à desencarnada, sofrendo, a princípio, sutis desequilíbrios que depois se assenhoreiam da organização cerebral, gerando deplorável estágio de vampirização, no qual vítima e verdugo se completam em conjugação dolorosa e prolongada.

A etiologia das obsessões é complexa e profunda, pois que se origina nos processos morais lamentáveis, em que ambos os comparsas da aflição dementante se deixaram consumir pelas vibrações degenerescentes da criminalidade que passou, invariavelmente, ignorada pela coletividade onde viveram como protagonistas do drama ou da tragicomédia em que se consumiram.

Reencontrando-se, porém, sob o impositivo da lei inexorável da Divina Justiça, que estabelece esteja o verdugo jugulado à vítima, pouco importando o tempo e a indumentária que os distancia ou caracteriza, tem início o comércio mental, às vezes aos primeiros dias da concepção fetal, para crescer em comunhão acérrima no dia a dia da caminhada carnal, quando não precede à própria concepção...

Simples de fascinação e de subjugação, consoante a classificação do codificador do Espiritismo, é sempre de difícil extirpação, porquanto o obsidiado, em si mesmo, é um enfermo do Espírito.

Vivendo a inquietação íntima que lenta e seguramente o desavora, procede de início, na vida em comum, como se equilibrado se encontrasse, para nos instantes de soledade deixar-se arrastar a estados anômalos sob as fortes tenazes do perseguidor desencarnado.

Ouvindo a mensagem em caráter telepático transmitida pela mente livre, começa por aceder aos apelos que lhe chegam, transformando-se, por fim, em diálogos nos quais se deixa vencer pela pertinácia do tenaz vingador.

Justapondo-se sutilmente *cérebro* a cérebro, *mente* a mente, vontade dominante sobre vontade que se deixa dominar, *órgão* a órgão, através do perispírito pelo qual se identifica com o encarnado, a cada cessão feita pelo *hospedeiro*, mais coercitiva se faz a presença do *hóspede*, que se transforma em parasita insidioso, estabelecendo depois, e muitas vezes em definitivo enquanto na luta carnal, a simbiose esdrúxula, em que o poder da fixação da vontade dominadora consegue extinguir a lucidez do dominado, o qual se deixa apagar...

Em toda obsessão, mesmo nos casos mais simples, o encarnado conduz em si mesmo os fatores predisponentes e preponderantes – os débitos morais a resgatar – que facultam a alienação.

Descuidado quase sempre dos valores morais e espirituais – defesas respeitáveis que constroem na alma um baluarte de difícil transposição –, o candidato ao processo obsessivo é irritável, quando não nostálgico, ensejando pelo caráter impressionável o intercâmbio, que também pode começar nos instantes de parcial desprendimento pelo sono, quando, então, encontrando o desafeto ou a sua vítima dantanho, sente o espicaçar do remorso ou o remorder da cólera, abrindo as comportas do pensamento aos *comunicados* que logo advirão, sem que se possa prever quando terminará a obsessão, que pode alongar-se até mesmo depois da *morte*...

Estabelecido o contato mental em que o encarnado registra a interferência do pensamento invasor, soa o sinal alarmante da obsessão em pleno desenvolvimento...

Nesse particular, o Espiritismo, e somente ele, por tratar do estudo da *natureza dos Espíritos*, possui os anticorpos e sucedâneos eficazes para operar a libertação do enfermo, libertação que, no entanto, muito depende do próprio paciente, como em todos os processos patológicos atendidos pelas diversas terapêuticas médicas.

Sendo o obsidiado um calceta, um devedor, é imprescindível que se disponha ao labor operoso pelo resgate perante a Consciência Universal, agindo de modo positivo, para atender às sagradas imposições da harmonia estabelecida pelo Excelso Legislador.

Embora os desejos de refazimento moral por parte do paciente espiritual, é imperioso que a renovação íntima com sincero devotamento ao bem lhe confira os títulos do trabalho, de forma a atestar a sua real modificação em relação à conduta passada, ensejando ao acompanhante desencarnado, igualmente, a própria iluminação.

Nesse sentido, a interferência do auxílio fraterno, por outros corações afervorados à prática da caridade, é muito valiosa, favorecendo ao desencarnado a oportunidade de adquirir conhecimentos através da psicofonia atormentada, na qual pode haurir força e alento novo para aprender, meditar, perdoar, esquecer...

No entanto, tal empreendimento, nos moldes em que se fazem necessários, não é fácil.

Somente poucos núcleos, entre os que se dedicam a tal mister – o da desobsessão –, encontram-se aparelhados, tendo-se em vista a tarefa que lhes cabe nos seus quadros complexos...

Na desobsessão, a *cirurgia espiritual* se faz necessária, senão imprescindível, muitas vezes, para que os resultados a colimar sejam conseguidos. Além desses, trabalhos especiais requisitam abnegação e sacrifício dos cooperadores encarnados, com natural doação em larga escala de esforço moral valioso, para a manipulação das condições mínimas psicoterápicas, no recinto do socorro, em favor dos desvairados a atender...

Nesse particular, a prece, igualmente, conforme preconiza Allan Kardec, "é o mais poderoso meio de que se dispõe para demover de seus propósitos maléficos o obsessor".[6]

Por isso, em qualquer operação socorrista a que você seja chamado, observe a disposição moral do seu próprio Espírito e ore, alçando-se a Jesus, a Ele pedindo torná-lo alvo dos Espíritos puros, por meio dos quais, e somente assim, você poderá oferecer algo em favor de uns e outros: obsessores e obsidiados.

Examine, desse modo, e sonde o mundo íntimo constantemente para que se não surpreenda de um momento para outro com a mente em desalinho, atendendo aos apelos dos desencarnados que o seguem desde *ontem*, perturbados e infelizes, procurando, enlouquecidos, "com as próprias mãos fazer justiça", transformados em verdugos da sua serenidade.

Opere no bem com esforço e perseverança para que o seu exemplo e a sua luta solvam, sarando a dívida-enfermidade que o assinala, libertando-o da áspera prova antes de você caminhar, aflito, pela senda dolorosa... e purificadora.

Em qualquer circunstância, ao exercício nobre da mediunidade com Jesus, tanto quanto ao sublime labor desenvolvido pelas sessões sérias de desobsessão, compete o indeclinável ministério de socorro aos padecentes da obsessão, no sentido de modificarem as expressões de dor e angústia que vigem na Terra sofrida dos nossos dias.

---

6. *A Gênese*, capítulo XIV, item 46 (nota do organizador).

3.2.6 Obsessão simples
(Obra: *Nas fronteiras da loucura*. 1. ed. LEAL, p. 9-10.)

> *Atendendo à classificação apresentada por Allan Kardec, em* O Livro dos Médiuns, *capítulo 23, examinemos a patologia das obsessões nas suas três variedades, a saber: simples, por fascinação e por subjugação.*

O fundamento da vida é o Espírito, em torno de cuja realidade tudo gira e se manifesta.

O temperamento de toda criatura, ao lado das injunções que compõem o quadro da sua existência, é uma decorrência natural do somatório dos valores que transitam pelas várias reencarnações, a transferirem-se de uma para outra etapa carnal.

Programado pelo *fatalismo* da evolução para o progresso que o conduzirá à perfeição relativa, o Espírito cresce sob a claridade do amor, normalmente estimulado pelo aguilhão do sofrimento, que ele se propicia, em razão da rebeldia como da insatisfação que lhe são as relevantes excrescências do egoísmo.

Trazendo em gérmen a Divina Presença donde se origina, adquire, através das experiências que lhe apraz viver, os recursos para progredir, estacionar ou retardar o desenvolvimento das funções que lhe são inerentes e de que se não poderá eximir por mais que lhe agrade, caso derrape na alucinação comburente da desdita em que se fixe...

Quando não funcionem os estímulos para o progresso e deseje postergá-lo, imposições da própria Lei jungem-no ao processo de crescimento, mediante as expiações lenificadoras que o depuram, cooperando para a eliminação das sedimentadas mazelas que o martirizam...

A aquisição da paz, por isso mesmo, é uma resultante de lutas e esforços que o disciplinam, condicionando-lhe os hábitos salutares, através dos quais se harmoniza com a vida.

Nesse processo, como em outro qualquer, a mente é o espelho a refletir os estados íntimos, as conquistas logradas e as por conseguir.

Dínamo de recursos psicofísicos, ao comando do Espírito que lhe utiliza da cerebração, nas paisagens mentais facilmente se expressam os estados múltiplos da personalidade, encadeando sucessos ou fracassos que se exteriorizam em formas depressivas, ansiosas, traumáticas, neurastênicas e outras, dando gênese a enfermidades psíquicas de variada e complexa nomenclatura.

Em face desses estados mórbidos – originados nas existências passadas por desrespeito aos Soberanos Códigos da Vida –, abrem-se largas brechas que facultam e estimulam as parasitoses espirituais, que degeneram em síndromes obsessivas, não raro se prolongando até se converterem em subjugações de curso irreversível.

3.2.7 Obsessão por fascinação
(Obra: *Nas fronteiras da loucura*. 1. ed. LEAL, p. 14-15.)

Estabelecidos os liames da comunicação, o processo continua, no sentido de se firmarem os plugues do canal obsessivo no recipiendário, que a partir daí comparte as suas com as ideias que lhe são insufladas.

À medida que o campo mental da vítima cede área, esta assimila não apenas a indução telepática, mas também as atitudes e formas de ser do seu *hóspede*.

Nesse interregno, a pessoa perde a noção do ridículo e das medidas habituais que caracterizam o discernimento, acatando sugestões que se incorporam, aceitando inspirações como diretrizes que a todos se apresentam como disparates e que a ela são perfeitamente lógicas.

Porque conhecem as imperfeições morais, o caráter e a conduta daqueles aos quais perturbam, os Espíritos inspiram e impõem as ideias absurdas com que objetivam isolar o paciente dos recursos e pessoas que os podem auxiliar.

Insuflam-lhes o orgulho de missões especiais, camuflado em humildade e passividade errôneas, que os tornam falsamente místicos, ou revoltam-se quando se sentem desmascarados pela razão e perspicácia das pessoas lúcidas e conhecedoras de tais infelizes técnicas, crendo que são reformadores e apóstolos encarregados de mudar as estruturas da vida ao talante da irresponsabilidade e presunção.

Enquanto se barafustam no pandemônio da fascinação de que se tornam fácil presa, desconectam-se as últimas defesas e arriam-se as comportas dos diques da lógica, dando oportunidade à incidência mais complexa da turbação mental.

Bem se pode depreender das dificuldades que o problema sugere, por se não poder contar com o auxílio do obsesso.

Em toda obsessão, como em qualquer sofrimento, estão em pauta os recursos débito/crédito do indivíduo. Certamente que a disposição de que este se revista muito contribuirá, e decisivamente, para os resultados do tentame, liberativo ou afligente, conforme o empenho que coloque.

A dor resulta do desrespeito à ordem estabelecida, quanto o ódio é fruto do egoísmo, do personalismo magoado.

Ninguém que esteja programado para o sofrimento, a desídia, o mal.

Desarmando-se dos recursos defensivos, tomba o homem na agressão que o sitia ou enfrenta.

Os esforços que empreende, a par das ações que executa, constituem-lhe couraça contra o mal, conquistas para alçá-lo às faixas vibratórias próprias que o defendem e liberam.

A fascinação, por isso mesmo, decorre da indolência moral e mental do paciente e do exacerbar dos seus valores negativos, que são espicaçados habilmente pelo seu antagonista espiritual.

Em consequência, os tentames para a libertação se apresentam mais complexos, exigindo abnegação, esforço, assistência contínua.

3.2.8 Obsessão por subjugação
(Obra: *Nas fronteiras da loucura*. 1. ed. LEAL, p. 15-17.)

Em cada caso de alienação obsessiva encontram-se razões propelentes que caracterizam, especificamente, o processo. Em razão disso, apesar de serem as faltas morais do enfermo a gênese, e o agente, a Entidade desencarnada, os móveis predisponentes e preponderantes variam de acordo com cada pessoa.

A terapêutica, embora seja genericamente a mesma, tem resultados que variam segundo os pacientes, suas fichas cármicas e os esforços que empreendem para destrinçarem a trama em que se envolvem.

No painel das obsessões, à medida que se agrava o quadro da interferência, a vontade do *hospedeiro* perde os contatos de comando pessoal, na razão direta em que o *invasor* assume a governança.

É mais grave quando se trata de Espírito mais lúcido, técnica e intelectualmente, que se assenhoreia dos centros cerebrais com a imposição de uma deliberação bem concentrada nos móveis que persegue, manipulando com habilidade os dispositivos mentais e físicos do alienado.

Assim, a subjugação pode ser física, psíquica e simultaneamente físico-psíquica.

A primeira não implica perda da lucidez intelectual, porquanto a ação dá-se diretamente sobre os centros motores, obrigando o indivíduo, não obstante se negue à obediência, a ceder à violência que o oprime. Neste caso, podem irromper enfermidades orgânicas, por se criarem condições celulares próprias para a contaminação por vírus e bactérias, ou mesmo sob a vigorosa e contínua ação fluídica dilacerarem-se os tecidos fisiológicos ou perturbar-se o anabolismo como o catabolismo, incidindo em distúrbio no metabolismo geral, com singulares prejuízos físicos.

No segundo caso, o paciente vai dominado mentalmente, tombando em estado de passividade, não raro sob tortura emocional, chegando a perder por completo a lucidez, o que não afeta o Espírito encarnado propriamente dito, que experimenta a injunção penosa pela qual purga a irresponsabilidade e os delitos passados. Perde temporária ou definitivamente, durante a sua atual reencarnação, a área da consciência, não se podendo livremente expressar.

Um contínuo aturdimento o toma. A visão, a audição como os demais sentidos confundem a realidade objetiva ao império das vibrações e faixas que registra desordenadamente na esfera física e na espiritual.

O Espírito encarnado movimenta-se num labirinto que o atemoriza, algemado a um adversário que lhe é impenitente, maltratando-o, aterrando-o com ameaças cruéis, em parasitose firme na desconcertada casa mental.

Por fim, assenhoreia-se, simultaneamente, dos centros do comando motor e domina fisicamente a vítima, que lhe fica inerte, subjugada, cometendo atrocidades sem-nome.

Nos processos obsessivos, não deixemos de repeti-lo, estão incursas na Lei as pessoas que constituem o grupo familiar e o social do paciente, aí situado por necessidade evolutiva e de resgate para todos.

Não se podem evadir à responsabilidade os que foram cúmplices ou coautores dos delitos, quando os infratores mais comprometidos são alcançados pela irrefragável Justiça. Reunidos ou religados pelo parentesco sanguíneo ou através de conjunturas da afetividade, da afinidade, formam os grupos onde são alcançados pelos recursos reeducativos, no tentame do progresso.

A cruz da obsessão é peso que tomba sempre sobre os ombros das consciências comprometidas.

3.2.9 Obsessões especiais
(Obra: *Nos bastidores da obsessão*. 1. ed. FEB, p. 34-36.)

Ninguém se equivoque! Obsessores há desencarnados, exercendo maléfica influenciação sobre os homens, e encarnados, de mente vigorosa, exercendo pressão deprimente sobre os deambulantes da Erraticidade.

O comércio existente entre os Espíritos e as criaturas da Terra, em regime de perseguição, é paralelo ao vigente entre os homens e os que perderam a indumentária física.

Obsessões especiais também identificamos, que são produzidas por encarnados sobre encarnados.

O pensamento é sempre o dínamo vigoroso que emite ondas e que registra vibrações, em intercâmbio ininterrupto nas diversas faixas que circulam a Terra.

Mentes viciadas e em tormento, não poucas vezes escravas da monoideia obsessiva, sincronizam com outras mentes desprevenidas e ociosas, gerando pressão devastadora.

Aguilhões frequentes perturbam o comportamento de muitas criaturas que se sentem vinculadas ou dirigidas por fortes constrições, nos painéis mentais, inquietantes e afligentes... Muitos processos graves de alienação mental têm início quando os seres constrangidos por essa força possuidora, em vez de a repelirem, acalentam-lhe os miasmas pertinazes que terminam por assenhorear-se do campo em que se espalham.

Em casos dessa natureza, o agente opressor influencia de tal forma o paciente perturbado que não é raro originar-se o grave problema do vampirismo espiritual por processo de absorção do plasma mental. Quando em parcial desprendimento pelo sono, o Espírito parasita busca a sua vítima, irresponsável ou coagida, prosseguindo no nefando consórcio nessas horas que são reservadas para edificação espiritual e renovação da paisagem orgânica. Produzida a sintonia deletéria, mui dificilmente aqueles que alojam os pensamentos infelizes conseguem libertar-se.

Nos diversos problemas obsessivos, há que examiná-los para selecionar os que procedem do continente da alma encarnada e os que se vinculam aos quadros aflitivos do Mundo espiritual.

O ódio tanto quanto o amor desvairado constituem elementos matrizes dessas obsessões especiais. O ódio, pela fixação demorada acerca da vindita, cria um condicionamento psíquico que emite ondas em direção segura, envolvendo o ser almejado que, se não se encontra devidamente amparado nos princípios superiores da vida, capazes de destruírem as ondas invasoras, termina por se deixar algemar. E o amor tresloucado, que se converte em paixão acerba devido ao tormento que se impõe quanto à posse física do objeto requestado, conduz o Espírito que está atormentado à visitação, a princípio da alma nos períodos do sono reparador, até criar a intercomunicação que degenera em aflitivo quadro de desgaste orgânico e psíquico, não somente do vampirizado, como também mediante a alucinação do vampirizador.

Em qualquer hipótese, no entanto, as diretivas clarificantes da mensagem de Jesus são rotas e veículos de luz libertadora para ensejar a uns e outros, obsidiados e obsessores, os meios de superação.

Nesse sentido, a exortação de Allan Kardec acerca do *trabalho* é de uma eficácia incomum, porque o serviço edificante é mecanismo de oração transcendental, e a mente que trabalha situa-se na defensiva. A *solidariedade* é como uma usina que produz a força positiva do amor, e, como o amor é a causa motriz do Universo, aquele que se afervora à mecânica da solidariedade sintoniza com os instrutores da ordem, que dirigem o orbe terrestre. E a *tolerância*, que é a manifestação desse mesmo amor em forma de piedade edificante, transforma-se em *couraça de luz*, vigorosa e maleável, capaz de destruir os petardos do ódio ultor ou os projéteis do desejo desordenado, porquanto na tolerância fraternal se anulam as vibrações negativas desta ou daquela procedência.

Assim sendo, a tríade recomendada pelo egrégio codificador reflete a ação, a oração e a vigilância preconizadas por Jesus – processos edificantes de saúde espiritual e ponte que alça o viandante sofredor da Terra ao planalto redentor das Esferas espirituais, livre de toda constrição e angústia.

3.2.10 Obsessões intermitentes
(Obra: *Antologia espiritual*. 1. ed. LEAL, p. 119-122.)

Na gênese das enfermidades físicas e psíquicas, temos como fator preponderante a Lei de Causa e Efeito. Particularmente nas patologias de largo porte são inevitáveis as ocorrências dessa Lei, que remontam às experiências malogradas em reencarnações transatas.

O homem e a mulher reencarnam-se sob os condicionamentos e consequências dos próprios atos, visto que são responsáveis pelo patrimônio de que se fazem portadores.

A incidência dos distúrbios no comportamento, como nas expressões psíquicas, resulta da interferência dos equívocos graves que o ser se permitiu, gerando os profundos desajustes e inarmonias dos equipamentos nervosos e cerebrais.

Da mesma forma, as energias dissolventes que fazem parte da realidade espiritual, mediante o perispírito, facultam receptividade às vidas microbianas degenerativas, que permitem a instalação de doenças graves, ou assinalam fortemente o corpo, produzindo deformações que se expressam como anomalias da mais variada catalogação.

Os indivíduos são, por conseguinte, o suceder do seu pretérito, assinalando a vilegiatura carnal com as conquistas positivas ou perniciosas de cada reencarnação.

Nesse contexto, surgem as interferências de natureza espiritual perturbadora que, por vários motivos sob os quais se ocultam, produzem lamentáveis processos obsessivos, que estiolam milhões de vidas, aturdem os sentimentos, desarticulam a razão, levando a estados de alucinação e suicídio aqueles que lhes experimentam as injunções.

Os processos obsessivos respondem por cobranças morais nas quais os litigantes desencarnados, fixados na própria inferioridade, dão campo aos sentimentos mórbidos, ensejando oportunidade aos processos degenerativos de interferência psíquica ou física, colocando plugues vibratórios nas *tomadas dos hospedeiros humanos*, que lhes são as culpas fixadas no ádito do ser.

As obsessões são *enfermidades* graves e quase desconhecidas, mesmo por aqueles que se dedicam ao seu estudo e terapia.

Variando em caráter, tipo e profundidade, conforme as razões que as estabelecem, exigem cuidados muito especiais e pacientes de todos quantos se dedicam à sua erradicação.

Tarefa complexa essa, que exige perseverança e humildade, especialmente de quem lhes sofre a intercorrência.

A recuperação não libera, porém, as *vítimas* de responsabilidades em relação aos seus *algozes* e ao seu próximo; antes, amplia-lhes a compreensão da vida e do comportamento, que devem alterar-se para melhor, assim gerando novos fatores de saúde, que irão agir nas fontes celulares produzindo futuros resultados ou harmonizando os implementos neuroniais, os sistemas nervoso, respiratório, circulatório, e se dará o equilíbrio que produz harmonia.

Dentre as várias manifestações obsessivas, uma passa quase despercebida, sendo, por isso mesmo, de alta gravidade, pela razão de raramente chamar a atenção, graças às suas sutilezas e características especiais.

Referimo-nos às obsessões intermitentes.

Elas são frequentemente variantes, isto é, apresentam-se voluptuosas e destruidoras em determinados períodos, para desaparecerem quase completamente em outros.

Suas vítimas experimentam injunções cruéis, vivendo sob verdadeiras *espadas de Dâmocles*, prestes a terem ceifadas a paz, a saúde, a vida...

Aqueles que sofrem as ações dos Espíritos perversos – e, no caso em tela, muito lúcidos e cruéis – passam períodos de otimismo e realizações edificantes para, subitamente, derraparem em paixões sórdidas, depressões sem causa aparente ou exaltação de violência...

Durante a incidência da perturbação, esses seres chegam às raias da loucura, perdendo o discernimento e a lucidez, permitindo-se comportamentos esdrúxulos, atitudes surpreendentes e estados desequilibrados da alma.

Isso porque os seus adversários espirituais, que os conhecem, identificam os seus defeitos e sabem quais as suas imperfeições, graças aos quais têm preferências estranhas, permitindo-se licenças morais que se tornam campo propício à penetração e assimilação pelo paciente da energia obsessiva.

Esse fenômeno perturbador ocorre, como é natural, porque o enfermo cultiva os hábitos viciosos que procedem de outras existências, ou que são adquiridos mais recentemente, a cujo exercício de prazer se entregam inermes. Têm a mente enriquecida de extravagâncias e comportamentos defeituosos, não se esforçando por liberar-se em definitivo dos instintos primários nem das paixões selvagens.

As pessoas que sofrem obsessões intermitentes marcham sobre sombras que necessitam ser desbastadas com a luz da conduta nobre, da ação edificante e da prece inspirativa...

3.2.11 Obsessão e tramas do destino
(Obra: *Tramas do destino*. 1. ed. FEB, p. 11-21.)

Muito difícil, senão de todo improvável ao estudioso da problemática humana, compreender do ponto de vista da unicidade das existências as tramas do destino.

Examinada apenas uma vida, mesmo com o melhor apuro psicológico, não se dispõe de dados para explicar a Justiça Divina, em se considerando a pluralidade dos sucessos felizes e desgraçados dos que gravitam em torno dos homens, e que os distingue na vasta gama policromada das suas conquistas e quedas.

De um só golpe, é inexequível tentar abarcar o campo de ação e as ocorrências num todo fixo e completo, no qual o homem seja uma peça impulsionada por um determinismo cego ou alguém cujo livre-arbítrio disponha de uma clarividência muito especial para tudo realizar numa só vida, acertando e sublimando-se, equivocando-se e reabilitando-se.

As conceituações da predestinação pela graça, das concessões pelo ingresso no paraíso e das punições infernais encontram-se ultrapassadas, mesmo no seio de algumas das religiões que as prescreviam.

Por outro lado, negando-se o Autor Divino da Criação, e a vida sendo relegada ao caos, isso não basta para explicar os porquês inteligentes que a todos assomam e dominam, diante das incontáveis aquisições do Espírito humano, aturdido em face das inquestionáveis provas da sobrevivência do ser, da comunicabilidade do princípio intelectual depois do túmulo.

As modernas doutrinas da Parapsicologia, da Psicobiofísica e outras ciências experimentais equivalentes tentam colocar no lugar do Espírito, com que não se defrontam nos seus laboratórios, sucedâneos materialistas e energeticistas, sem o êxito que seria de esperar-se, porquanto esses mesmos agentes se esboroam quando colocados diante de novos fatos que espocam incessantes.

A temerária reação contra o Espírito, entidade inteligente que preexiste ao corpo e lhe sucede após a morte, vivendo com ou sem a aparelhagem somática, lentamente vai sendo vencida, embora a cautelosa posição assumida pelos pesquisadores científicos e estudiosos da atualidade.

Mantendo intransigente atitude contrária à Religião, de que a Ciência foi vítima milenarmente, transitam os modernos parapsicólogos e psicobiofísicos, com algumas exceções, adotando intolerantes posições de anátema contra a fé, numa reação injustificável.

Asseveram que ainda não têm provas concludentes, definitivas da sobrevivência do Espírito ao túmulo, nem documentação alguma que consiga provar a existência da alma.

Toda vez que um fato novo faz soçobrar a teoria negativista anterior, apressam-se por elaborar outra que atenda com relativa eficiência ao propósito a que se aferram, na mesma inquietação e insegurança que caracterizavam os metapsiquistas de ontem e os psiquistas do passado.

A imortalidade, no entanto, triunfa sobre os seus negadores.

Os homens interexistentes, os homens *psi* multiplicam-se, e os fenômenos de que são objeto impõem urgente reconsideração nas ideias e opiniões preconceituosas.

As enfermidades da mente sucedem-se, avassaladoras, na razão direta em que os métodos psiquiátricos, psicanalíticos e psicológicos se aprimoram, incapazes de deter a grande avalanche dos distônicos, dos esquizoides, dos neuróticos, dos psicóticos...

Saturado de tecnicismo, o homem cético arroja-se na busca das emoções fortes e ressuscita cultos demoníacos, missas negras, sabás, ansioso pelo sobrenatural, pelo fantástico...

As orgias de sangue, sexo e droga fazem-no recuar às origens do primitivismo, revelando a falência das conquistas extrínsecas e o malogro da ética dissociada das aspirações legítimas, tornada passadista...

Fantasmas reais e imaginários prenunciam hecatombes gerais, desde que as parciais se sucedem por toda parte.

As soluções superficiais e apressadas não resolvem as questões complexas de profundidade, atenuando na superfície os efeitos, sem remover nas causas as legítimas raízes em que se fixam os males contínuos.

O homem hodierno se encontra aturdido.

Adicionando-se a essas inquietantes injunções, surgem as parasitoses espirituais, que os acadêmicos insistem em ignorar, teimando desconsiderá-las.

Não obstante, nas células espíritas onde vibram as harmonias do Consolador Prometido por Jesus, reaparece a terapêutica do Evangelho, através de técnicas especiais com que se libertam perseguidos e perseguidores, facultando-se-lhes a saúde íntima, a paz...

Nas suas nobres tarefas de desobsessão, defrontam-se os dois mundos em litígio: o espiritual e o físico, de cujos painéis se pode apreender, nas causas reais, a lógica dos efeitos que engendram e produzem as tramas dos destinos.

Mediante o conhecimento da reencarnação, da pluralidade das existências planetárias, pode-se formar o quadro esclarecedor, para se entenderem as ocorrências que escapam, aparentemente misteriosas, muitas vezes inexplicáveis...

O homem não experimenta uma só vida terrestre.

A Terra é seu berço e sua escola, onde evolui, em demanda de mais altas aquisições espirituais.

Suas experiências exitosas ou malsucedidas produzem a engrenagem em que se movimentará no futuro.

A cada ação corresponde uma reação equivalente.

Não sendo a morte mais do que uma transferência de posição vibratória, a vida mantém sua interação e harmonia nas diversas situações no corpo físico e fora dele, sem qualquer solução de continuidade ou defasagem perturbante.

❖

Muitos dos problemas graves no contingente da saúde física e mental que a Medicina depara a cada momento têm suas raízes no pretérito espiritual do paciente.

Seus erros e suas aquisições fazem-se os agentes da sua paz ou da sua perturbação.

Reencarnando cada qual com a soma das próprias experiências, diferentes são as situações pessoais, conforme se observa no mundo.

Vinculados aos desafetos de que se desejaram livrar, mas de que não se liberaram, padecem-lhes as injunções e influências maléficas.

Auto-obsessões, obsessões, subjugações são capítulos que merecem da Patologia Médica estudo simultâneo à base dos postulados do Espiritismo.

A reencarnação é a chave para a explicação dos seus enigmas.

Ao lado das terapêuticas valiosas, ora aplicadas nos obsessos de vário porte, impõem-se os recursos valiosos e salutares da fluidoterapia e das expressivas contribuições doutrinárias da Terceira Revelação, que traz de volta os insuperáveis métodos evangélicos de que se fez expoente máximo Jesus, o Divino Médico de todos nós.

O amor e a prece, o perdão e a caridade, a tolerância e a confiança, a fé e a esperança não são apenas virtudes vinculadas às religiões passadas, porém insubstituíveis valores de higiene mental, de psicoterapia, de laborterapia, que se fazem de urgência para neutralizar as ondas crescentes do ódio e da revolta, da vingança e da mágoa, da intolerância e da suspeita, da descrença e da desesperança, que irrompem e se instalam no homem, tudo avassalando intempestivamente.

A Doutrina Espírita dispõe de valiosos tesouros para aquisição da felicidade na Terra e depois da desencarnação.

Conhecê-la e praticar-lhe os ensinos representa uma ensancha ditosa para aqueles que aspiram a melhores dias, anelam por paz e laboram pelo bem.

In limine

Mergulham, diariamente, na roupagem carnal, com objetivos relevantes, Espíritos felizes que se olvidam dos gozos que podem fruir, objetivando, através do amor, alçar às Regiões da ventura antigos companheiros que, por teimosia, equívoco ou rebeldia contumazes, naufragaram nas experiências da evolução e detiveram-se em lamentáveis estados de perturbação.

Enxameiam por toda parte províncias de sombra e agonia, cujas paisagens ermas e doentias mais envenenam os que ali se detêm, graças à exteriorização miasmática dos seus pensamentos em desalinho e das suas personalidades enfermas...

Aglutinados em magotes compactos ou formando comunidades inditosas, constituem esses locais verdadeiras *cidades de dor*, onde expungem, esses desventurados seres, os gravames que os ferreteiam, sicários uns dos outros, conforme as habilidades e as permissividades que cultivaram pela astúcia ou pela perversidade, enquanto transitaram pelo domicílio corporal...

Hebetados uns e enfurecidos outros, constituem estranha e inditosa mole que se movimenta sem direção, padecendo indescritíveis horrores ou produzindo deploráveis dores em si mesmos como no próximo, a quem se vinculam ou imantam consoante afinidades existentes que os fixam, reciprocamente, em vigorosas sintonias obsidentes.

O conceito teológico sobre o *inferno*, extraindo-se dele o caráter de *eternidade* que não possui, empalidece se comparado a esses múltiplos *submundos* que se multiplicam terrificantes, quer na Terra, em locais específicos, quer em torno do orbe terrestre, pois que experimentam as mesmas conjunturas da gravitação a que se prende o planeta...

Nessas lôbregas *sociedades espirituais*, raramente vigem a piedade e a esperança, graças aos inconcebíveis conciliábulos da desdita que subjuga os ali recolhidos, cujos chefes draconianos se arrogam direitos de *justiçar*, perseguindo não apenas os que lhes facultam o assédio após a desencarnação, como os que lhes experimentam a influência por natural processo de vinculação moral e psíquica, em torpe comércio obsessivo de grave porte.

Sucede que a vida humana, assinalada pelo desequilíbrio na superfície do mundo, reflete só palidamente as realidades que promanam das Esferas espirituais inferiores, por serem nestas que surgem os fatores reais, modeladores daqueles insucessos... Dessa forma, em tais labirintos de pesadelos e horror, programam-se incontáveis desgraças, individuais ou coletivas, que estrugem violentas entre os deambulantes das formas físicas...

Nada obstante, o vigilante Amor de nosso Pai Compadecido procede periodicamente a expurgos lenificadores, emigrações em grupo, encaminhando legiões desses desditosos coletivamente à experiência reencarnatória, com vistas à melhoria deles e à diminuição da psicosfera que os envenena e degenera, perturbando, de certo modo, a economia moral da Terra...

Frequentemente, em nome desse Amor, caravanas de abnegados enfermeiros espirituais e missionários da caridade condensam suas energias sutis e vão até esses dédalos de alucinação e crime, usando a misericórdia e a solidariedade com que sensibilizam os mais feridos e agoniados, ajudando-os a se renovarem interiormente, propiciando-lhes a modificação vibratória com que se deslocam mentalmente dos martírios que os supliciam e, sob a cariciosa vitalização da prece como da afetividade em redespertamento, permitem-se recolhê-los e encaminhá-los a ninhos de repouso e campos de refazimento, onde se armam de forças para os cometimentos futuros...

Abençoados por verdadeiros *indultos* divinos que lhes facultam o pagamento das pesadas dívidas em clima menos denso de angústia, nos círculos do sofrimento corporal e moral, são recambiados, logo que possível, à carne, esse bendito escafandro, para a atmosfera terrestre, nossa escola de redenção.

Ante o claro lucilar das estrelas em cada noite, sob o pálio da prece luarizante, tais mensageiros da bondade e da renúncia descem às furnas ou deambulam nos rumos dos hospitais-purgatórios coletivos, a recolherem os arrependidos e os sensibilizados que foram atingidos pela magnanimidade do Cordeiro Celeste e de sua Augusta Mãe, a Excelsa Mãe de toda a Humanidade, sublime intercessora de todos nós.

Guardando, porém, com a retaguarda donde procedem, os vínculos de dor e aspirando as forças psíquicas com que se sustentaram longamente, trazem para os círculos carnais os sinais dos erros, os estigmas de que necessitam liberar-se, bem como as fixações da demência em que se escondem dos sicários ou as matrizes para oportunas realizações, em consórcio obsessivo com que se erguerão da desgraça e poderão alçar à felicidade os antigos asseclas, que lhes foram vítimas, ora travestidos em algozes impenitentes...

Na tecelagem dos destinos humanos, os fios que atam as malhas das redes dos compromissos procedem sempre das vidas transatas.

Nenhum acaso existe que possa reger ocorrências, nenhuma força fortuita aparece que acolha a esmo.

Os atos geram efeitos que rumam na direção de opções ao alcance das circunstâncias para a eclosão das Leis Divinas, dentro do equilíbrio *cármico*, através das *causas e efeitos*.

Em toda obsessão, simples ou subjugadora, como quer que se apresente, a trama dos destinos se situa no passado espiritual dos litigantes[7] em forma de fatores causais.

Forrar-se de amor e conhecimento, a fim de ajudar com proficiência, tal deve ser a atitude de quem se candidata a esse ministério de terapia providencial.

3.2.12 Tormentos da obsessão
(Obra: *Tormentos da obsessão*. 3. ed. LEAL, p. 64-72.)

– [...] A obsessão é pandemia que permanece quase ignorada, embora a sua virulência, para a qual, na sua terrí-

---

7. As técnicas para lidar-se com obsessores estão estudadas nos livros: *Nos bastidores da obsessão e Grilhões partidos,* editados, respectivamente, pela FEB e pela Editora LEAL (nota do autor espiritual).

vel irrupção, ainda não cogitaram os homens de providenciar vacinas preventivas ou terapias curadoras. Tão antiga e remota quanto a própria existência terrestre – por decorrência das afinidades perturbadoras entre os homens –, todos os guias religiosos se lhe referiram com variedade de designações, sempre se utilizando dos mesmos métodos para a sua erradicação, tais: o amor, a piedade, a paciência e a caridade para com os envolvidos na terrível trama. Passados os períodos em que viveram, os seus discípulos, quase de imediato, olvidaram-se de levar adiante pela prática essas específicas lições que receberam. Em face da tendência para o envolvimento emocional com o mitológico, não poucas vezes têm confundido a revelação do fenômeno mediúnico com ideias de arquétipos que jazem semiadormecidos no inconsciente e que passam a ocupar as paisagens mentais, sem os correspondentes critérios de compreensão para investir esforços na sua equação, de modo que se transferem para a galeria do fantástico e do sobrenatural.

Desejando que o auditório absorvesse as reflexões psicológicas e históricas da sua proposta, silenciou por breves segundos, dando prosseguimento:

– Graças à valiosa contribuição científica do Espiritismo no laboratório da mediunidade, constatando a sobrevivência do ser e o seu intercâmbio com as criaturas terrestres, a obsessão saiu do panteão mítico para fazer parte do dia a dia de todos aqueles que pensam. Enfermidade de origem moral, exige terapêutica específica radicada na transformação espiritual para melhor de todos aqueles que lhe experimentam a incidência. Ocorre, no entanto, como é fácil de prever-se, que essa psicopatologia, qual sucede com outras tantas, sempre apresenta, no paciente que a sofre, graves oposições para o seu tratamento, quando, ainda lúcido, ele se recusa a receber conveniente orientação, e, à medida que se lhe faz mais tenaz, as resistências interiores se expressam mais vigorosas. De um lado, em razão da vaidade pessoal, para não parecer portador de loucura, particularmente porque assim se sente, e por outro motivo quando sob os camartelos das obsessões, porque o agente do distúrbio cria dificuldades no enfermo, transmitindo-lhe reações violentas, para ser evitado o tratamento especial. Em todos os casos, porém, o tempo exerce o papel elevado de convencer a vítima da *parasitose espiritual*, através do padecimento ultor, quanto à necessidade de submeter-se aos cuidados libertadores.

"Iniciando-se de forma sutil e perversa, a obsessão, salvados os casos de agressão violenta, instala-se nos painéis mentais através dos delicados *tecidos energéticos* do perispírito, até alcançar as estruturas neurais, perturbando as sinapses e a harmonia do conjunto encefálico. Ato contínuo, o quimismo neuronial se desarmoniza, em face da produção desequilibrada de enzimas que irão sobrecarregar o sistema nervoso central, dando lugar aos distúrbios da razão e do sentimento. Noutras vezes, a incidência da energia mental do obsessor sobre o paciente invigilante irá alcançar, mediante o sistema nervoso central, alguns órgãos físicos que sofrerão desajustes e perturbações, registrando distonias correspondentes e comportamentos alterados.

"Quando se trata de Espíritos inexperientes, perseguidores desestruturados, a ação magnética se dá automaticamente, em razão da afinidade existente entre o encarnado e o desencarnado, gerando descompensações mentais e emocionais. Todavia, à medida que o Espírito se adestra no comando da mente da sua vítima, percebe que existem métodos muito mais eficazes para uma ação profunda, passando então a executá-los cuidadosamente. Ainda, nesse caso, aprende com outros cômpares mais perversos e treinados no mecanismo obsessivo as melhores técnicas de aflição, agindo conscientemente nas áreas perispirituais do desafeto, nas quais implanta delicadas *células* acionadas por *controle remoto*, que passam a funcionar como focos destruidores da arquitetura psíquica, irradiando e ampliando o campo vibratório nefasto, que atingirá outras regiões do encéfalo, prolongando-se pela rede linfática a todo o organismo, que passa a sofrer danos nas áreas afetadas.

"Estabelecidas as fixações mentais, o *hóspede* desencarnado lentamente assume o comando das funções psíquicas do seu *hospedeiro*, passando a manipulá-lo a bel-prazer. Isso, porém, ocorre em razão da aceitação parasitária que experimenta o enfermo, que poderia mudar de comportamento para melhor, dessa forma conseguindo anular ou destruir as induções negativas de que se torna vítima. No entanto, afeiçoado à acomodação mental, aos hábitos irregulares, compraz-se no desequilíbrio, perdendo o comando e a direção de si mesmo. Enquanto se vai estabelecendo o contato entre o assaltante desencarnado e o assaltado, não faltam a este último inspiração para o bem, indução para mudança de conduta moral, inspiração para a felicidade. Vitimado em si mesmo pela autocompaixão ou pela rebeldia sistemática, desconsidera as orientações enobrecedoras que lhe são direcionadas, acolhendo as insinuações doentias e perversas que consegue captar.

"Muita falta faz a palavra de Jesus no coração e na mente das criaturas humanas em ambos os lados da vida. Extraordinária fonte de sabedoria, as Suas lições constituem mananciais de saúde e de paz que plenificam, assim que sejam vivenciadas, imunizando o ser contra as terríveis perturbações de qualquer ordem. Mas o mundo ainda não compreende conscientemente o significado do Mestre na sua condição de Modelo e Guia da Humanidade, o que é lamentável, sofrendo as consequências dessa indiferença sistemática."

Novamente o orador fez oportuna pausa na sua alocução.

Enquanto isso ocorria, o meu cérebro esfervilhava de interrogações em torno do tema palpitante. Não havia, porém, tempo para desvincular-me do raciocínio fixado nas suas palavras.

Dando continuidade, Dr. Ignácio Ferreira aduziu:

— Como a inspiração espiritual se faz em todos os fenômenos da Natureza, inclusive nas atividades humanas, é compreensível que, além das tormentosas obsessões muito bem catalogadas por Allan Kardec — simples, por fascinação e por subjugação —, os objetivos mantidos pelos perseguidores sejam muito variados. Eis por que as suas maldades abarcam alguns dos crimes hediondos, tais como: autocídios, homicídios, guerras e outras calamidades, em face da intervenção que realizam no comportamento de todos aqueles que se afinizam com os seus planos nefastos. Agindo mediante hábeis programações adredemente elaboradas, vão conquistando as resistências do seu dependente mental, de forma que, quase sempre, porque não haja uma reação clara e definitiva por parte da sua vítima, alcançam os objetivos morbosos a que se entregam enlouquecidos.

"Quando das suas graves intervenções no psiquismo dos seus *hospedeiros*, suas energias deletérias provocam taxas mais elevadas de serotonina e noradrenalina, produzidas pelos neurônios, que contribuem para o surgimento do transtorno psicótico bipolar, responsável pela diminuição do humor e desvitalização do paciente, que fica ainda mais à mercê do agressor. É nessa fase que se dá a indução ao suicídio, através de hipnose contínua, transformando-se em verdadeiro assassínio, sem que o enfermo se dê conta da situação perigosa em que se encontra. Sentindo-se vazio de objetivos existenciais, a morte se lhe apresenta como solução para o mal-estar que experimenta, não percebendo a captação cruel da ideia autocida que se lhe fixa na mente. Não poucas vezes, quando incorre no crime infame da destruição do próprio corpo, foi vitimado pela força da poderosa mentalização do adversário desencarnado. Certamente, há para o desditoso atenuantes, em razão do processo malsão em que se deixou encarcerar, não obstante as divinas inspirações que não cessam de ser direcionadas para as criaturas e as advertências que chegam de todo lado, para o respeito pela vida e sua consequente dignificação.

"O mesmo fenômeno ocorre quando se trata de determinados homicídios, que são planejados no Mundo espiritual, nos quais os algozes se utilizam de enfermos por obsessão, armando-lhes as mãos para a consumpção dos nefastos crimes. Realizam o trabalho em longo prazo, interferindo na conduta mental e moral do obsesso, a ponto de interromperem-lhe os fluxos do raciocínio e da lógica, aturdindo-os e dominando-os. Tão perversos se apresentam alguns desses perseguidores infelizes quão desnaturados, que se utilizam da incapacidade de reação dos pacientes para incorporá-los, podendo saciar sua sede de vingança contra aqueles que lhes estão ao alcance. Utilizando-se do recurso da invisibilidade material, covardemente descarregam a adaga do ódio nas vítimas inermes, tombando mais tarde na própria armadilha, porquanto não fugirão da Justiça Divina instalada na própria consciência e vibrando nas Leis Cósmicas, que sempre alcançam a todos.

"De maneira idêntica, desencadeiam guerras entre grupos, povos e nações, cujos dirigentes se encontram em sintonia com as suas terríveis programações, formando verdadeiras legiões que se engalfinham em lutas encarniçadas para alcançar os objetivos infelizes a que se propõem. Passam desconhecidas essas causas, que os sociólogos, os políticos, os psicólogos e os religiosos não conseguem detectar, mas que estão vivas e atuantes nas paisagens terrestres, e a reencarnação se encarregará de corrigir sob a sublime direção de Jesus."

Quedou-se o orador em rápida reflexão, enquanto nos dávamos conta da gravidade das obsessões geradoras de tumultos e desgraças coletivas, através daqueles que se lhes tornavam instrumentos dóceis ao comando, na condição de inimigos da Humanidade. O tema apresentava-se muito mais profundo e grave do que podíamos imaginar, embora não ignorássemos, por dedução, que assim ocorria.

Não havia tempo para mais amplas ponderações, porque o preclaro orador continuou com a palavra:

— Na raiz de inumeráveis males que afetam a coletividade humana, encontramos o intercâmbio espiritual manifestando-se com segurança. As obsessões campeiam desordenadamente. Isso não implica dar margem ao pensamento de que as criaturas terrestres se encontram à mercê das forças desagregadoras da Erraticidade inferior. Em toda parte está presente a Misericórdia de Deus, convidando-nos ao bem, ao amor, à alegria de viver. A opção inditosa, no entanto, de grande número de criaturas é diversa dessa oferta, o que facilita a assimilação das ideias tenebrosas que lhes são dirigidas. Assim mesmo, ante a preferência das terríveis alucinações, o amor paira soberano e aguardando, e, quando não é captado, a dor traz de volta o calceta, encaminhando-o para o reto proceder mediante o oportuno despertar.

"Todos esses criminosos espirituais, terminadas as batalhas em que se empenham, passam a experimentar incomum frustração por haverem perdido as metas que desapareceram e por se darem conta dos tormentos íntimos em que naufragam, descobrindo-se sem objetivo nem razão de continuar a viver... E, como não podem fugir da vida em que se encontram, são atraídos compulsoriamente às reencarnações dolorosas, experimentando os efeitos das hecatombes que ajudaram a ter lugar. Mergulham, então, na grande noite terrestre do abandono, da loucura, das anomalias, emparedados em enfermidades reparadoras, experimentando rudes expiações, que lhes serão a abençoada oportunidade para reencontrarem o caminho do futuro...

"O Mestre Jesus foi enfático ao enunciar: *Vinde a mim, todos os que estais cansados e oprimidos, e eu vos aliviarei* (Mateus, 11: 28), complementando com segurança: *Em verdade vos digo que ninguém sairá dali* [do abismo] *enquanto não pagar até o último ceitil* (Mateus, 5: 26). Ele alivia todos aqueles que O buscam sob o pesado fardo das aflições, entretanto, é necessário que a dívida moral contraída contra a Vida seja resgatada até o último centavo, quando então o devedor se sentirá equilibrado para conviver com aquele que lhe padeceu a impiedade, sendo perdoado e reconciliando-se com a própria consciência e o seu próximo. Somente, portanto, através do perdão e da reconciliação, da reparação e da edificação do bem incessante é que o flagelo das obsessões desaparecerá da Terra de hoje e de amanhã, pelo que todos nos devemos empenhar desde este momento."

Demonstrando emoção bem controlada, concluiu:

— O amor é o bem eterno que sobrepaira em todas as situações, mesmo nas mais calamitosas, apontando rumos e abrindo espaços para a realização da felicidade total. Vivê-lo em clima de abundância é o dever a que nos devemos propor, para que nos inundemos com a sua sublime energia que dimana de Deus.

"Que esse amor, procedente de nosso Pai, permeie--nos todos os pensamentos, palavras e ações são os votos que formulamos ao terminarmos a rápida análise em torno desse tema palpitante."

Logo foi concluída com simplicidade e profundeza a exposição, o venerável Eurípedes assomou à tribuna e dirigiu palavras estimuladoras aos presentes, encerrando a reunião com sentida prece, que a todos nos reconfortou.

Porque diversos ouvintes se houvessem acercado do Dr. Ignácio Ferreira, fizemos o mesmo, endereçando-lhe algumas rápidas interrogações, que foram respondidas com bonomia e gentileza. Interessado em aprofundar estudos em torno do tema exposto e outros que haviam conduzido pacientes espíritas desencarnados à internação naquele nosocômio, indaguei ao gentil diretor se me permitiria realizar um estágio naquele reduto de amor e de recuperação mental e emocional, a fim de ampliar estudos e conhecimentos que me facultassem maior crescimento íntimo.

Como se aguardasse a solicitação apresentada, o dedicado médico, com suave expressão de júbilo no rosto, aquiesceu de imediato, oferecendo-se, inclusive, para acompanhar-me quanto lhe permitissem os deveres e, quando impossibilitado, proporcionar-me-ia a ajuda de devotado psiquiatra que ali colaborava com devotamento e abnegação.

Sem titubear, aceitamos a gentileza e despedimo-nos, logo alguns dos amigos se preparavam para sair, rumando com eles aos deveres a que nos vinculamos.

A noite balsâmica era um convite a reflexões profundas sobre o Amor de nosso Pai, sempre misericordioso e sábio.

Banhado pela mágica claridade dos astros, pude ver o querido planeta terrestre, de onde procedia, envolto em sombras no seu giro colossal em torno do Astro-rei e não sopitei o sentimento de gratidão e de saudade das suas paisagens *inesquecidas*.

3.3 GRUPO II – TÉCNICAS OBSESSIVAS E ANÁLISE DOS ENVOLVIDOS

    3.3.1 Recepção da ideia perturbadora
    3.3.2 Intercâmbio mental
    3.3.3 Reflexos da interferência
    3.3.4 Indução obsessiva
    3.3.5 Perante obsessores
    3.3.6 Perante obsidiados
    3.3.7 O obsessor
    3.3.8 O obsidiado
    3.3.9 O grupo familial
    3.3.10 Comportamento por obsessão
    3.3.11 Obsessão e conduta
    3.3.12 Suicídio e obsessão
    3.3.13 Loucura e obsessão
    3.3.14 Alienação por obsessão
    3.3.15 Sanidade e desequilíbrio mental
    3.3.16 Sexo e obsessão

3.3.1 Recepção da ideia perturbadora
(Obra: *Nas fronteiras da loucura*. 1. ed. LEAL, p. 10-11.)

    Vivendo num permanente intercâmbio, consciente ou inconsciente, os Espíritos – tanto encarnados quanto desencarnados – participamos das vivências no corpo e fora dele.

    Não apenas por processos de desforço pessoal, em que os desafetos se buscam para produzirem-se males e cobranças injustificáveis, como por fatores de variada motivação, assimilam-se ideias e pensamentos pela simples sintonia da onda própria em que se situam as mentes.

Assaltada por vibrações negativas, a mente ociosa ou indisciplinada, viciada ou rebelde logo registra a interferência e, porque se não ajusta a um programa educativo da vontade, recebe o impulso da ideia, permitindo-se aceitar a sugestão perturbadora, que agasalha e vitaliza sob a natural acomodação dos complexos e recalques, dos comportamentos pessimistas ou exaltados que são peculiares a cada qual.

Aceita a indução, forma-se uma tomada para a ligação com a *sombra*, em regime de intercâmbio psíquico.

3.3.2 Intercâmbio mental
(Obra: *Nas fronteiras da loucura*. 1. ed. LEAL, p. 11-12.)

Fixada a ideia infeliz, os porões do inconsciente desbordam as impressões angustiosas que dormem armazenadas, confundindo-se na consciência com as informações atuais, ao mesmo tempo que estas se encontram em desordem pela influência da parasitose externa, que se vai assenhoreando do campo exposto, sem defesas.

Por natural processo seletivo, e tendo em conta as tendências, as preferências emocionais e intelectuais do paciente, a injunção produz melhor aceitação das recordações perniciosas, que servem de veículo e acesso ao pensamento do invasor.

A polivalência mental, em casos dessa natureza, tende ao monoideísmo que produz os quadros da fascinação torturante e, por fim, da subjugação de difícil reversibilidade.

A obsessão simples é parasitose comum em quase todas as criaturas, em se considerando o natural intercurso psíquico vigente em todas as partes do Universo.

Tendo-se em vista a infinita variedade das posições vibratórias em que se demoram os homens, estes sofrem quanto influem em tais faixas, sintonizando, por processo normal, com os outros comensais aí situados.

Se são portadores de aspirações nobilitantes, onde se fixem, haurem maior impulso para o crescimento.

Permanecendo na construção do bem, dificilmente assimilarão as induções perversas ou criminosas procedentes dos estagiários das regiões inferiores.

Não ficam, no entanto, indenes à agressão temporária ou permanente de que se liberam em face dos objetivos morais que perseguem, graças aos quais vibram em mais elevada escala psíquica.

Se interessados, porém, nas colocações da vulgaridade e do prazer, da impiedade ou da preguiça, do vício ou da desordem, recebem maior influxo de ondas mentais equivalentes, resvalando para os despenhadeiros da emoção aturdida, do desequilíbrio...

Tais pacientes conduzem ao leito, antes do repouso físico, as apreensões angustiantes, as ambições desenfreadas, as paixões perturbadoras, demorando-se em reflexões que as vitalizam, vivendo-as pela mente, quando não encontram meios de fruí-las fisicamente... Ao se desdobrarem sob a ação do sono, encontram-se com os afins – encarnados ou não –, com os quais se identificam, recebendo mais ampla carga de necessidades falsas ou dando campo aos estados anelados que mais os turbam e afligem.

Quando despertam, trazem a mente atribulada, tarda, sob incômodo cansaço físico e psíquico, encontrando dificuldade para fixar os compromissos e as lições edificantes da vida.

Nessa posição – a ideia obsidente fixada e a viciação estabelecida –, dá-se o intercâmbio mental.

Já não se trata do pensamento que busca acolhida, senão da atividade que tenta intercâmbio, mantendo diálogo, discutindo, analisando as questões em pauta – sempre de natureza prejudicial e que, a uma pessoa sadia, causaria repulsa instintiva, mas que o paciente gosta de cultivar –, do que decorre a predominância do *parasita espiritual,* que mais se acerca psiquicamente da casa mental e da vontade do seu consorte.

3.3.3 Reflexos da interferência
(Obra: *Nas fronteiras da loucura.* 1. ed. LEAL, p. 12-13.)

Surgem, como efeito natural, as síndromes da inquietação: as desconfianças, os estados de insegurança pessoal, as enfermidades de pequena monta, os insucessos em torno do obsidiado que soma as angústias, dando campo a incertezas, a mais ampla perturbação interior.

Gera uma psicosfera perniciosa à própria volta pela eliminação dos fluidos deletérios de que é vítima e absorve-a mais condensada, por escusar-se a ouvir sadias questões, participar de convívios amenos, ler páginas edificantes, auxiliar o próximo, renovar-se pela oração.

Conforme a constituição temperamental, que é um fator de relevante importância, faz-se apático, tende à depressão, adentrando-se pela melancolia, em razão da mensagem telepática deprimente e dos clichês mentais pessimistas que ressumam do arquivo da inconsciência. No sentido oposto, se é dotado de constituição nervosa excitada, torna-se agressivo, violento, em desarmonia de atitudes – explode por nonadas, do que logo se arrepende –, expondo a aparelhagem psíquica e os nervos a altas cargas de energias que danificam os sensores e condutores nervosos, com singulares prejuízos para a organização físico-psíquica.

Nesse período, podem-se perceber os estereótipos da obsessão, que facilmente se revelam pelas atitudes inusitadas, pelo comportamento ambivalente – equilíbrio e distonia, depressão e excitação –, alienando a criatura.

Aos hábitos salutares vão-se sucedendo as reações intempestivas, rotuladas como exóticas, a perda dos conceitos de critério e valor, que dão lugar a estranhas quão paradoxais formas de conduta.

A linha do equilíbrio psíquico é muito tênue e delicada.

As interferências de quaisquer naturezas sobre a faixa de movimentação da personalidade quase sempre produzem distúrbio, por empurrarem o indivíduo a procedimentos irregulares a princípio, que depois se fixam em delineamentos neuróticos.

A ação fluídica dos desencarnados, em razão da maleabilidade e da pertinácia destes, quando ignorantes, invejosos ou perversos, pela sua insistência interfere no mecanismo do *hospedeiro*, complicando o quadro com a indução inteligente, em telepatia prejudicial, que facilita a *simbiose* com o *anfitrião*.

Nessa fase, e antes que o paciente assuma a interferência de que é vítima, a terapia espírita torna-se de resultado positivo, liberador.

Ideal, no entanto, é a atitude nobre diante da vida, que funciona como psicoterapia preventiva e que constitui dieta para o otimismo e a paz.

3.3.4 Indução obsessiva
(Obra: *Sementes de vida eterna*. 3. ed. LEAL, p. 109-111.)

O perseguidor empedernido e constante talvez não seja inimigo de outrem, senão vítima de si mesmo, em face da possibilidade de ser teleconduzido por obsessores que dele se utilizam.

O viciado que desce ao acumpliciamento cada vez mais grave com o erro possivelmente não é um pária social, antes será alguém caído em hábil trama urdida por desencarnados impiedosos que dele se utilizam em *hospedagem* lamentável.

O esquizoide em hórrida situação de demência, agressivo ou catatônico, que passa estremunhado no labirinto da torpe alienação, quiçá se haja tornado escravo de mentes poderosas que se lhe vinculam por impositivo de sintonia com os seus gravames passados em processo escuso de obsessão dominadora.

O egoísta, avaro desnaturado, encarcerado na concha da desdita e antipatizado, possivelmente se envileceu porque não lutou contra a hipnose, sutil a princípio e violenta depois, de que se fez paciente em conúbios infelizes com habitantes da Erraticidade inferior, que facilmente localizam os de vontade fraca que com eles se aliciam em comércio nefando.

O caluniador inveterado, o mentiroso habitual, o déspota pertinaz, o sexólatra incontrolável, o acusador sistemático, o pessimista constante, o delinquente malsinado são possivelmente Espíritos vencidos por outros Espíritos, em demorados tentames de perseguição psíquica, em que suas vítimas de ontem, em estado de libertação hoje, desforçam-se, humilhando-os, afligindo-os, tornando-os detestáveis, martirizando-os em longos mecanismos de vampirização, porque não se resolveram abraçar os deveres elevados, as renúncias e sacrifícios, a oração luarizante, pacificadora.

Sofrem de alienação espiritual, dormindo na consciência anestesiada para o bem, em marcha para a autodestruição, complicada pelo ônus dos males que engendram, realizam e estimulam.

Muito grande, em larga faixa, a alienação obsessiva na Terra. Sendo um mundo de efeitos, os seus habitantes, quase sempre comprometidos com a Consciência Universal, reencarnam com as matrizes das dívidas insculpidas na consciência pessoal, sintonizando por processo natural de débito/crédito, dívida/cobrança com os a quem feriu, desrespeitou, prejudicou e não se resolveram perdoar, por também serem primitivos, ora volvendo à liça por desforço e animosidade.

A imensa mole de criaturas humanas transita fortemente vinculada à vasta população espiritual das zonas mais grosseiras e próximas do orbe terreno, entre as quais também te encontras.

Ausculta a alma e raciocina com clareza, em análise de teus propósitos e realizações, numa anamnese moral e espiritual, a fim de te situares bem na ordem da evolução que buscas.

Não reajas pela ira ou desesperação, ensejando vinculações com esses irmãos doentes, que ignoram a enfermidade e, de certo modo, preferem assim continuar.

A distância ou perto, quando solicitado, auxilia-os com as boas e elevadas palavras do esclarecimento e do amor, da esperança e da caridade. Fala-lhes do amanhã promissor, do futuro abençoado que os aguarda.

De tua parte, resguarda-te na prece, no trabalho pelo bem geral, na reflexão e na leitura nobre, porquanto na Terra quase todos somos Espíritos em provações, expiações e lutas ásperas contra as paixões arraigadas sob o perigo de indução obsessiva por parte dos irmãos inditosos da retaguarda evolutiva.

3.3.5 Perante obsessores
(Obra: *Nos bastidores da obsessão*. 1. ed. FEB, p. 36-39.)

Para que você atinja a plenitude da harmonia íntima, cultive a oração com o carinho e o devotamento com que a mãe atende ao sagrado dever de amamentar o filho.

A prece é uma lâmpada acesa no coração, clareando os escaninhos da alma.

Encarcerado na indumentária carnal, o Espírito tem necessidade de comunhão com Deus através da prece, tanto quanto o corpo necessita de ar puro para prosseguir na jornada.

Muitos cristãos modernos, todavia, descurando do serviço da prece, justificam a negligência com aparente cansaço, como se a oração não se constituísse igualmente em repouso e refazimento, oferecendo clima de paz e ensejo de renovação interior.

Mente em vibração frequente com outras mentes em vibração produz, nos centros pensantes de quem não está afeito ao cultivo das experiências psíquicas de ordem superior, lamentáveis processos de obsessão que lentamente se transformam em soezes enfermidades que minam o organismo até o aniquilamento.

A princípio, como mensagem invasora, a influência sobre as telas mentais do incauto é a ideia negativa não percebida. Só mais tarde, quando as impressões vigorosas se fixam como panoramas íntimos de difícil eliminação, é que o invigilante procura os benefícios dos medicamentos de resultados inócuos.

Atribulado com as necessidades imperiosas do *dia a dia*, o homem desatento deixa-se empolgar pela instabilidade emocional, franqueando as resistências físico-psíquicas às vergastadas da perturbação espiritual.

Vivemos cercados, na Terra, daqueles que nos precedem na grande jornada da desencarnação.

Em razão disso, somos o que pensamos, permutando vibrações que se harmonizam com outras vibrações afins.

Como é natural, graças às injunções do renascimento, o homem é impelido à depressão ou ao exaltamento, vinculando-se aos pensamentos vulgares compatíveis com as circunstâncias do meio, situação e progresso.

Assim, faz-se imprescindível o exercício da prece mental e habitual para fortalecer as fulgurações psíquicas que visitam o cérebro, constituindo a via normal propícia à propagação do pensamento excelso.

Enquanto o homem se descuida da preservação do patrimônio divino em si mesmo, verdugos da paz acercam-se da residência carnal, ameaçando-lhe a felicidade.

Endividado para com eles, faz-se mister ajudá-los com os recursos valiosos da virtude, palmilhando as sendas honradas, mesmo que urzes e cardos espalhados lhe sangrem os pés.

Todos renascemos para libertar-nos do pretérito culposo em cujos empreendimentos fracassamos.

E, como a dívida se nutre do devedor, enquanto não nos liberamos do compromisso, ficamos detidos na retaguarda...

É por esse motivo que o Apóstolo dos Gentios nos adverte quanto à *nuvem* que nos acompanha, revelando-nos a continuada companhia dos desafetos desencarnados.

Exercite-se, assim, no ministério da oração, meditando quanto às inadiáveis necessidades de libertação e progresso.

Cultive a bondade, desdobrando os braços da indulgência de modo a alcançar os que seguem desatentos e infelizes, espalhando desconforto e disseminando loucura.

Renove as disposições íntimas e, quando aquinhoado com os ensejos de falar com esses seres de mente em desalinho, perturbados no Mundo espiritual, unja-se de amor e compreenda-os, ajudando quando lhe seja possível com humildade e renúncia.

E recorde que o Mestre, antes de ser visitado pelos verdugos espirituais das zonas trevosas, recolhia-se à oração, recebendo-os com caridade fraternal, como Rei de todos os Espíritos e Senhor do mundo.

Você não ficará indene à agressão deles...

Resguarda-te, portanto, e, firmado no ideal sublime com que o Espiritismo honra os teus dias, alce-se ao amor, trabalhando infatigável pelo bem de todos, com o coração no socorro e a mente em Jesus Cristo, comungando com as Esferas mais altas, onde sorverá forças para vencer todas as agressões de que for vítima, e sentirá que, orando e ajudando, a paz continuará com você.

3.3.6 Perante obsidiados
(Obra: *Nos bastidores da obsessão*. 1. ed. FEB, p. 39-41.)

Sempre que há obsessão, convém analisar em profundidade a questão da perfeita sintonia que mantém o obsidiado com a Entidade obsidente.

Todo problema obsessivo procede sempre da necessidade de ambos os Espíritos em luta aflitiva, vítima e algoz, criarem condições de superação das próprias inferioridades para mudar de clima psíquico, transferindo-se emocionalmente para outras faixas do pensamento.

O obsessor não é somente o instrumento da Justiça Superior que dele se utiliza, mas também Espírito profundamente enfermo e infeliz, carecente da terapêutica do amor e do esclarecimento para sublimação de si mesmo.

O obsidiado, por sua vez, vinculado rigorosamente à retaguarda – assaltado, quase sempre, pelos fantasmas do remorso inconsciente ou do medo cristalizado a se manifestarem como complexo de inferioridade e/ou consciência de culpa –, conduz o fardo das dívidas para necessário reajustamento através do abençoado roteiro carnal.

Quando jungido à expiação inadiável, por acentuada rebeldia em muitos avatares, renasce sob o estigma da emoção torturada, apresentando desde o berço os traços profundos das ligações com os comensais que se lhe imantam em intercâmbio fluídico de consequências imprevisíveis.

Atendido, porém, desde o ventre materno com medicação salutar, traz no perispírito as condições próprias à *hospedagem*, na ocasião oportuna, que se encarrega de disciplinar o verdugo não esquecido pela vida.

Outras vezes, se durante longa jornada física não reparou o carma por meio de ações edificantes, não raro é surpreendido na ancianidade pela presença incômoda daqueles a quem prejudicou, experimentando enfermidades complicadas, difíceis de ser identificadas, ou distúrbios psíquicos que se alongarão mesmo após o decesso orgânico.

Em qualquer hipótese, no entanto, acenda a luz do conhecimento espiritual na mente que esteja em turvação, nesse íntimo conturbado.

Nem piedade inoperante, nem palavrório sem a tônica do amor.

A terapia espírita em casos que tais é a do convite ao enfermo para a responsabilidade, conclamando-o a uma autoanálise honesta, de modo a que ele possa romper em definitivo com as imperfeições, reformulando propósitos de saúde moral e mergulhando nos *rios claros* da meditação para prosseguir revigorado senda afora... Diante de um programa de melhoria íntima, desatam-se os liames de vinculação entre os dois Espíritos – o encarnado e o desencarnado –, e o perturbador, percebendo tão sincero esforço, se toca, deixando-

-se permear pelas vibrações emanadas da sua vítima, agora pensando em nova esfera mental.

Só excepcionalmente não se sensibilizam os sicários da mente melhorada. Nesse caso, a palavra esclarecedora do evangelizador nos serviços realizados da desobsessão, os círculos de prece, os agrupamentos da caridade fraternal, sob carinhosa e sábia administração de instrutores abnegados, encarregam-se de consolidar ou libertar em definitivo os que antes se batiam nas liças do duelo psíquico, ou físico, quando a constrição obsidente é dirigida à organização somática.

Quando se observam os sinais externos dessa anomalia, já se encontra instalada a afecção dolorosa.

Assim considerando, use sempre a Doutrina Espírita como medida profilática, mesmo porque, se até hoje não foi afetada a sua organização físico-psíquica, isso não o isenta de que no futuro – tendo em vista que aprender e refazer lições como é do programa da reencarnação para nós todos – o seu *ontem* pode repontar rigoroso *hoje* ou *amanhã*, chamando-o ao ajuste de contas com a Consciência Cósmica que nos dirige.

Perante obsidiados, aplique a paciência e a compreensão, a caridade da boa palavra e do passe, o gesto de simpatia e cordialidade; todavia, a pretexto de bondade, não concorde com o erro a que ele se afervora, nem com a preguiça mental em que se compraz, ou mesmo com a rebeldia constante em que se encarcera. Ajude-o quanto possa; no entanto, insista para que ele se ajude, contribuindo para com a ascensão do seu próprio Espírito auxiliar aquele outro ser que, ligado a ele por imposição da Justiça Divina, tem imperiosa necessidade de evoluir também.

3.3.7 O obsessor
(Obra: *Grilhões partidos*. 3. ed. LEAL, p. 17-20.)

O Espírito perseguidor, genericamente denominado *obsessor*, em verdade é alguém colhido pela própria aflição. Ex-transeunte do veículo somático, experimentou injunções que o tornaram revel, fazendo com que guardasse nos recessos da alma as aflições acumuladas, de que não se conseguiu liberar sequer após o decesso celular. Sem dúvida, vítima de si mesmo, da própria incúria e invigilância, transferiu a responsabilidade do seu insucesso a outra pessoa que, por circunstância qualquer, interferiu decerto negativamente na mecânica dos seus malogros, por ser mais fácil encontrar razões de desdita em mãos de algozes imaginários a reconhecer a pesada carga da responsabilidade que deve repousar sobre os ombros pessoais, como consequência das atitudes infelizes a que cada um se faz solidário. Perdendo a indumentária fisiológica, mas não o uso da razão – embora normalmente deambule na névoa da inconsciência, com os centros do discernimento superior anestesiados pelos vapores das dissipações e loucuras a que se entregou –, imanta-se por processo de sintonia psíquica ao aparente verdugo, conservando no íntimo as *matrizes* da culpa, que constituem verdadeiros plugues para a sincronização perfeita entre a mente de quem se crê dilapidado e a consciência dilapidadora, gerando, então, os pródromos do que mais tarde se transformará em psicopatia obsessiva, a crescer na direção infamante de conjugação irreversível...

Ocorrências há de agressão violenta, pertinaz, dominadora, pela mesma mecânica psíquica em que o enfermo tomba inerme sob a dominação mental e física do subjugador.

Pacientemente atendidos nos abençoados trabalhos de desobsessão, nos quais se lhes desperta a lucidez perturbada, concitando-os ao avanço no rumo da felicidade que supõem perdida, faculta-se-lhes entender os desígnios sublimes da Criação, convidando-os a entregarem os que se lhes fizeram razão de sofrimento à Consciência Universal, de que ninguém se evade, e tratando de reabilitar-se, eles mesmos, ante as oportunidades ditosas que fluem e refluem através do tempo, esse grandioso companheiro de todos.

Em outros casos – quando a fixação da ideia venenosa produz dilacerações nos *tecidos* muito sutis do perispírito, comprometendo o reequilíbrio que se faria necessário para a libertação voluntária do processo obsessivo, o que ocorre com frequência –, os instrutores espirituais, durante o transe psicofônico, operam nos centros correspondentes da Entidade, produzindo estados de demorada hibernação pela sonoterapia ou utilizando-se de outros processos não menos eficientes, para ensejar a recomposição dos centros lesados, após o que despertam para as cogitações enobrecedoras.

Na maioria dos labores de elucidação, podem-se aplicar as técnicas de regressão da memória no paciente espiritual, fazendo-se que reveja os fatos a que se vincula, mostrando-lhe a legítima responsabilidade dele mesmo nos acontecimentos de que se diz molesto, de modo que perceba o erro em que moureja, complicando a atualidade espiritual que deve ser aproveitada para reparo e ascensão, jamais para repetições de sandices, pretextos de desídia, ensejos de desgraças...

A obsessão: instalação e cura

Obsessores, sim, os há, transitoriamente, que se entregam à fascinação da maldade, de que se fazem cultores, enceguecidos e alucinados pelos tormentosos desesperos a que se permitiram, detendo-se nos eitos de demorada loucura, em que a consciência açulada pelos propósitos infelizes desvia o rumo das cogitações para reter-se apenas na angulação defeituosa do sicário – verdugo impiedoso de si mesmo –, pois todo mal sempre termina por infelicitar aquele que lhe presta culto de subserviência. Tais Entidades – que oportunamente serão colhidas pelas sutis injunções da Lei Divina – governam redutos de sombra e viciação, com sede nas regiões tenebrosas da Erraticidade inferior, donde se espraiam na direção de muitos antros de sofrimento e perturbação na Terra, atingindo, também, vezes muitas, as mentes ociosas, os Espíritos calcetas, os renitentes, os revoltados, os cômodos e inúteis, por cujo comércio dão início a processos muito graves de obsessão de longo curso, que se estende em conúbio estreito, cada vez mais coercitivo, inclusive após a morte física dos tecidos orgânicos, quando o comensal terreno desencarna...

Reunidos em magotes, momentaneamente ferozes, disputam-se primazia como sói acontecer entre os homens de instintos primitivos da Terra, nos combates de extermínio em que os próprios comparsas se encarregam de autodestruir-se, estimulados por ambições que culminam na vanglória da ilusão que se acaba, estando sempre atormentados pelas lucubrações de domínio impossível, em face da carência de forças para dominarem a si mesmos.

Exibindo multiface de horror, com que aparvalham aqueles com os quais se homiziam moral e espiritualmente, acreditam-se, por vezes, tal a aberração a que se entregam, pequenos deuses em competição de força para assumir o lugar de Deus. Trazendo no substrato da consciência as velhas lendas religiosas do inferno eterno, das personificações demoníacas e diabólicas, creem-se tais deidades irremediavelmente caídas, estertorando em teimosa crueldade por assumir-lhes os lugares...

Expressivo número deles, esses irmãos marginalizados por si mesmos do caminho redentor – que são, todavia, inconscientes instrumentos da Justiça Divina, que ignoram e pensam desrespeitar –, obsidiam outros desencarnados que se convertem em obsessores, por seu turno, dos viajantes terrenos, em processo muito complexo de convivência e exploração físico-psíquica.

Todos, porém, todos eles, nossos irmãos da retaguarda espiritual – onde possivelmente já estivemos também –, são necessitados de compaixão e misericórdia, de intercessão pela prece e oferenda dos pensamentos salutares de todos os que se encontram nas lídimas colmeias espiritistas de socorro desobsessivo, ofertando-lhes o pábulo da renovação e a rota luminescente para a nova marcha, como claro sol de discernimento íntimo para a libertação dos gravames sob os quais expungem os erros em que incidiram.

3.3.8 O obsidiado
(Obra: *Grilhões partidos*. 3. ed. LEAL, p. 20-23.)

Somente há obsidiados e obsessores porque há endividados espirituais facultando a urgência da reparação das dívidas.

Todo problema, pois, de obsessão redunda em questão de moralidade, em cuja realização o Espírito se permitiu enredar, por desrespeito ético, legal, espiritual, como ninguém se libera da conjuntura da consciência culpada, já que onde esteja o devedor aí se encontram a dívida e, logo depois, o cobrador. É da Lei!

No fulcro de toda obsessão estão inerentes os impositivos do reajustamento entre devedor e cobrador. Indubitavelmente o Estatuto Divino dispõe de muitos meios para alcançar os que lhe estão incursos nos Códigos Soberanos. Não é, portanto, condição única que o defraudador seja sempre defrontado pelo fraudado, que lhe aplicará o necessário corretivo. Se assim fora, inverter-se-ia a ordem natural, e o círculo repetitivo das injunções de dívida-cobrança-dívida culminaria pela desagregação do equilíbrio moral entre os Espíritos.

Como todo atentado é sempre dirigido à ordem geral, embora por intermédio dos que estão mais próximos dos agressores, à ordem mesma são convocados os transgressores. Normalmente, porém, graças às condições que facultam ligações recíprocas entre os envolvidos na trama das dívidas, estes retornam ao mesmo sítio, reencontram-se para que, mediante o perdão e o amor, refaçam a estrada interrompida, oferecendo-se reciprocamente recursos de reparação para a felicidade de ambos. Porque transitam nas emanações primitivas que lhes parecem mais agradáveis, facultam-se perturbar, enredando-se na ideia falsa de procurar aplicar a própria justiça, em face do que infalivelmente caem, necessitados, por sua vez, da Justiça Divina.

Quando o Espírito é encaminhado à reencarnação, traz em forma de *matrizes* vigorosas no perispírito o de que necessita para a evolução. Imprimem-se, então, tais fulcros nos tecidos em formação da estrutura material de que se utilizará para as provações e expiações necessárias. Se se volta para o bem e adquire títulos de valor moral, desarticula os condicionamentos que lhe são impostos para o sofrimento e restabelece a harmonia nos centros psicossomáticos, que passam a gerar novas vibrações aglutinantes de equilíbrio, a se fixarem no corpo físico em forma de saúde, de paz, de júbilo...

Se, todavia, por indiferença ou por prazer, jornadeia na frivolidade ou se encontra adormecido na indolência, no momento próprio desperta automaticamente o mecanismo de advertência, desorganizando-lhe a saúde e surgindo, por sintonia psíquica, em consequência do desajustamento molecular no corpo físico, as condições favoráveis a que os germens-vacina que se encontram no organismo proliferem, dando lugar às enfermidades desta ou daquela natureza. Outras vezes, como os recursos trazidos para a reencarnação, em forma de energia vitalizadora, não foram renovados ou, pelo contrário, foram gastos em exageros, explodem as reservas e, pela queda vibratória, que atira o invigilante noutra faixa de evolução, a sintonia com Entidades viciadas, perseguidoras e perversas se faz mais fácil, dando início aos demorados processos obsessivos.

No caso de outras enfermidades mentais, a distonia que tem início desde os primórdios da reencarnação vai, a pouco e pouco, desgastando os depósitos de forças específicas e predispondo-o para a crise que dá início à neurose, à psicose ou às múltiplas formas de desequilíbrio que passa a sofrer, no corredor cruel e estreito da loucura.

Através de experiências realizadas pelo Dr. Ladislas von Meduna, no Centro Interacadêmico de Pesquisas Psiquiátricas de Budapeste, foram constatadas diferenças fundamentais entre os cérebros dos epilépticos e dos esquizofrênicos, verificando-se que a presença de uma dessas enfermidades constitui impedimento à presença da outra... Assim, desde o berço, o Espírito imprime no encéfalo as condições cármicas para o resgate das dívidas perante a Consciência Cósmica, podendo, sem dúvida, a esforço de renovação interior – já que do interior procedem as condições boas e más da existência física e mental –, recompor as paisagens celulares onde se manifestam os impositivos reabilitadores, exceção feita às problemáticas expiatórias...

Quando a loucura se alastra em alguém, é que o próprio Espírito possui os requisitos que lhe facultam a manifestação. A predisposição a este ou àquele estado é-lhe inerente, e os fatores externos que a fazem irromper, tais os traumatismos morais de vária nomenclatura, os complexos, bem como os recalques, já se encontram em gérmen na constituição fisiológica ou psicológica do indivíduo, a fim de que o cumprimento do dever, em toda a sua plenitude, faça-se impostergável. Há, sem dúvida, outros e mais complexos fatores causais da loucura, todos, porém, englobados na Lei de Causa e Efeito.

Daí a excelência dos ensinos cristãos consubstanciados na Doutrina dos Espíritos e vazados na mais eloquente psicoterapia preventiva, mediante os conceitos otimistas, valiosos, que conclamam à harmonia e à cordialidade, do que decorrem, consequentemente, equilíbrio e renovação naquele que os vive, em cuja experiência realiza o objetivo essencial da reencarnação: produzir para a felicidade!

No que diz respeito ao problema das obsessões espirituais, o paciente é também o agente da própria cura. É óbvio que, para lográ-la, necessita do concurso do cireneu da caridade que o ajude sob a cruz do sofrimento, através da diretriz de segurança e esclarecimento que o desperte para maior e melhor visão das coisas e da vida, em cujo curso se encontra progredindo. Não se transfere, portanto, para os passistas, doutrinadores e médiuns a total responsabilidade dos resultados nos tratamentos das obsessões. É certo que ocorrem amiúde curas temporárias, recuperações imediatas sem o concurso do enfermo. Sem dúvida, são concessões de acréscimo da Divindade. O problema, porém, retornará mais tarde, quando o devedor menos o espere, já que, a esse tempo, deverá estar mais bem preparado para fazer o seu reajustamento moral e espiritual com a Lei Divina.

Esclareça-se, portanto, o portador das obsessões, mesmo aquele que se encontra no estágio mais grave da subjugação, através de mensagens esclarecedoras ao subconsciente, pela doutrinação eficaz, conclamando-o ao despertamento, do que dependerá sua renovação. Por outro lado, doutrine-se o *invasor* – o *parasita espiritual*; entrementes, elucide-se o *hospedeiro* – o suporte da invasão, de modo que ele ofereça valores compensadores, eleve-se moral e espiritualmente, a fim de alcançar maior círculo de vibração, com que se erguerá acima e além das conjunturas, podendo, melhormente, ajudar-se e ajudar aqueles que deixou na estrada do sofrimento, marchando com eles na condição de irmão reconhecido e generoso, portador das bênçãos da saúde e da esperança.

3.3.9 O grupo familial
(Obra: *Grilhões partidos*. 3. ed. LEAL, p. 23-24.)

Vinculados os Espíritos no agrupamento familial pelas necessidades da evolução em reajustamentos recíprocos, no problema da obsessão, os que acompanham o paciente estão fortemente ligados ao fator predisponente, caso não hajam sido os responsáveis pelo insucesso do passado, agora convocados à cooperação no ajustamento das contas.

Afirma-se que aqueles Espíritos que acompanham os psicopatas sofrem muito mais do que eles mesmos. Não é verdade. Sofrem, sim, por necessidade evolutiva, já que têm responsabilidade no insucesso de que ora participam, devendo, por isso, envidar esforços para a liberação dos sofredores, libertando-se, igualmente.

São comuns os abandonos a que se relegam os alienados, quando os deixam nas casas de saúde, através de endereços falsos fornecidos pelos familiares, que se precatam contra a futura recuperação do familiar, impedindo, desse modo, o seu retorno ao lar. Não poucos os que atiram, imediatamente, os seres, mesmo os amados, nos sanatórios de qualquer aparência, desejando, assim, libertar-se da carga, que supõem pesada, incidindo, por seu turno, em responsabilidades mui graves, de que não poderão fugir agora ou depois.

Sem dúvida, quando alguns pacientes, especialmente nos casos de obsessão, afastam-se do lar, melhoram, porque diminuem os fatores incidentes do grupo endividado com o dos cobradores desencarnados, o que não impede que retornem os desequilíbrios ao voltarem ao seio da família, que por sua vez não se renovou, nem se elevou, a fim de liberar-se das viciações que favoreçam a presença da perturbação obsessiva.

Por isso, torna-se imprescindível, nos processos de desobsessão, que seja a família do paciente alertada para as responsabilidades que lhe dizem respeito, de modo a não transferir ao enfermo toda a culpa ou dele não se desejar libertar, como se a Sabedoria Celeste, ao convocar o calceta ao refazimento, estivesse laborando em erro, produzindo sofrimento naqueles que nada teriam a ver com a problemática do que padece.

Tudo é muito sábio nos Códigos Superiores da Vida. Ninguém os desrespeitará impunemente.

3.3.10 Comportamentos por obsessão
(Obra: *Roteiro de libertação*. 1. ed. Capemi, p. 115-117.)

Quando a *morte* interrompe o ciclo de atividades viciosas que o homem incorpora à sua natureza, de forma alguma o problema deixa de atormentá-lo.

A situação espiritual de quantos partem da Terra dependentes de condicionamentos prejudiciais é uma das mais dolorosas. Dificilmente se pode descrever com fidelidade o tormento que experimentam, por variar, de indivíduo para indivíduo, o grau de aflição e angústia relativo à gravidade de comportamento escravizador.

Não se desprendendo das vibrações mais densas do corpo somático, às quais fortemente se vincula, aspirando-as, e reciprocamente, num circuito tóxico, o Espírito sente a impulsão poderosa do vício que o dominava, não raro enlouquecendo nas tentativas de prosseguir com a situação nefasta...

Tal é o estado em que se debate, que não se dá conta da morte física, embora as estranhas e penosas sensações que o visitam em contínuo tormento. A esse estado soma a carência do que antes considerava prazer e agora lhe falta, afligindo-o mais.

Na conjuntura, mesmo desconhecendo as Leis dos Fluidos, que facultam as afinidades espirituais e intercambiam sensações com outros viciados ou iniciantes no comércio da ilusão, domiciliados na matéria, a princípio inconscientemente, para depois estreitar os laços e fixações em demorada e torpe obsessão, em que ambos mais se desgastam e pioram o psiquismo, até que as Leis Divinas façam cessar a *coabitação* perniciosa.

Casos outros há em que o desencarnado, identificando a conjuntura nova, formula e executa um programa de vampirização obsessiva em tentames exitosos, enredando os invigilantes que a eles se associam no plano físico em largos cursos de alucinação e desgraça.

Muito mais grave do que parece é a obsessão nos problemas sociais do comportamento humano.

Alcoolismo, tabagismo, drogas alucinógenas, sexolatria, jogatina, gula recebem grande suporte espiritual, sendo, não poucas vezes, iniciada a viciação de *cá* para *aí,* por inspiração, que fomenta a curiosidade, e por necessidade, que estimula o prosseguimento.

O enfermo dificilmente consegue evadir-se, por si mesmo, da dificuldade. De um lado, pelos nefastos prejuízos orgânicos de que se ressente; por outro, em razão da incidência mental do *obsessor*, que o utiliza como instrumento da loucura de que se vê possuído.

As verdadeiras multidões de dependentes de drogas ou de outras viciações estertoram, mesmo sem o saberem, em danosos processos de obsessão lamentável.

A falta de orientação religiosa, as permissividades morais, o desconhecimento proposital ou não das realidades do Espírito, a *falta de tempo* e a neurose que avassalam o homem respondem pela calamitosa ocorrência, que se agrava a cada dia.

O problema deve merecer o interesse e o estudo de cada um e de todos os cidadãos, porque a todos envolve e ameaça.

Antes, era rara a incidência das drogas; agora, comum e grave.

Em vez de se aprofundarem as pesquisas das causas, com as naturais soluções, buscam-se leis mais tolerantes, comércio livre, certamente que por falência ética.

O homem, convivendo com os fatores de qualquer porte, prefere aceitá-los a vencê-los, numa atitude sempre cômoda.

No que concerne ao mecanismo da evolução, essa atitude comporta, o que, porém, não é idêntico quando muda a situação para o campo moral.

O Espiritismo, esclarecendo a criatura acerca da vida imortal e das relações que existem entre os Espíritos e os homens, conscientiza para a terapia preventiva contra a obsessão, combatendo, ao menos neste capítulo, algumas das suas causas, que são os vícios.

A manutenção de hábitos de higiene moral e social faz ceifar, na raiz, a gênese desse problema malfazejo.

Outrossim, orientando a conduta humana, propõe uma terapia curadora, sem dúvida, salutar.

Na base das alienações espirituais, o homem desempenha importante papel, em decorrência da sua conduta, da sua atividade, do seu mundo interior.

Esforçar-se por alterar os estados mórbidos e as dependências viciosas é tarefa de urgência, que se pode lograr através do esforço moral pessoal, do esclarecimento pelo estudo, da oração, da fluidoterapia e da desobsessão, de que são encarregadas as nobres sociedades espíritas que se dedicam ao mister da evangelização e da caridade, conforme os ensinos de Jesus e de Allan Kardec.

3.3.11 Obsessão e conduta
(Obra: *Painéis da obsessão*. 1. ed. LEAL, p. 7-9.)

Na raiz de todas as enfermidades que sitiam o homem, encontramos no desequilíbrio dele próprio a sua causa preponderante.

Sendo o Espírito o modelador dos equipamentos de que se utilizará na reencarnação, desdobra as células da vesícula seminal sobre as matrizes vibratórias do perispírito para dar surgimento aos folhetos blastodérmicos que se encarregam de compor os tubos intestinal e nervoso, bem como os tecidos cutâneos e todos os elementos constitutivos das organizações física e psíquica. São bilhões de *seres microscópicos*, individualizados, trabalhando sob o comando da mente, que retrata as aquisições anteriores, na condição de conquistas ou dívidas que cumpre aprimorar ou corrigir. Cada um desses seres, que se ajustam perfeitamente aos implementos vibratórios da alma, emite e capta irradiações específicas, em forma de oscilações eletromagnéticas que compõem o quadro da individualidade humana...

Em razão da conduta mental, as células são estimuladas ou bombardeadas pelos fluxos dos interesses que lhe apraz, promovendo a saúde ou dando gênese aos desequilíbrios que decorrem da inarmonia, quando essas unidades em estado de mitose degeneram, oferecendo campo às bactérias patológicas, que se instalam vencendo os fatores imunológicos, desativados ou enfraquecidos pelas ondas contínuas de mau humor, pessimismo, revolta, ódio, ciúme, lubricidade e viciações de qualquer natureza, que se transformam em poderosos agentes da perturbação e do sofrimento.

No caso dos fenômenos teratológicos das patogenias congênitas, encontramos o Espírito infrator encarcerado na organização que desrespeitou impunemente, quando a colocou a serviço da irresponsabilidade ou da alucinação, agora recuperando, de imediato, os delitos perpetrados, mesmo que em curto prazo expiatório.

Os problemas de graves mutilações e as deficiências e enfermidades irreversíveis surgem como efeitos da culpa guardada no campo da consciência, em forma de arrependimentos tardios pelas ações nefastas antes praticadas.

Neste capítulo, o das culpas, origina-se o fator causal para a injunção obsessiva, daí só existem obsidiados porque há dívidas a resgatar.

A obsessão resulta de um conúbio por afinidade de ambos os parceiros.

O reflexo de uma ação gera outro equivalente. Toda vez que uma atitude agride, recebe uma resposta de violência, tanto quanto, se o endividado se apresenta forrado de sadias intenções para o ressarcimento do débito, encontra benevolência e compreensão para recuperar-se.

A culpa, consciente ou inconscientemente instalada no domicílio mental, emite ondas que sintonizam com inteligências doentias, habilitando-se a intercâmbios mórbidos.

No caso específico das obsessões entre encarnados e desencarnados, estes últimos, identificando a irradiação enfermiça do devedor, porque são também infelizes, iniciam o cerco ao adversário pretérito através de imagens, mediante as quais se fazem notados, não necessitando de palavras para serem percebidos, insinuando-se com insistência até estabelecerem o intercâmbio que passam a comandar...

De início, é uma vaga ideia que assoma, depois, que se repete com insistência, até insculpir no receptor o clichê perturbante que dá início ao desajuste grave.

Em razão disso, não existe obsessão apenas causada por um dos litigantes se não houver sintonia perfeita do outro.

Quanto maior for a permanência do intercâmbio com o *hospedeiro* domiciliado no corpo – e entre encarnados o fenômeno é equivalente –, mais profunda se tornará a indução obsessiva, levando à alucinação total.

É nessa fase, em que a *vítima* se rende às ideias infelizes que recebe, a elas convertendo-se, que se originam os simultâneos desequilíbrios orgânicos e psíquicos de variada classificação.

A mente, viciada e aturdida pelas ondas perturbadoras que capta do obsessor, perde o controle harmônico, automático sobre as células, facultando que as bactérias patológicas proliferem, dominadoras. Tal inarmonia propicia a degenerescência celular em forma de cânceres, tuberculose, hanseníase e outras doenças de etiopatogenias complexas que a Ciência vem estudando.

Só a radical mudança de comportamento do obsidiado resolve, em definitivo, o problema da obsessão.

3.3.12 Suicídio e obsessão
(Obra: *Painéis da obsessão*. 1. ed. LEAL, p. 9-12.)

Sem que desejemos encontrar responsáveis diretos pelas desditas que desabam sobre a criatura humana, justo é considerarmos a alta carga de compromissos infelizes com que arca o materialismo na atual conjuntura moral e social do planeta.

Negando os valores éticos, relevantes, da vida, incita o imediatismo do prazer a qualquer preço e, conformando o utilitarismo como solução para os problemas gerais, tira do Espírito os estímulos da coragem nobre, facultando o desbordar das paixões violentas, que irrompem alucinadas em caudais de revolta e desajuste.

Da vida somente preconizando a utilização da matéria, estabelece a guerra pela conquista do gozo, de que o egoísmo se faz elemento essencial.

Quando faltam os recursos para os cometimentos que persegue, arroja o homem ao crime, em razão de assentar os seus valores no jogo das coisas a serem conquistadas, aumentando as frestas das competições insanas, nas quais a astúcia e a deslealdade assumem preponderância em forma de comportamento do ser.

Obviamente, existem pessoas que militam nas hostes do materialismo e mantêm uma filosofia existencial digna, tanto quanto uma estrutura ética respeitável.

Referimo-nos à doutrina, em si mesma, que, anulando as esperanças da sobrevivência, abrevia as metas da vida e retira as resistências morais diante do sofrimento e das incertezas, dos acontecimentos desastrosos e das insatisfações de vária gênese.

Desarmado de recursos otimistas e sem esperança, o homem não vê alternativa, senão a do mergulho da consciência nas *águas turvas* do suicídio nefasto, quando chamado a testemunhos morais para os quais está despreparado.

Não apenas isso ocorre quando o homem estabelece, para o seu comportamento, uma estrutura materialista trabalhada pelo estudo numa reação psicológica contra os postulados religiosos que não abordam ou não enfrentam os problemas graves da vida com os argumentos da razão e da lógica, ainda apelando para a fé destituída de discernimento e de conteúdo científico.

Incluímos também os que, desestruturados por fatores sociais, culturais, econômicos e emocionais, embora catalogados como membros de qualquer igreja, deixam-se conduzir por atitudes negadoras, em franco processo de entrega materialista. Frágeis emocionalmente, em presença de qualquer desafio tombam e diante de qualquer infortúnio desfalecem. Não se dão ao trabalho de reflexionar sobre as finalidades da existência física, vivendo, não raro, em expressões do primarismo automatista das necessidades primeiras, sem mais altos voos do pensamento ou da emoção.

Outra larga faixa dos homens se encontra em vinculação com o *processo revolucionário* do momento, em que filosofias apressadas e doutrinas ligeiras empolgam os novos aturdidos fiéis, para logo os abandonar sem as bases sólidas de sustentação emocional, com que enfrentariam as inevitáveis vicissitudes que fazem parte do mecanismo da evolução de todos os aprendizes da escola terrena.

Sem os exercícios da reflexão mais profunda, nem os hábitos salutares da edificação do bem em si mesmos; sem a constante da prece como intercâmbio de forças parafísicas, derrapam nas atitudes-surpresa, avançando para o alçapão mentiroso do suicídio. E o fazem de um salto, quando excitados ou em profunda depressão, ou logram alcançá-lo mediante o largo roteiro da alienação em quadros neuróticos, psicóticos, esquizofrênicos...

A princípio, o processo, porque instalado nas matrizes da personalidade em decorrência de vidas passadas que foram malogradas, apresenta predisposições que se concretizam em patologias dominadoras, abrindo brechas para as invasões psíquicas obsidentes que se vulgarizam e alastram, dando lugar a uma sociedade ansiosa, angustiada, assinalada por distonias graves...

Não desconsiderando os fenômenos de compulsão suicida, de psicoses profundas que afetam as estruturas da personalidade, pululam os intercursos obsessivos em verdadeiras epidemias alarmantes que ora grassam...

Inicialmente, manifestam-se como uma ideia que se insinua; doutras vezes, são um relâmpago fulgurante na noite escura dos sofrimentos, como solução libertadora.

Posteriormente, fazem-se fixação do pensamento infeliz que se adentra, dominando os painéis da mente e comandando o comportamento, assomando em configuração de ser o autocídio a melhor atitude, a mais correta solução ante problemas e desafios.

Com o tempo, desaparece a polivalência das conjecturas, surgindo o monoideísmo, em torno do qual giram as demais aspirações que cedem lugar ao dominador psíquico, agora senhor da área do raciocínio que se apaga, para dar campo ao gesto tresvariado, enganoso, sem retorno...

A obsessão é clamorosa enfermidade social que domina o moderno pensamento, que desborda do império de fatores dissolventes, elaborados pela mecânica do materialismo disfarçado de idealismos voluptuosos que incendeiam mentes e anestesiam sentimentos.

A reflexão e o exame da sobrevivência do Espírito, o posicionamento numa ética cristã, o estudo da ciência e filosofia espírita constituem seguras diretrizes para conduzir a mente com equilíbrio, preservando as emoções com as quais o homem se equipa em segurança para prosseguimento na escala da evolução.

Conflitos, que todos trazemos de ontem como das experiências de hoje, fazem parte da área de crescimento pessoal de cada Espírito, devendo ser libertados através da ação positiva, diluídos no bem, sublimados pelas atividades do idealismo superior antes que constituam impedimentos ao avanço, freio no processo de crescimento, amarra constritora ou campo para fixação de ideias obsessivas, de que personalidades perversas do Mundo espiritual se utilizam para o comércio ultor da loucura e do suicídio lamentável!

Cada suicida em potencial necessita, é certo, de apoio fraternal, terapia espiritual, compreensão moral de quantos o cercam e assistência médica especializada. No entanto, em se considerando a gravidade do problema que avulta, ao paciente compete a parte mais importante e decisiva, que é, de início, a mudança de atitude mental perante a vida e, logo depois, o esforço por melhorar-se moralmente, metodologia essa com que se elevará acima das vibrações deletérias, liberando-se da ação dos Espíritos enfermos, perturbados e perturbadores que enxameiam na psicosfera da Terra de provas e expiações, no seu processo de regeneração.

3.3.13 Loucura e obsessão
(Obra: *Loucura e obsessão*. 1. ed. FEB, p. 11-15.)

No aprofundado estudo da etiopatogenia da loucura, não se pode mais descartar as incidências da obsessão, ou predomínio exercido pelos Espíritos desencarnados sobre os homens.

Constituindo o mundo pulsante além da vida material, eles se movimentam e agem conforme a natureza evolutiva que os caracteriza.

Tendo-se em vista o estágio atual de crescimento moral da Terra e daqueles que a habitam, o intercâmbio entre as mentes que se encontram na mesma faixa de interesse é muito maior do que um observador menos cuidadoso e menos preparado pode imaginar.

Atraindo-se pelos gestos e aspirações, vinculando-se mediante afetos doentios, sustentando laços de desequilíbrio decorrentes do ódio, assinalados pelas paixões inferiores, exercem constrição mental e, às vezes, física naqueles que lhes concedem as respostas equivalentes, resultando variadíssimas alienações de natureza obsessiva.

Longe de negar a loucura e as causas detectadas pelos nobres pesquisadores do passado e do presente, o Espiritismo as confirma, nelas reconhecendo mecanismos necessários para o estabelecimento de *matrizes,* através das quais a degenerescência da personalidade ocorre, nas múltiplas expressões em que se apresenta.

Assinalamos, com base na experiência dos fatos, que nos episódios da loucura, ora epidêmica, a obsessão merece um capítulo especial, requerendo a consideração dos estudiosos, que poderão defrontar com extraordinário campo para a investigação profunda da alma, bem como do comportamento humano.

De Wilhelm Griesinger a Kraepelin, a Breuer, desde Pinel a Freud, de Ladislas von Meduna a Sakel, a Kalinowsky, a Adolf Meyer, passando por toda uma elite de cientistas da psique, sem nos esquecermos de Charcot e Wundt, largos passos foram dados com segurança para a compreensão da loucura, suas causas, sua terapêutica, abrindo-se espaços para os modernos psiquiatras, psicólogos e psicanalistas.

Não obstante, a doença mental permanece como um grande desafio para todos aqueles que se empenham na compreensão da sua gênese, sintomatologia e conduta...

Allan Kardec, porém, foi o extraordinário psicoterapeuta que melhor aprofundou a sonda da investigação no desprezado capítulo das obsessões, demonstrando que nem toda expressão de loucura significa morbidez e descontrole dos órgãos encarregados do equilíbrio psicofísico dos homens, com vinculações de natureza hereditária, psicossocial, etc.

Demonstrou que o Espírito é o herdeiro de si mesmo, dos seus atos anteriores, que lhe plasmam o destino futuro, do qual não se logra evadir.

Provando que a morte biológica não aniquila a vida, facultou ao entendimento a penetração e a solução de verdadeiros enigmas desafiadores, que passavam genericamente como formas de loucura, certamente que são, porém, de natureza diversa do conceito acadêmico conhecido.

Em razão disso, o homem não pode ser examinado parcialmente, como um conjunto de ossos, nervos e sangue, tampouco na acepção tradicional dualista, de alma e corpo, mas sob o aspecto pleno e total de Espírito, perispírito e matéria...

Através do Espírito participa da realidade eterna; pelo perispírito vincula-se ao corpo, e graças ao corpo vive no mundo material.

É o perispírito o órgão intermediário pelo qual experimenta a influência dos demais Espíritos, que pululam em sua volta e aguardam o momento próprio para o intercâmbio em que se comprazem.

Quando esses Espíritos são maus e encontram guarida nas dívidas morais agasalhadas pela futura vítima, aí nascem as obsessões, a princípio sutis, quase despercebidas, para logo depois se agigantarem e assumirem a gravidade das subjugações lamentáveis e às vezes irreversíveis...

Quando são bons, exercem a salutar interferência inspiradora àqueles que lhes proporcionam sintonia, elevando-os às cumeadas da esperança, do amor e facultando-lhes o progresso bem como a conquista da felicidade.

O conhecimento do Espiritismo propicia os recursos para a educação moral do indivíduo, ensejando-lhe a terapia preventiva contra as obsessões, assim também a cura salutar, quando o processo já se encontra instaurado.

Mesmo nos casos em que reconhecemos a presença da loucura nos seus moldes clássicos, deparamo-nos sempre com um Espírito, em si mesmo doente, que plasmou um organismo próprio para redimir-se, corrigindo antigas viciações e crimes que, ocultos ou conhecidos, pesam-lhe na economia moral, exigindo liberação.

Kierkegaard, o filósofo dinamarquês, em uma conceituação audaciosa, afirmou que "louco é todo aquele que perdeu tudo, menos a razão", enfocando o direito que desfruta o alienado mental, de qualquer tipo, a um tratamento digno, tendo sua razão para encontrar-se enfermo.

Nos comportamentos obsessivos, as técnicas de atendimento ao paciente, além de exigirem o conhecimento da enfermidade espiritual, impõem ao atendente outros valores preciosos que noutras áreas da saúde mental não são vitais, embora a importância de que se revestem. São eles: a conduta moral superior do terapeuta – o doutrinador encarregado da desobsessão –, bem como do paciente, quando este não se encontre inconsciente do problema; a habilidade afetuosa de que se deve revestir, jamais esquecendo do agente desencadeador do distúrbio, que é, igualmente, enfermo, vítima desditosa que procura tomar a justiça nas mãos; o contributo das suas forças mentais, dirigidas a ambos os litigantes da pugna infeliz; a aplicação correta das energias e vibrações defluentes da oração ungida de fé e amor; o preparo emocional para entender e amar tanto o *hóspede* estranho e invisível quanto o *hospedeiro* impertinente e desgastante no vaivém das recidivas e desmandos...

A cura das obsessões, conforme ocorre no caso da loucura, é de difícil curso e nem sempre rápida, estando a depender de múltiplos fatores, especialmente da renovação para melhor do paciente, que deve envidar esforços máximos para granjear a simpatia daquele que o persegue, adquirindo mérito através da ação pelo bem desinteressado em favor do próximo, o que, em última análise, torna-se em benefício pessoal.

Vulgarizando-se a loucura como a obsessão, cada vez mais, e ora em caráter epidêmico, faz-se necessário, mais generalizado e urgente, maior conhecimento da terapia desobsessiva, desde que a psiquiátrica se encontra nas hábeis mãos dos profissionais sinceramente interessados em estancá-la.

3.3.14 Alienação por obsessão
(Obra: *Sementeira da fraternidade*. 3. ed. LEAL, p. 32-43.)

Mente em desalinho, pensamento turbilhonado, o Espírito encarnado que jaz nas malhas soezes da obsessão pode ser comparado a uma aranha imprevidente encarcerada nos fios da própria teia.

Vencido pela mente pertinaz que o persegue através de vinculações que remontam ao pretérito espiritual, a casa cerebral visitada pela interferência do obsessor se desarranja, dificultando ao Espírito encarnado controlar os centros de que se utiliza na investidura carnal.

A incidência da vontade subjugadora, em hipnose continuada e coercitiva sobre a vontade que se deixa subjugar, faculta o descontrole do centro de censura psíquica, que vela, nos tecidos sensíveis do perispírito, lembranças e acontecimentos passados, dando origem à interferência de fatos transcorridos com os sucessos em curso, gerando desequilíbrio e anarquia mental. Iniciando o processo de descontrole, o *invasor* faz que se reavivem os complexos de culpa e as recordações do crime que ficou impune, surgindo, então, as síndromes das psicoses e neuroses, das alienações e desvarios de toda ordem.

Invariavelmente, os móveis das perseguições do Além-túmulo são o ódio, a vingança, o ciúme e uma série de fatores negativos que unem algoz e vítima em vigorosos liames, começando, muitas vezes, a perseguição espiritual muito antes da concepção fetal e continuando, não raro – quando os processos do ódio são recíprocos –, após o decesso carnal da vítima, que, infortunada, prossegue sofrendo ou, por sua vez, transforma-se em algoz do seu antigo verdugo.

A obsessão é, por isso mesmo, enfermidade espiritual de anamnese muito difícil, apresentando um quadro clínico deveras complexo, em considerando serem as suas causas quase sempre ignoradas por quantos interferem nas tarefas de socorro aos obsidiados, exigindo muito espírito de abnegação e renúncia, sacrifício e amor. Sobretudo nos processos desobsessivos, faz-se imprescindível não somente um *coração puro*, mas também um caráter ilibado e uma mente esclarecida que hauriu no Espiritismo a terapêutica especializada para tarefas que tais.

Flagelo social de consequências imprevisíveis e de constituição sutil quão danosa, a obsessão campeia nos quadros da Humanidade moderna engendrando lamentáveis processos de desajustamento de vária ordem, de cujo resultado a Terra se converte num báratro desesperador.

Insidiosa, persistente, dominadora, a obsessão produz estados degenerativos nas sedes do perispírito que se encarregam de imprimir, nas células dos departamentos da mente quanto do corpo, os desvios da loucura e de enfermidades outras ainda não estudadas devidamente pela Patologia, comprometendo seriamente, através do desgaste, o aparelho psíquico e a máquina somática do deambulante pela neblina carnal.[8]

Problema ultor sempre registrado em todos os tempos, a obsessão marca a sua passagem na História desde os quadros de beligerância generalizada, em que o homem recém-saído do primitivismo animal se impõe ao semelhante pelo clangor das guerras até os estados patológicos do desequilíbrio psíquico, que medraram nas casas reais de todos os povos quanto igualmente nas choças miseráveis de todas as nações.

Com Jesus, o problema da obsessão recebeu o maior contributo que se conhece no que diz respeito à terapêutica moral para a consequente liberação dos obsidiados, vencidos pela fixação das energias deletérias de que sempre se utilizam os Espíritos vingadores e perversos no conúbio degenerativo...

---

8. O pensamento, atuando no núcleo da célula através do *centro coronário*, faz incidir, pelo concurso do *centro cerebral*, que por seu turno envia a *mensagem* para os demais centros, as suas energias nos mitocôndrios dos citoplasmas, portadores de alto poder energético, como de oxidação, dando origem no metabolismo a *construções* positivas ou negativas, que, no fígado, graças à função de glândula mista, com a cooperação das enzimas, transformam-se, não poucas vezes, em descargas de bílis, provocando imediata eliminação quando de origem perniciosa. Razão por que, quase sempre, embora a Ciência Médica moderna não dê qualquer valor, os benfeitores espirituais prosseguem sugerindo o uso de colagogos e coleréticos como auxiliares naquela função liberativa (nota do autor espiritual).

Merece, todavia, examinar-se que, por detrás de qualquer sintomatologia obsessiva, há um condicionamento espiritual no campo moral que faculta ao Espírito perseguidor a perfeita identificação com o Espírito perseguido em comércio mental de demorado curso, através da necessária sintonia vibratória em que o devedor se ajusta ao cobrador sem que dele se afaste, por faltar ao segundo os recursos nobilitantes do regaste da dívida mediante o contingente do amor.

Marcado pela dívida, o obsidiado é alguém atormentado em si mesmo.

Assinalado nos íntimos tecidos do subconsciente pelo crime pretérito, possui os fatores básicos para a obsessão, em forma de predisposição psíquica e consequente desarmonia emocional.

Ao primeiro impacto do pensamento obsessivo, debate-se nas amarras da intranquilidade e facilmente se deixa consumir pela perturbação que o assalta.

Assediado nas tendências inferiores que caracterizam a indisciplina do próprio Espírito, o homem em processo obsessivo deixa-se engolfar pelo fascínio da emoção desregrada que o arrasta até a queda fatal nos abismos de sombra em que sucumbe na subjugação violenta.

Quando isso ocorre, só mui dificilmente se poderá libertar, considerando-se mesmo que o retorno à esfera da consciência tranquila se fará com as reminiscências dos horrores das batalhas travadas em espírito com o impenitente perseguidor...

Jesus, o excelente protótipo de Filho de Deus, graças às condições inerentes ao Seu Espírito Célico, pôde produzir nas mentes atormentadas dos perseguidores da Erraticidade, como nos departamentos mentais dos perseguidos da indumentária física, o despertamento dos primeiros para as responsabilidades maiores da Vida espiritual deles mesmos e dos segundos, por facultar-lhes a ensancha da liberação das dívidas pela produção do bem de que podiam dispor graças à sua intervenção sublime, poderosa...

Depois d'Ele, os Seus continuadores mais próximos, investidos de altos recursos de Espiritualidade, não poucas vezes intervieram nas paisagens lúgubres das mentes atribuladas pela constrição obsessiva, produzindo verdadeiros estados de paz e liberando do vampirismo soez *clientes* e *hóspedes* portadores de obsessões e obsessores, para que pudessem marchar em clima de harmonia pelas veredas da redenção...

No entanto, com o desenvolvimento tecnológico e a consequente escassez da moralidade nos dias atuais, avultam-se os quadros da patologia medianímica, abrindo as verdadeiras chaves da sintonia perfeita para os plugues da interferência espiritual negativa em cujas malhas se debate o homem do Século do Conhecimento, tão atormentado, no entanto, quanto os ancestrais das nefandas lutas do pretérito que o túmulo consumiu e cuja memória lentamente se apaga nos anais da História...

[...] E a obsessão se multiplica em quadros que se renovam, em torvelinhos que são apresentados às pressas dentro dos novos departamentos que a vida cria e a que o homem se ajusta tanto por imprevidência quanto por leviandade.

Examinemos alguns tópicos:

Obsessão da gula – Não obstante o conhecimento generalizado a respeito das possibilidades orgânicas no trabalho de preservação do corpo pelo processo alimentar, elaborando os recursos de manutenção das células, muitos homens se atiram famélicos e atormentados sobre acepipes, caldos, gorduras e repastos, como se a mesa lhes significasse o único reduto de felicidade e de prazer, convertendo-se em veículo de vampirizadores desencarnados, odientos.

Obsessão alcoólica – Desejando fugir aos tormentos que dizem respeito às paisagens lôbregas da mente inquieta, o obsidiado é inspirado a buscar os alcoólicos para se refugiar na obliteração da consciência em cujos painéis se encontram impressos os cenários terríveis da alucinação em que se debate, aparvalhando-se quando vencido pela embriaguez decorrente dos licores de vária procedência e transformando-se em mais fácil e demorada presa da subjugação.[9]

Obsessão dos alucinógenos – Barbitúricos, opiáceos de elaboração complexa, alucinógenos ou depressivos em geral abrem as portas da loucura fácil aos trânsfugas do caminho da verdade, a que se arrojam buscando as ilusões e a irrealidade para se entregarem inermes às mãos dos perseguidores desencarnados que os espreitam, logo se desprendem parcialmente dos liames físicos, de momento afrouxados pelo torpor produzido nos centros do psicossoma...

Obsessão sexual – Corrompendo-se as finalidades das fontes geratrizes da vida em meios indignos, de lascívia e degeneração, o homem transforma o aparelho sexual em pântano de aberrante expressão de prazer, em que paulatinamente se afunda até a imersão total nas vascas de irreversível loucura que o domina e consome. Além das Entidades que o per-

---

9. Oportunamente examinamos no livro *Nos bastidores da obsessão* os tópicos: tabagismo, alcoolofilia, sexualidade e estupefacientes (nota do autor espiritual).

turbam, vincula-se a outras, ociosas e malsãs, dos vários sítios a que recorre, de maneira que complicam até além da vida física o processo obsessivo.

Obsessão da avareza – Evocando pela consciência ultrajada crimes praticados na vida passada, o homem se aferra à posse e, vencido pelo prazer onzenário de tudo reunir, acumula numa gaiola dourada todos os bens, deixando-se nela aprisionar mesmo depois do fenômeno da *morte*, indefinidamente, perdendo a oportunidade de viver e de marchar na direção da Imortalidade.

Obsessão na saúde – Espíritos atribulados em si mesmos engendram psicopatias de nomenclatura complexa, nas quais desgastam o veículo fisiológico a golpes de rebeldia, de ira, criando estados de desorganização física e posteriormente psíquica, que se transformam mais tarde em enfermidades mui graves e ainda não definidas na Patologia Médica, que terminam por consumi-los, levando-os à desencarnação antecipada, na condição de suicidas indiretos e inconsequentes. Incluem-se entre estes os hipocondríacos, os psicomaníacos...

Auto-obsessão – Nem todos os fenômenos obsessivos, entretanto, procedem da injunção propositada de um Espírito desencarnado sobre outro vestido pela roupagem fisiológica. Grande parte dos que se encontram entorpecidos pelos problemas de ordem espiritual, psíquica ou física padece um processo de auto-obsessão dos mais lamentáveis, pois que nesse quadro o Espírito obsessor é o próprio obsidiado em reencarnação compulsória de resgate impositivo, que não consegue forças para se libertar facilmente das situações enfermiças, a fim de avançar nos rumos do equilíbrio, da necessária paz.

Espíritos despóticos ou viciados, precitos ou cruéis, ao se emboscarem na organização das células físicas, condicionam, através das próprias vibrações, inarmonias no metabolismo desta ou daquela natureza, do que decorrem desequilíbrios vários, gerando estado de perturbação íntima, engendrando distúrbios e nevroses que os fazem com o tempo transformar-se em algozes ou em vítimas de si mesmos, conduzindo-se à desesperação do túmulo, antecipado pelo suicídio direto ou indireto, vítimas de alucinações momentâneas ou da loucura de grande porte...

Aí estão os esquizofrênicos, os cleptomaníacos, os neuróticos e psicóticos de múltipla variedade, refletindo as distonias do próprio Espírito nos centros de comando da vontade, da razão, dos diversos órgãos...

Em todos esses quadros, a mediunidade tem uma função primacial, pois que, graças a ela, estreitam-se as ligações do Espírito reencarnado com os demais Espíritos desencarnados que fixam, mediante hipnose cuidadosa e pertinaz, as ideias obsidentes pelas quais a atual vítima lentamente se deixa absorver fascinada, permitindo-se dominar e consumir...

Todavia, a excelente terapêutica espírita detém medicamentos valiosos de fácil utilização, merecendo que se recordem a técnica curadora do Cristo, bem como os métodos psicossomáticos, psiquiátricos, psicanalíticos da Ciência moderna, simultaneamente.

Em qualquer processo obsessivo, o enfermo será sempre convidado às operações de reajustamento e reequilíbrio próprio, por dele depender a regularização do débito para com o seu cobrador espiritual.

Pequenos exercícios de disciplina da vontade, culto da prece, leituras edificantes, algum trabalho eficiente em favor de outrem, na fase inicial ou em qualquer período da perturbação, são antídotos que agem poderosamente em benefício dos atribulados do espírito.

No capítulo das obsessões, todo auxílio de outrem significa aumento de responsabilidade para o beneficiado.

A obsessão é escolho que, a cada momento, ceifa alegrias e esperanças.

O Espiritismo, por ser a Doutrina do *homem integral*, torna-se fácil terapia para a felicidade e um verdadeiro glossário de bênçãos. É o mais eficiente tratado de que dispõe o homem para erradicação total desse fantasma cruel – a obsessão –, já que enseja uma vida ética em consonância com os preceitos evangélicos, em cuja prática a harmonia interior e o otimismo constituem fatores de equilíbrio sem limite, a irradiar-se em todas as direções.

Oração – Pelo processo do otimismo oracional, desgastam-se as construções mentais negativas, favorecendo a mente com ideias salutares que fomentam paisagens de luz e paz, nas quais o homem haure renovação e coragem, encontrando entusiasmo e alegria para impregnar-se de equilíbrio e forças, já que sintoniza com as Esferas superiores da Vida.

Passe – O revigoramento orgânico pelo processo da transmissão fluidoterápica de natureza espiritual ou magnética consegue no metabolismo do obsidiado o mesmo resultado que o organismo físico logra quando debilitado recebe dose de plasma ou transfusão de sangue. O passe estimula os leucócitos e as hemácias que passam a trabalhar pela reorganização da vitalidade e a elaboração na medula óssea de novos contingentes para a manutenção e substituição paulatina dos implementos celulares do organismo.

Água magnetizada – Evocando a terapêutica utilizada pelo Cristo nas *Bodas de Caná* (João, 2: 1 a 11) e conhecedores das possibilidades de que a água é indicada para catalisar energias de vária ordem, a fluidificação ou magnetização dela é de relevante resultado quando realizada pelo obsidiado, orando, ou por seus companheiros de socorro, pois que dessa forma, ao ser ingerida, o organismo absorve as quintessências que vão atuar no perispírito, à semelhança do medicamento homeopático, estimulando os núcleos vitais donde procedem os elementos para a elaboração das células físicas e onde, em verdade, estabelecem-se os pródromos da saúde como da enfermidade, que sempre se originam, respectivamente, no Espírito liberado ou no calceta.

Desobsessão – Mediante a elucidação do Espírito perseguidor nas sublimes escolas de fé com que o Espiritismo Cristão enriquece a Terra através da interferência dos Espíritos superiores e da técnica iluminativa dos doutrinadores para com aqueles que sofrem, abrem-se as comportas do entendimento, facultando-lhes compreender que todo perseguidor é um perseguido em si mesmo, e que toda vítima traz consigo os processos autorregenerativos impostos pela Lei, fazendo com que eles, seus algozes, entreguem-nos à Sabedoria Divina, que os não deixará impunes na sucessão intérmina do processo educativo da Terra.

O mesmo processo, o da doutrinação, é de relevância nos casos de auto-obsessão, pois o Espírito doente, seja encarnado, seja desencarnado, é sempre alguém necessitado de esclarecimento e paz, do que resultará a sua autolibertação.

Seja, todavia, qual for o recurso utilizado no socorro ao padecente do flagelo obsessivo, somente o obsidiado pode oferecer o indispensável requisito para a própria saúde: reforma íntima.

Sem a reforma interior, inócuos, negativos, sem produtividade redundam quase todos os processos socorristas, pois que nos temperamentos rebeldes e reacionários benefício algum pode produzir resultado valioso.

É por essa razão que, examinando a problemática obsessiva, convém ressaltarmos que ante obsessores ou diante de obsidiados é indispensável a inalienável, a valiosa colaboração do próprio obsidiado no que diz respeito à transformação íntima de que se fazem testemunha os seus perseguidores desencarnados, que resolvem abandoná-los, ou não, graças ao esforço que desenvolvam na busca da paz ou mediante o contingente que ofereçam em benefício da regeneração daqueles a quem são devedores.

Cultive, pois, cada um que deseja a harmonia pessoal e a persistência relativa da saúde, a boa palavra, o amor, a piedade fraternal, o perdão indiscriminado, a conduta moral elevada; exercite-se nas tarefas da caridade, pelo pensamento, pela palavra e pela ação, porque, como é verdade que podemos enganar o próximo no caminho em que nos encontramos, inutilmente tentaremos obliterar a própria consciência e ludibriar aqueles que nos seguem do passado em regime de comensalidade conosco na atual conjuntura reencarnatória...

O antídoto salutar imediato à obsessão é a vivência cristã e espírita através da conjugação dos verbos amar, servir e perdoar em todos os tempos e modos, em cuja execução o

Espírito endividado se libera dos compromissos negativos e ascende na direção do Planalto redentor da paz.

Tornado *carta viva* do Evangelho, ensina a imorredoura lição da fraternidade, após libertar-se da causa contingente da dor, pela sublime mensagem do amor de que se faz emissário em nome do Excelso Filho de Deus, nosso Senhor Jesus Cristo.

Por fim, consideremos a necessidade de estudar o Espiritismo para conhecer as suas preciosas lições e, banhando-se de otimismo e vigilância, precatar-se da obsessão, esse terrível invasor, cooperando para que na Terra se estabeleça o primado do espírito, que será formosa antemanhã do Reino de Deus entre as criaturas.[10]

3.3.15 Sanidade e desequilíbrio mental
(Obra: *Nas fronteiras da loucura*. 1. ed. LEAL, p. 1-4.)

É muito diáfana a linha divisória entre a sanidade e o desequilíbrio mental.

Transita-se de um para outro lado com relativa facilidade, sem que haja, inicialmente, uma mudança expressiva no comportamento da criatura.

Ligeira excitação, alguma ocorrência depressiva, uma ansiedade, ou um momento de mágoa, a escassez de recursos financeiros, o impedimento social, a ausência de um trabalho digno, entre muitos outros fatores, podem levar o homem a transferir-se para a outra faixa da saúde mental, alienando-

---

10. A presente mensagem foi refundida e ampliada por nós mesmo para fazer parte deste livro [*Sementeira da fraternidade*] (nota do autor espiritual).

-se temporariamente, e logo podendo retornar à posição regular, a de sanidade.

Problemas de ordem emocional e psicológica mais costumeiramente conduzem a estados de distonia psíquica, não produzindo maiores danos, quando não se deixa que se enraízem ou que constituam causa de demorado trauma.

Vivendo-se numa sociedade em que as neuroses e as psicoses campeiam desenfreadas, vitimando um número cada vez maior de homens indefesos, as balizas demarcatórias dos distúrbios mentais fazem-se mais amplas.

Há, no entanto, além dos fatores que predispõem à loucura e entre os quais situamos o carma do Espírito, nos quais se demoram incontáveis criaturas em plena fronteira, a obsessão espiritual, que as impulsiona a darem o passo adiante, arrojando-as no desfiladeiro da alienação de largo porte e de difícil recuperação...

São os sexólatras, os violentos, os exagerados, os dependentes de qualquer natureza, os pessimistas, os invejosos, os amargurados, os suspeitosos incondicionais, os ciumentos, os obsidiados, que mais facilmente transpõem os limites da saúde mental...

Não nos desejamos referir àqueles que são portadores de patogenias mais imperiosas em razão de enfermidades graves, da hereditariedade, de distúrbios glandulares e orgânicos, de traumas cranianos e de sequelas de inúmeras doenças outras... Queremos deter-nos nas psicopatogêneses espirituais, sejam as de natureza emocional, pelas aptidões e impulsos que procedem das reencarnações transatas, de que os enfermos não se liberam, sejam pelo impositivo das obsessões infelizes, produzidas por encarnados ou por Espíritos que já se despiram da indumentária carnal, permanecendo, no entanto, nos propósitos inferiores a que se aferram...

A obsessão é uma fronteira perigosa para a loucura irreversível.

Sutil e transparente a princípio, agrava-se em razão da tendência negativa com que a agasalha o infrator dos Soberanos Códigos da Vida.

Dando gênese a enfermidades várias, inicialmente imaginárias, que recebe por via telepática, podem transformar-se em males orgânicos de consequências insuspeitadas, ao talante do agente perseguidor, que induz a vítima que o *hospeda* a situações lamentáveis.

Comportamentos que se modificam, assumindo posições e atitudes estranhas, mórbidas, exprimem constrição de mentes obsessoras sobre aqueles que se lhes submetem, mergulhando em fosso de sombras e de penoso trânsito...

Há muito mais obsessão grassando na Terra do que se imagina e se crê.

Mundo este que é de intercâmbio mental, vivo e pulsante, cada ser sintoniza com outro equivalente, prevalecendo, por enquanto, os teores mais pesados de vibrações negativas, que perturbam gravemente a economia psíquica, social e moral dos homens que nele habitam.

Não obstante, a vigilância do amor de Cristo Jesus atua positiva, laborando com eficiência, a fim de que se modifiquem os dolorosos quadros da atualidade, dando surgimento a uma fase nova de saúde e paz.

Nesse contexto, o Espiritismo – que é o mais eficaz e fácil tratado de higiene mental – desempenha um relevante papel, qual seja o de prevenir o homem dos males que ele gera para si mesmo e lhe cumpre evitar, facultando-lhe os recursos para superar a problemática obsessiva, ao mesmo tempo apoiando e enriquecendo os nobres profissionais e missionários da Psicologia, da Psiquiatria, da Psicanálise...

3.3.16 Sexo e obsessão
(Obra: *Sexo e obsessão*. 1. ed. LEAL, p. 187-196.)

O lúcido amigo concentrou-se e lentamente começou a irradiar claridade argêntea que o envolvia em tonalidades variadas, produzindo-nos incomum emoção.

Após a breve interiorização, começou a falar com inesquecível tonalidade de voz, em que ressumavam os seus sentimentos de amor e de paternidade espiritual, convocando-nos a reflexões muito profundas e significativas.

Sem delongas, considerou:

– O sexo é departamento importante do aparelho genésico criado com a finalidade específica para a procriação. Responsável pela reprodução dos seres vivos, constitui extraordinário investimento da vida, que o tem aperfeiçoado através dos milênios, a fim de transformá-lo em feixe de elevadas emoções que exaltam a Criação. Quando compreendido nos objetivos para os quais foi elaborado, transforma-se em fonte geradora de felicidade, emula ao amor e à ternura, que expressa em forma de vitalidade e de bem-estar. Quando aviltado por qualquer forma de manifestação incorreta, faz-se cadeia retentora do ser na paisagem sórdida à qual foi atirado. Acionado pelo instinto, manifesta-se automaticamente por meio de impulsos que induzem à coabitação para o milagre da criação de novas formas de vida. Responsável pelo invólucro material, responde pela bênção de proporcionar o instrumento corporal, mediante o qual o Espírito evolve no rumo do Infinito. Com características próprias em cada fase do processo evolutivo, no ser humano alcança o seu estágio mais elevado por vincular-se às emoções e lentamente superar as sensações mais primárias por onde passou no período das experiências iniciais da forma animal. Responsável pelos grandes envolvimentos na arte, na beleza, na fé, no conhecimento científico e filosófico, é sede de valores ainda nác desvelados.

"Em razão das explosões iniciais dos impulsos mais animalizados, tem governado a sociedade humana através dos tempos, constituindo-se instrumento de crimes hediondos e de guerras lancinantes, destrutivas, que geraram consequências imprevisíveis para a sociedade de todas as épocas. Homens e mulheres de destaque na História utilizaram-no para fins ignóbeis, entregaram-se a aberrações que celebrizaram determinados povos e períodos, assinalados pelas suas orgias e inomináveis absurdos chocantes que, no entanto, obedeciam às paixões dominantes. Da mesma forma, produziu manifestações de sentimentos afetivos celebrados em obras de incomparável beleza, em que a renúncia e a abnegação, o sacrifício e o holocausto se transformaram em opções únicas para dignificá-lo.

"Profundamente arraigado na instrumentalidade material, encontram-se as suas gêneses no ser profundo, no Espírito, que, habituado às suas imposições, transfere de uma para outra existência aspirações e desejos que, não atendidos, transformam-se em conflitos e sofrimentos dilaceradores; mas, quando vivenciados, expressam-se através de estímulos para o crescimento interior e para a conquista da plenitude. Inegavelmente, na raiz de inumeráveis aspirações e anseios do coração encontra-se a libido como desencadeadora de motivações, mesmo que de forma sub-reptícia, o que induziu <u>Freud</u> a conceder-lhe valor excessivo. É incontestável a ação do sexo no comportamento da criatura humana, o que merece estudos cuidadosos e enobrecedores, a fim de ser avaliado no grau e no significado que possui.

"Os seus impulsos e predominância no comportamento são tão vigorosos que vão além do corpo físico e imprimem-se nos *tecidos* sutis do ser espiritual, continuando com as suas manifestações de variada ordem, exigindo respostas que, não sendo de superação e sublimação, geram caos emocional e *revinculam* o ser ao *carro orgânico* que já se consumiu. Mediante a ideoplastia, a fixação nas suas sensações, revigora a necessidade que se transforma em tormento no Além-túmulo, vez que conduz de volta aos estágios perturbadores da organização somática. É nessa fase, nesse terrível transtorno, que surgem as auto-obsessões, as obsessões que são impostas às criaturas terrenas que estagiam na mesma faixa de desejos ou entre os desencarnados do mesmo nível vibratório.

"Reunidos em grupos afins, as suas exteriorizações morbíficas eliminam energias de baixa qualidade, que se convertem em elemento construtor de *regiões infelizes* onde enxameiam em convulsões penosas e retêm aqueles que se lhes fazem vítimas, demorando-se por tempo indeterminado, até que a exaustão dos sentidos e o tédio os induzam a mudanças de atitude, permitindo-se a ajuda do amor que os libertará da injunção exaustiva e penosa."

Fez uma pausa oportuna, a fim de dar-nos ensejo à reflexão, à absorção do conteúdo da sua mensagem.

No mesmo tom, pausado e profundo, logo deu prosseguimento às explicações de alto significado:

– Quando emulado pelo amor – seu dínamo possuidor de inesgotáveis reservas de energias –, altera a manifestação e conduz-se rico de estímulos que fomentam a coragem, propiciam o bom ânimo, o desejo de luta e de crescimento, alterando a estrutura interna do ser humano e a condição da Humanidade que se transforma para melhor.

"Diante dos grandes eventos da cultura, da arte, do pensamento, da fé, pergunte ao amor o que constituiu razão para essa realidade, e ele responderá que foram os sentimentos de ternura e de envolvimento afetivo, sem os quais não se teria força nem valor para resistir às investidas da rebeldia, nem às incessantes provas desafiadoras, ante as quais somente os fortes, aqueles que estão estruturados na coragem e seguros dos objetivos que perseguem, conseguem ultrapassar. O amor é o mais vigoroso instrumento de incitação para os logros que parecem impossíveis de conquistados. Ele se manifesta por meio de mil faces, expressando-se em todas as aspirações do enternecimento, da comunhão afetiva, da fusão dos sentimentos, que seriam o êxtase da plenitude do sexo no seu sentido mais elevado e puro.

"Por enquanto, todavia, o sexo tem sido objeto de servidão e de abjeção, manifestando-se na loucura que grassa na Terra carente de ideais de enobrecimento e repleta de desaires afligentes. Como mecanismo de fuga dos compromissos de luta e de renovação, milhões de criaturas estúrdias e ansiosas atiram-se aos resvaladouros das paixões sexuais, procurando, no prazer imediato e relaxante, o que não conseguem mediante os esforços renovadores do amor sem jaça e do bem sem retribuição. Eis por que a obsessão do sexo, decorrente do seu uso e sempre exigente de mais prazer, apresenta-se dominadora na sociedade terrestre dos nossos dias. Cada vez mais chocantes, as suas manifestações alargam-se, arrastando jovens e crianças inadvertidos ao paul da depravação, em face da naturalidade com que os veículos de comunicação de massa exibem-no em atitudes deploráveis e aterradoras a princípio, para se tornarem naturais depois, pela saturação e a exorbitância, tanto que se torna mais grave a situação das suas vítimas, e mais controvertidos os métodos de reeducação e preservação da saúde emocional, psíquica e moral da criatura humana que lhe tomba nas malhas bem delicadas, mas vigorosas.

"Simultaneamente, as legiões de Espíritos viciosos e dependentes dos fluidos degenerativos das sensações perversas sincronizam suas mentes nesses comportamentos doentios e passam a sofrer-lhes as injunções morbosas e devastadoras. A cada dia, mais difícil se torna a saúde sexual das pessoas, em razão desses e de outros fatores que procedem de reencarnações transatas, nas quais se comprometeram com os usos indevidos da função sexual ou utilizaram-se do sexo para fins ignóbeis. Essa atitude gera processos danosos que as afligem e obrigam-nas a retornar ao proscênio terrestre em situações deploráveis, atormentadas ante a multiplicidade de conflitos de comportamento, para logo tombarem nas viciações que ora predominam nos grupamentos sociais, que as fazem vítimas de si mesmas e de outros do mesmo tipo, e que se lhes acoplam em processos complexos de obsessões perversas e devastadoras."

O benfeitor silenciou novamente. Exteriorizava na face a dor e a compaixão que lhe inspiravam os atormentados do sexo, aqueles que se lhe fizeram vítimas, todos os seus escravos e escravizadores.

Na preservação do objetivo das elucidações, continuou no mesmo tom de mestre e de psicoterapeuta:

— Destituído de equipamentos sexuais, o Espírito é neutro na forma da expressão genésica, possuindo ambas as polaridades em que o sexo se expressa, necessitando, através da reencarnação, experienciar uma como outra manifestação, a fim de desenvolver sentimentos que são compatíveis com os hormônios que produzem. Em face dessa condição, assume uma ou outra postura sexual, devendo desenvolvê-la e vivenciá-la com dignificação, evitando comprometimentos que exigem retornos dolorosos ou alterações orgânicas sem a perda dos conteúdos emocionais ou psicológicos. Isso equivale a dizer que toda vez, quando abusa de uma função, volta a vivenciá-la, a fim de recuperá-la mediante processos limitadores, inibitórios ou castradores. Todavia, se insiste em perverter-se, atendendo mais aos impulsos do que à razão, dominado pelo instinto antes que pelo sentimento, retorna em outra polaridade que não o capacita para a sua manifestação conforme desejara, correndo o risco de canalização das energias de forma equivocada. Em assim acontecendo, o fenômeno se torna mais grave, porque produz danos perispirituais que irão exteriorizar-se em transtornos profundos da personalidade e da aparelhagem genésica.

"Em face dos processos evolutivos, muitos Espíritos transitam na condição homossexual, o que não lhes permite comportamentos viciosos. Está previsto para o futuro um número tão expressivo que chamará a atenção dos psicólogos, sociólogos, pedagogos, entre outros, que deverão investir melhores e mais amplos estudos acerca dos hábitos humanos e da sua conduta sexual.

"Jamais, porém, deve-se esquecer que o sexo, como qualquer outro órgão que constitui o corpo, foi elaborado para a vida, e não esta para aquele. Respeitar-lhe a função, utilizar-se dela com dignidade e elevação, reflexionar a respeito dos objetivos da vida fazem parte do compromisso para com a existência, sem o que são programadas dores e conflitos muitos graves durante o trânsito das reencarnações.

"Assim considerado, o abuso na conduta sexual e o seu abastardamento na busca atormentada de prazeres mórbidos constitui grave desrespeito às Leis Soberanas, cujo resgate se torna difícil e de longo curso em províncias de sombra e de dores acerbas."

Novamente silenciou, medindo as palavras que deveriam revestir-lhe o pensamento, a fim de dar continuidade à explicação:

– Nesta noite está programado o encontro com um dos Espíritos infelizes que responde pela inspiração da onda de loucura e insensatez na vivência do sexo e das suas manifestações. As lamentáveis e alucinadas propostas que apresentou à sociedade do seu tempo e as aberrações monstruosas geradas pela sua mente insana, que se distenderam pela Terra a partir das suas narrações soturnas e cruas, de alguma forma já eram conhecidas da Humanidade. Ei-las presentes nos hediondos espetáculos de Sodoma e de Gomorra, da Babilônia, de Pompeia, da Grécia e de Roma com os seus atormentados imperadores, de algumas cortes devassas da Idade Média, havendo, porém, encontrado maior ressonância e aceitação pelos infelizes após as vivências do inditoso Marquês de Sade. Ele trouxe-as de experiências anteriores e ressumaram dos porões do seu inconsciente ultrajado para oferecê-las como realizações de prazer aos desafortunados enfermos que somente por meio das abjeções, da selvageria e da animalidade lograriam proporcionar prazer nas suas buscas sexuais. Gerando obsessões incomuns, em face das vinculações que as suas esdrúxulas práticas propõem aos seus escravos, a legião de infelizes infelicitadores é expressiva e aterradora ainda hoje na Terra. Somente pela compaixão elevada a uma grande potência é que podemos joeirar esse solo sáfaro e pedregoso sob um aspecto e pantanoso e pútrido sob outro, que é o da área genésica do ser humano, quando desrespeitada, a fim de semear equilíbrio e harmonia indispensáveis à comunhão feliz das almas.

"Ante a situação deplorável em que muitos estorcegam nas apertadas redes dos vícios sexuais e daqueloutros que os acompanham, tais o alcoolismo, o tabagismo, a toxicodependência, a banalização dos valores éticos e da vida, a Lei de Destruição, conforme assevera Allan Kardec em *O Livro dos Espíritos*,[11] exercerá a sua função, destruindo para renovar, isto é, chamará aos sofrimentos e aos desastres coletivos, às aflições chocantes, às lutas ensandecidas, aos trágicos acontecimentos, para que, por fim, os Espíritos rebeldes

---

11. KARDEC, Allan. *O Livro dos Espíritos*. 76. ed. FEB. Capítulo VI, questões 728 a 733 (nota do autor espiritual).

despertem para a realidade, para o significado da existência terrena, para os objetivos que têm pela frente, na utilização do corpo, do sexo, mas não vivendo apenas e exclusivamente deles ou para eles. Esse abuso resultante da utilização descabida responde pela loucura generalizada que a Vida se encarregará de eliminar.

"A dor, a grande missionária silenciosa e dignificadora, lentamente trabalhará o ser humano, admoestando-o, esclarecendo-o e conduzindo-o à estrada reta, na qual se utilizará dos tesouros que se encontram em toda parte para a autoiluminação e o crescimento na direção de Deus. Nesse comenos, as suas funções genésicas serão transformadas em fontes de energia construtiva e trabalharão as imagens superiores que serão criadas pela mente e pelos desejos elevados, a fim de que se tornem também cocriadoras do belo, do útil, do nobre e do feliz. Até esse momento, passarão muitos séculos de dor e de prova, nos quais o ser humano, por livre opção, ainda preferirá as obsessões calamitosas e as paixões dissolventes à sintonia com a Divindade e à intuição libertadora do primarismo que, por enquanto, caracteriza-o.

"Desse modo, exortemos a proteção do sublime Criador, a fim de que os nossos tormentos, que procedem da noite remota das manifestações primevas e dos desalinhos morais que nos permitimos, então sejam superados com amor e sublimados, abrindo espaços nobres para as vivências do sentimento aureolado de bênçãos. Agradeçamos, também, à mãe Terra as suas dádivas fecundas que nos facultaram desenvolver o Psiquismo Divino em nós adormecido, enflorescendo o seu solo generoso para nele depositar perfume e pólen fecundador de diferentes expressões de beleza e vida."

3.4 GRUPO III – ORGANIZAÇÃO DOS TRABALHOS

    3.4.1   A equipe de trabalho
    3.4.2   Reuniões sérias
    3.4.3   Serviços de desobsessão
    3.4.4   Na desobsessão

3.4.1 A equipe de trabalho
(Obra: *Grilhões partidos*. 3. ed. LEAL, p. 13-17.)

Toda e qualquer tarefa, especialmente a que se destina ao socorro, exige equipe hábil, adredemente preparada para o ministério a que se dedica.

O operário siderúrgico, a fim de poder executar o trabalho junto às fornalhas de alta temperatura, resguarda-se, objetivando a sobrevivência, e adestra-se, a benefício de resultados vantajosos.

O tecelão preserva o aparelho respiratório com máscaras próprias e articula habilidades que desdobra, de modo a atender aos caprichos de padronagem, cor e confecção com os fios que lhe são entregues.

O agricultor apreende os cuidados especiais de que necessitam o solo, a semente, a planta, a floração e o fruto, com o fito de recolher lucros no labor que enceta...

O mestre, o cirurgião, o artista, o engenheiro, o expositor, o escrevente, todos os que exercem atividades, modestas ou não, dedicam-se com carinho e especializam-se, adquirindo competência e distinção com o que se capacitam às compensações disso decorrentes.

No que tange às tarefas da desobsessão, não menos relevantes são os valores e qualidades especiais exigíveis para que se logrem êxitos.

Nos primeiros casos, necessita-se de fatores materiais, intelectivos e artísticos, inerentes a cada indivíduo que se dedica ao mister, seguindo a linha vocacional que lhe é própria ou estimulado pelas vantagens imediatas, pelas quais espera rendas e estipêndios materiais.

No último caso, deve-se examinar a transcendência do material em uso – sutil, impalpável, incorpóreo –, a começar desde a organização mediúnica até as expressões de caráter moral das Entidades comunicantes.

A equipe que se dedica à desobsessão – e tal ministério somente é credor de fé, possuidor de valor, quando realizado em equipe, que por seu turno se submete à orientação das Equipes espirituais superiores – deve estribar-se numa série incontroversa de itens, de cuja observância decorrem os resultados da tarefa a desenvolver.

O *milagre* tão amplamente desejado é interpretação caótica e absurda de fatos coerentes, cuja mecânica escapa ao observador apressado. Não ocorre, portanto, uma vez que tudo transcorre sob a determinação de leis de superior contextura e de sábia execução.

Assim, faz-se imprescindível na desobsessão, quando se pretende colaborar em equipe:

a) *harmonia de conjunto*, que se consegue pelo exercício da cordialidade entre os diversos membros que se conhecem e se ajudam na esfera do quotidiano;

b) *elevação de propósitos*, sob cujo programa cada um se entrega, em regime de abnegação, às finalidades superiores da prática medianímica, do que decorrem os resultados de natureza espiritual, moral e física dos encarnados e dos desencarnados em socorro;

c) *conhecimento doutrinário*, que capacita os médiuns e os doutrinadores, assistentes e participantes do grupo a uma perfeita identificação, mediante a qual se podem resolver os problemas e dificuldades que surgem a cada instante no exercício das tarefas desobsessivas;

d) *concentração*, por cujo comportamento se dilatam os registros dos instrumentos mediúnicos, facultando sintonia com os comunicantes, adredemente trazidos aos recintos próprios para a assistência espiritual;

e) *conduta moral sadia*, em cujas bases estejam insculpidas as instruções evangélicas, de forma que as emanações psíquicas, sem miasmas infelizes, possam constituir plasma de sustentação daqueles que, em intercâmbio, necessitam dos valiosos recursos de vitalização para o êxito do tentame;

f) *equilíbrio interior dos médiuns e doutrinadores*, uma vez que somente aqueles que se encontram com a saúde equilibrada estão capacitados para o trabalho em equipe. Pessoas nervosas, versáteis, susceptíveis, bem se depreende, são carecentes de auxílio, não se encontrando habilitadas para mais altas realizações, quais as que exigem recolhimento, paciência, afetividade, clima de prece, em esfera de lucidez mental. Não raro, em pleno serviço de socorro aos desencarnados, soam alarmes solicitando atendimento aos membros da esfera física, que se desequilibram facilmente, deixando-se anestesiar pelos tóxicos do sono fisiológico ou pelas interferências da hipnose espiritual inferior, quando não derrapam pelos desvios mentais das conjecturas perniciosas a que se aclimataram e em que se comprazem.

Alegam muitos colaboradores que experimentam dificuldades quando se dispõem à concentração. No entanto, fixam-se com facilidade surpreendente nos pensamentos depressivos, lascivos, vulgares, graças a uma natural acomodação a que se condicionam, como hábito irreversível e predisposição favorável.

Parece-nos que em tais casos a dificuldade em concentrar-se se refere às ideias superiores, aos pensamentos nobres, cujo tempo mental para estes reservado é constituído de pequenos períodos, em que não conseguem criar um clima de adaptação e continuidade, suficientes para a elaboração de um estado natural de elevação espiritual;

g) *confiança, disposição física e moral*, que são decorrentes da certeza de que os Espíritos, não obstante invisíveis para alguns, encontram-se presentes, atuantes, a eles vinculando-se mentalmente em intercâmbio psíquico eficiente, de cujos diálogos conseguem haurir estímulos e encorajamento para o trabalho em execução. Outrossim, as disposições físicas, mediante uma máquina orgânica sem sobrepeso de repastos de digestão difícil, relativamente repousada, pois não é possível manter-se uma equipe de trabalho dessa natureza utilizando-se de companheiros desgastados, sobrecarregados, em agitação;

h) *circunspeção*, que não expressa catadura, mas responsabilidade, conscientização de labor, embora a face desanuviada, descontraída, cordial;

i) *médiuns adestrados*, atenciosos, que não se facultem perturbar nem perturbem os demais membros do conjunto, o que significa serem *disciplinados*, a fim de que a erupção de esgares, pancadas, gritarias não transforme o intercâmbio santificante em algaravia desconcertante e embaraçosa. Ter em mente que a psicofonia é sempre de ordem psíquica, mediante a concessão *consciente*[12] do médium, através do seu perispírito, pelo qual o agente do Além-túmulo consegue comunicar-se, o que oferece ao sensitivo possibilidade de frenar todo e qualquer abuso do paciente que o utiliza, especialmente quando este é portador de alucinações, desequilíbrios e descontroles de vária ordem, que devem, de logo, ser corrigidos ou pelo menos diminuídos aplicando-se a terapêutica de reeducação;

j) *lucidez do preposto para os diálogos*, cujo campo mental harmonizado deve oferecer possibilidades de fácil comunicação com os instrutores desencarnados, a fim de cooperar eficazmente com o programa em pauta, evitando discussão infrutífera, controvérsia irrelevante, debate dispensável ou informação precipitada e maléfica ao atormentado que ignora o transe grave de que é vítima, em cujas teias dormita semi-hebetado, apesar da ferocidade que demonstre ou da agressividade de que se revista;

k) *pontualidade*, a fim de que todos os membros possam ler e comentar em esfera de conversação edificante, com que se desencharcam dos tóxicos físicos e psíquicos que carregam, em consequência das atividades normais, e procurarem todos, como leciona Allan Kardec, *ser cada dia melhor do que no anterior*, e de cujo esforço se credenciam a maior

---

12. Referimo-nos à lucidez da autodoação do médium para o intercâmbio, e não à memória, velada ou não, durante o transe (nota do autor espiritual).

campo de sintonia elevada, com méritos para si próprios e para o trabalho no qual se empenham...

Claro está que não exaramos aqui todas as cláusulas exigíveis a uma tarefa superior de desobsessão; todavia, a sincera e honesta observância destas dará qualidade ao esforço envidado, numa tentativa de cooperação com o Plano espiritual interessado na libertação do homem, que ainda se demora atado às rédeas da retaguarda, em lento processo de renovação.

3.4.2 Reuniões sérias
(Obra: *Nos bastidores da obsessão*. 1. ed. FEB, p. 44-47.)

As reuniões espíritas de qualquer natureza devem revestir-se do caráter elevado da seriedade.

"Não sendo os Espíritos seres outros que não as almas dos homens" que viveram na Terra, não podem eles isentar-se da comunhão imperiosa, resultante das Leis de Afinidade. Nesse particular, convém não esquecer que os Espíritos desencarnados, pelo simples fato de estarem despidos da indumentária carnal, não são melhores nem piores que os homens, mas continuação destes, plasmados pelo que cultivaram, fizeram e se aprouveram.

Elegendo como santuário qualquer lugar onde se vivam as lições incorruptíveis de Jesus, o Espiritismo ensina que o êxito das sessões se encontra na dependência dos fatores objetivos que as produzem, das pessoas que as compõem e do programa estabelecido.

Como requisitos essenciais para uma reunião séria, consideremos, pois, as intenções, o ambiente, os membros componentes, os médiuns, os doutrinadores.

As intenções, fundamentadas nos preceitos evangélicos do amor e da caridade, do estudo e da aprendizagem, são as que realmente atraem os Espíritos superiores, sem cuja contribuição valiosa os resultados decaem para a frivolidade, a monotonia e não raro para a *obsessão*.

Não sendo apenas de construção material, o ambiente deve ser elaborado e mantido por meio da leitura edificante e da oração, debatendo-se os princípios morais capazes de criar uma atmosfera pacificadora, otimista e refazente.

Os membros componentes devem esforçar-se por manter os requisitos mínimos de conseguirem instruir-se, elevando-se moral, mental e espiritualmente, através do devotamento contínuo, incessante, para a fixação da ideia espírita de elevação que lhes deve tornar pauta de conduta diária.

Os médiuns, semelhantemente aos demais participantes, são convidados ao policiamento interior das emoções, dos pensamentos, das palavras e da conduta, para se tornarem maleáveis às instruções de que porventura poderão ser instrumento. A faculdade mediúnica não os isenta das responsabilidades morais imprescindíveis à própria renovação e esclarecimento, pois que, mais facilmente, os Espíritos puros se aprazem de utilizar aqueles instrumentos dóceis e esclarecidos, capazes de lhes facilitarem as tarefas a que se propõem.

Os doutrinadores têm igualmente a obrigação de se evangelizar, estudando a Doutrina e capacitando-se para entender e colaborar nos diversos misteres do serviço em elaboração. Na mesma linha de deveres dos médiuns, não se podem descurar do problema psíquico da *sintonia*, a fim de estabelecerem contato com os diretores do Plano espiritual que supervisionam os empreendimentos de tal natureza.

As reuniões espíritas são compromissos graves assumidos perante a consciência de cada um, regulamentados pelo esforço, pontualidade, sacrifício e perseverança dos seus membros.

Somente aqueles que sabem perseverar, sem postergar o trabalho de edificação interior, fazem-se credores da assistência dos Espíritos interessados na sementeira da esperança e da felicidade na Terra – programa sublime presidido por Jesus, das Altas esferas.

Nas reuniões sérias, os seus membros não podem compactuar com a negligência aos deveres estabelecidos em prol da ordem geral e da harmonia, para que a infiltração dos Espíritos infelizes não as transformem em celeiros de balbúrdia, em perfeita conexão com a desordem e o caos.

Invariavelmente, as reuniões sérias de estudo ou socorro mediúnico se convertem em educandários para desencarnados que são trazidos por seus mentores. São atraídos pela própria curiosidade ou interessados na sua destruição...

Sendo a sociedade do Mundo espiritual constituída daqueles que viveram na Terra, *cá* como *aí* não faltam os ociosos, os de mente viciada, os parasitas, os perseguidores inveterados, os obsessores cruéis, os infelizes de todo jaez que deambulam solitários ou em magotes, isolados em si mesmos ou em colônias perniciosas, buscando presas irresponsáveis e inconscientes para o comércio da vampirização...

Conseguintemente, necessário se faz muita vigilância e observação, mesmo porque grande parte desses visitadores é trazida para que o exemplo dos encarnados lhes constitua lição viva de despertamento, mudando-lhes a direção mental e interessando-os na solução dos afligentes problemas que os infelicitam e maceram, mesmo quando disso não se apercebem ou fingem não os experimentar...

Para que uma sessão espírita possa interessar aos instrutores espirituais, não pode se abstrair do elevado padrão moral de que se devem revestir todos os participantes, pois que se o cenho carregado e sisudo na Terra pode apresentar um homem como sendo de bem, em verdade, só a exteriorização dos seus fluidos – isto é, a vibração do seu próprio Espírito, que é resultante dos atos morais praticados – distingue-o das diversas criaturas, oferecendo material específico aos instrutores desencarnados para as múltiplas operações que se realizam nos abençoados núcleos espiritistas sérios, que têm em vista o santificante programa da desobsessão espiritual.

3.4.3 Serviços de desobsessão
(Obra: *Trilhas da libertação*. 3. ed. FEB, p. 73-79.)

[...] Acompanhando a renovação que se processava naquele Núcleo de ação espírita, o Dr. Carneiro explicou-me, espontaneamente:

– O Espiritismo é uma Doutrina que sintetiza o conhecimento humano em uma abrangência admirável. Nem poderia ser diferente, pois que foi revelado pelos Espíritos que se tornaram pioneiros do saber na Terra e que, com a visão da vida ampliada no Além, ofereceram tudo quanto se faz imprescindível à felicidade dos seres. Tem a ver, portanto, com todos os ramos da cultura em uma expressão holística da realidade, que se faz indispensável para o entendimento integral do homem e da vida. As *doutrinas secretas* ressurgem nele desvestidas dos mitos e rituais, o que facilita o intercâmbio entre as inteligências encarnadas e desencarnadas, ampliando o quadro de informações por meio das ciências, na sua faina de tudo explicar e submeter.

"Com esse arsenal de instrumentos próprios, o Espiritismo liberta as consciências das sombras e as conclama às escaladas desafiadoras do progresso.

"Por tal razão, a Casa Espírita avança para a condição de educandário, fornecendo os contributos para o estudo e a análise das criaturas, libertando-as das crendices e superstições, ao mesmo tempo que lhes oferece os recursos para a ação com liberdade sem medos, com responsabilidade sem retentivas, perfeitamente lúcidas a respeito do destino que lhes está reservado, ele próprio resultado das suas opções e atitudes.

"Uma sociedade que se conduza fiel a esses conceitos e determinações torna-se justa, equânime, e os membros que a constituam serão, sem dúvida, felizes.

"Tudo marcha na direção da Unidade, pois que dela partem todos os rumos. No afã de penetrar a sonda da investigação no organismo universal, os cientistas constatam a interdependência das informações que detectam, umas em relação às outras, tão interpenetradas estão. A análise de qualquer conteúdo exige uma ampla malha de conhecimentos, a fim de bem captá-lo.

"O homem, em razão do seu largo processo de evolução, das suas vinculações ancestrais e experiências, não deve ser examinado apenas por um dos seus ângulos, seja físico, psíquico, emocional, social... Cada faceta da sua realidade traz embutidos outros aspectos e contributos que respondem pela manifestação e aparência daquela focalizada. Assim, na área da saúde são muitos os fatores que respondem pelo equilíbrio ou desarmonia do indivíduo, e, no que tange à de ordem espiritual, mais complexos se fazem os fatores que lhes dão origem ou os desarticulam. Nesse painel, a consciência exerce um papel preponderante por ser o árbitro da vida, a responsável por todos os acontecimentos, o *deus em nós* das antigas tradições de nossos antepassados.

"[...] O homem realmente livre é consciente das suas responsabilidades, não necessitando de nada externo para os logros elevados a que se propõe. Torna-se-lhe condição essencial o conhecimento real, defluente da meditação e da vivência dos seus estatutos para seguir a marcha com a elevação indispensável à vitória. Certamente foi esta a ideia de Jesus ao preconizar-nos buscar a *Verdade* que nos *torna livres*."

Começavam a chegar os participantes da sessão mediúnica de desobsessão da Casa, que se realizava hebdomadariamente.

Era a primeira atividade desse gênero após os sucessos narrados, e havia expectativa, certa intranquilidade em alguns cooperadores dos trabalhos.

A sala reservada para o mister recebera cuidados especiais: técnicos do nosso plano dispuseram aparelhos próprios para o socorro desobsessivo em várias partes do recinto.

O irmão Vicente comandava a programação conforme o fazia sempre. Agora, menos preocupado que antes, em face da alteração realizada, sentia-se feliz pelas possibilidades que se delineavam para o futuro, sem os riscos desnecessários dos dias idos.

Conscientes dos deveres, os membros do grupo mediúnico eram recebidos à entrada da sala pelo presidente da Sociedade, o Sr. Almiro, um cavalheiro tranquilo, de aproximadamente setenta anos, que irradiava bondade espontânea e gentileza sem afetação.

Sorrindo com afabilidade, podíamos perceber-lhe o alívio de que era possuído com a alteração dos programas espirituais que havia sido efetivada.

Às 19h30 já se encontravam presentes todos os participantes, em recolhimento silencioso.

A pontualidade era ali requisito indispensável, já que constitui um dos fatores para o êxito do cometimento.

Tomando lugar à cabeceira da mesa, em torno da qual se sentavam mais onze companheiros e nas cadeiras em frente mais quatorze pessoas, o Diretor começou a ler uma página de *O Livro dos Espíritos*, de Allan Kardec.

A leitura não se fazia enfadonha, porque ele enunciava as perguntas, e uma senhora, ao lado, as respostas.

Logo após, quando foram examinadas três ou quatro questões, os membros da mesa apresentaram comentários complementares, fizeram perguntas adicionais em tom de voz agradável, sem entonação de discurso ou debate, procurando-se recolher ensinamentos proveitosos e saudáveis.

Posteriormente se procedeu ao exame de *O Livro dos Médiuns* e de *O Evangelho segundo o Espiritismo*, ambos também de Allan Kardec, gerando uma psicosfera de paz e receptividade.

Percebi que as Entidades convidadas para o intercâmbio da noite, ainda em sofrimento ou perturbadoras, permaneciam entre as pessoas, isoladas por barreiras vibratórias que, no entanto, permitiam-lhes escutar as leituras e os comentários. As que eram lúcidas e trabalhadoras movimentavam-se com liberdade, e os obsessores, alguns já vinculados aos médiuns pelos quais se deveriam comunicar, a contragosto escutavam os ensinamentos, recalcitrando e reagindo com blasfêmias e grosserias. Espíritos familiares dos presentes também permaneciam no recinto, em atitude digna, reflexionando a respeito da tarefa e das comunicações, e os demais cooperadores, os que transportam os enfermos desencarnados, igualmente estavam a postos.

Tudo se encontrava em ordem, qual sucede em um tratamento cirúrgico, quando a equipe aguarda o sinal do chefe para o início da operação.

Às 20h, o Sr. Almiro formulou sentida oração a Deus, na qual agradeceu as bênçãos recebidas e suplicou-Lhe a proteção para as atividades que se iriam desenvolver.

Ao terminar a prece, uma suave auréola de tom solferino emoldurou-lhe a cabeça, exteriorizando os sentimentos nobres que o possuíam.

De imediato, o irmão Vicente, através da psicofonia sonambúlica de dona Armênia, deu as instruções iniciais e nos preparamos para acompanhar o desdobramento da reunião.

Observei que cada médium, assim como os demais participantes, irradiava claridades que variavam desde os tons mais escuros e fortes aos diáfanos e laranja. Alguns havia, entre o público, que não apresentavam qualquer alteração, permanecendo como um bloco inanimado.

O Dr. <u>Carneiro</u>, que me acompanhava a observação silenciosa, veio em meu socorro, esclarecendo:

— São companheiros que não conseguem arrebentar as algemas dos pensamentos habituais: pessimistas, ansiosos, distraídos que, não obstante interessados, aproveitam-se da penumbra para dar curso aos pensamentos trêfegos e viciosos do cotidiano ou ao sono anestesiante. Enquanto o indivíduo não se esforce por educar a mente, substituindo os temas agradáveis, mas prejudiciais, por aqueles de elevação e disciplina, sempre que se veja sem atividade física, emergem-lhe as ideias perniciosas que vitaliza, produzindo-lhe uma cela sombria, na qual se encarcera. Sempre dirá que se esforça para concentrar-se nas faixas superiores, no entanto, não consegue. E é natural que tal aconteça, porquanto os rápidos tentames, logo abandonados, não geram os condicionamentos necessários à criação de um estado natural de sintonia superior. Acostumados aos *clichês* mentais mais grosseiros, escapam-lhe as *imagens* mais sutis em elaboração.

— E os médiuns? — indaguei interessado. — Por que tão diferentes colorações? Denotam-lhes os diferentes estágios de evolução?

— De certo modo, sim — respondeu generoso. — No caso destes aqui presentes, podemos observar que a nossa irmã Armênia é um Espírito mais lúcido, mais experimentado neste tipo de serviço, além do que, transformou a existência em um verdadeiro ministério do bem. Senhora pobre, casada com um homem viciado em alcoólicos, conduziu a família com sacrifício e estoicismo, ajudada pelos benfeitores desencarnados, que lhe infundiam ânimo e vitalidade. Não abandonou jamais os deveres espirituais, que abraça há quase trinta anos, mesmo nos dias mais rudes e doridos, havendo, por isso mesmo, granjeado respeito e consideração dos seus mentores e amigos espirituais.

"Outros há, entre nós, com expressiva folha de serviço no culto dos deveres humanos e sociais, nas suas atividades públicas e particulares, o que os torna homens e mulheres de bem, aureolados, portanto, pelo merecimento a que fazem jus.

"Diversos atravessam fases e experiências humanas diferentes, de provas, de testemunhos para os quais ainda não se encontram com os recursos amealhados; todos, porém, dignos do nosso carinho, respeito e acatamento. Cada criatura vale o que logra, não o que lhe falta."

Após uma breve pausa, prosseguiu:

— Os médiuns são criaturas humanas como outras quaisquer, que se diferenciam apenas pela *aptidão* especial que possuem *para se comunicar com os Espíritos*. Não são santos, embora devam caminhar pela senda da retidão, nem pecadores, apesar dos seus deslizes naturais. Costuma-se exigir-lhes muito, esperando-se que sejam modelos perfeitos do que ensinam os mentores por seu intermédio. Certamente, essa seria a condição ideal para todos. Desse modo, somos pacientes com as suas dificuldades e delíquios morais, de responsabilidade deles mesmos, buscando, entretanto, auxiliá-los sempre, qual fazemos com todas as demais pessoas.

"É da Lei que os *médiuns deverão aceitar para si as instruções* de que se fazem intermediários, *antes* de as considerar *para os outros*... Como, porém, são frágeis na sua condição de humanidade, entendemos que todo aprendizado exige esforço e tempo, de maneira que nos cabe auxiliá-los sempre e sem cessar."

3.4.4 Na desobsessão
(Obra: *Depoimentos vivos*. 1. ed. LEAL, p. 191-193.)

Em considerando as nossas responsabilidades na tarefa espírita em que nos encontramos engajados, tentando a liberação de graves compromissos, não vemos como dissociar do servidor o serviço, do tarefeiro a tarefa, de modo a situar o operário cristão somente em dias e horas adredemente marcados, a fim de que se desincumba dos misteres que afirma esposar.

Quem se vincula às atividades superiores da vida está sempre em ação operante.

O artista desta ou daquela qualidade não consegue abstrair-se à beleza em circunstância alguma.

O médico clínico sempre diagnostica a problemática da saúde, mesmo quando não consultado diretamente.

O arquiteto não se subtrai à observação do edifício que depara.

O médium, por seu turno, sempre está em contato com os Espíritos...

O espírita, igualmente, não se pode isolar da convicção, vivendo uma existência dúplice, compatível com a fé e dela cerceado, simultaneamente.

Compromissado com as experiências do socorro mediúnico aos desencarnados, encontra-se incessantemente em serviço, porquanto seus pensamentos produzem vinculações com outros pensamentos que dimanam das mentes que operam nas densas faixas da vida física, não obstante fora do corpo.

Exercite a mediunidade, em qualquer das suas expressões, labore no auxílio pelo esclarecimento verbal ou pela terapia da prece, vigie e vigie-se, a fim de manter padrões vibratórios favoráveis aos cometimentos espirituais nos quais se integra.

O sucesso do trabalho de desobsessão dos encarnados, ou entre desencarnados, reciprocamente, culmina na reunião em que se conjugam os grupos que compõem o ministério. Todavia, com regular antecedência, já se realizam as atividades que promoverão tais resultados em clima de êxito ou desacerto.

Difícil operar com cooperadores que se reservam momentos breves para o auxílio fraternal, após tarefas estafantes reservadas ao egoísmo. Como consequência, são comuns os estados de sonolência por estafa, de enfado por indisciplina, de insatisfação por incoerência de comportamento em muitos círculos mediúnicos.

Em tais agrupamentos, sem a competente vigilância dos componentes, as defesas se desfazem, e irrompem, em hordas contínuas, grupos de vândalos, asseclas e comparsas espirituais dos que os atraem vigorosamente pelo despautério que se permitem, embora participando de serviço relevante sob o concurso lenificador da oração...

Sucede, porém, que não se podem improvisar concentração, equilíbrio, serenidade, confiança. Só a mente e o corpo autodisciplinados em regime de continuidade logram a produtiva e operosa psicosfera de harmonia para cometimentos elevados.

A leviandade habitual, a irreverência incessante, a comodidade bem nutrida pelo ócio, a suspeita constante, a mordacidade contumaz dificilmente se desatrelam de quem as cultiva para ceder lugar à responsabilidade consciente, ao respeito ordenado, ao sacrifício pessoal frequente, à confiança irrestrita, à humildade natural, imprescindíveis ao teor mínimo de vibrações favoráveis à intervenção dos bons Espíritos.

Não se forjam momentaneamente atitudes morais edificantes.

Não se promovem servidores perniciosos a posições relevantes sem perigos graves na máquina em que se localizam no grupo humano.

O membro cristão da colmeia espírita de atividade desobsessiva está sempre observado, em constante intercâmbio psíquico, em contínuo labor espiritual...

Muitos companheiros aludem, no plano físico, à ausência de *sinais* por parte dos Espíritos superiores nos seus serviços mediúnicos e se dizem descrentes... Todavia, esquecem-se de ligar definitivamente as tomadas mentais aos centros de comando das Esferas elevadas por estarem em conexão com outros núcleos transmissores, que interferem amiúde, em quaisquer circunstâncias, controlando-lhes as sedes receptoras, sempre interditadas para outras mensagens...

Urgente uma revisão conceptual e imediatas as providências antes da erupção dos processos obsessivos de longo curso, como ocorre com maior frequência do que se dão conta os insensatos e levianos.

Consciente das responsabilidades abraçadas, cada participante do grupo de desobsessão estruture as vigas do comportamento na dinâmica do Evangelho e torne-se obreiro da paz em nome d'Aquele que é o Modelo de todos, a fim de servir bem e com produtividade.

3.5 Grupo IV – Prática desobsessiva

    3.5.1   Terapia desobsessiva
    3.5.2   Terapia de desobsessão
    3.5.3   Mediunidade socorrista
    3.5.4   Alienação obsessiva e a missão do Espiritismo
    3.5.5   Em oração

3.5.1 Terapia desobsessiva
(Obra: *Nas fronteiras da loucura*. 1. ed. LEAL, p. 17-18.)

Conforme o quadro da alienação, variam os recursos terapêuticos.

Sabendo-se que o agente obsessor é um ser que pensa e age movido por uma razão que lhe parece justa, qualquer política de ilaqueação da honestidade torna-se improfícua, aumentando a hostilidade e a tenacidade do perseguidor.

O principal mister deve ser o de concentrar no enfermo desencarnado as atenções, tratando-o com bondade e respeito, mesmo que se não esteja de acordo com o que faz.

Conquistar para a íntima renovação o agente infeliz, porquanto toda ação má procede sempre de quem não está bem, por mais escamoteie e disfarce os sentimentos e o próprio estado, é o primeiro definitivo passo.

Evitar-se a discussão inoperante, forrado de humildade real, na qual transpareça o sentimento amoroso pelo bem-estar do outro, que terminará por envolvê-lo em ondas de confiança e harmonia, de que se beneficiará, de forma a fazê-lo mudar de atitude em relação aos propósitos mantidos até então.

Simultaneamente, educar-se à luz do Evangelho o paciente, insistindo junto a ele com afabilidade pela transformação moral e criando em torno de si condições psíquicas harmônicas, com que se refará emocionalmente, estimulando-se a contribuir com a parte que lhe diz respeito.

Atraí-lo a ações dignificantes e de beneficência, com que granjeará simpatias e vibrações positivas que o fortalecerão, mudando o seu campo psíquico.

Estimular-lhe o hábito da oração e da leitura edificante, ao mesmo tempo trabalhando-lhe o caráter, que se deve tornar maleável ao bem e refratário ao vício.

As mentes viciosas encharcam-se de vibrações e parasitas extravagantes, dementadas pelo desdobrar dos excessos perniciosos.

Ao lado dessa psicoterapia, é necessária a aplicação dos recursos fluídicos, seja através do passe, seja da água magnetizada, da oração intercessória com que se vitalizam os núcleos geradores de forças, estimulantes da saúde, com o poder de desconectarem os plugues das respectivas matrizes, de modo a que o endividado se reabilite perante a Consciência Cósmica pela aplicação dos valores e serviços dignificadores.

Não ocorrem milagres em misteres que tais, como noutros de qualquer natureza. O acontecimento miraculoso, quando parece suceder, é o resultado de uma ação muito bem programada, cujos efeitos são registrados e cujas causas não são necessariamente, no momento, conhecidas.

Toda pessoa que deseje contribuir na esfera do socorro desobsessivo, que se não descure da conduta íntima, nem das suas ligações com o Plano espiritual superior, donde fluem os recursos lenificadores, salutares para os cometimentos do amor.

Recordando Jesus, diante dos obsidiados e dos obsessores busquemos a Sua ajuda e inspiração na condição elevada que Ele ocupa como Senhor dos Espíritos.

3.5.2. Terapia de desobsessão
(Obra: *Antologia espiritual*. 1. ed. LEAL, p. 123-125.)

[...] E Jesus, vendo a multidão (tomado de compaixão), abriu a Sua boca e disse: *"Bem-aventurados os que choram"*, conforme anotou Mateus no capítulo cinco, versículo quatro do seu Evangelho.

As multidões têm-se apresentado sempre dominadas pelas aflições grandiosas de lágrimas, sem saber os rumos a seguir, naufragando frequentemente nas águas encapeladas do desespero, sem experimentar consolação.

Não basta encontrar alguém aflito para ser amado e socorrido, tornando-se um bem-aventurado.

A aflição que induz o ser à renovação, ao autodescobrimento, à valorização da vida aprimora-o, libertando-o da carga constritora do sofrimento. Conhecê-la para superá-la é o grande desafio.

Há aflições de várias gêneses e reações múltiplas dos aflitos, que lhes impedem a consolação.

Cada ser é uma experiência particular, e cada aflição representa um recurso próprio utilizado pela Vida para o seu crescimento. Assim, multiplicam-se a cada dia os fenômenos geradores de desgraça.

Entre as muitas aflições que grassam na atualidade e não estão consoladas, destacamos a epidemia obsessiva, que arrebanha multidões de desenfreadas personagens na tragédia do cotidiano.

Enfileirando-se entre os enfermos de patologias múltiplas, entregam-se aos descalabros de toda ordem, sofrendo injunções complexas de amargura e revolta, em decomposição moral, psíquica e física, sem saber que roteiro seguir.

Mesmo quando se lhes acena a possibilidade de refazimento a contributo do esforço pessoal e da transformação íntima, recusam-se, preferindo às vezes a continuação do desalinho por caprichos infantis e paixões egoístas à aquisição da saúde.

Saúde representa-lhes responsabilidade, e equilíbrio significa-lhes investimento da vida que impõe cuidados graves e não querem administrar.

Como efeito, enquanto a insensatez e o despautério preservam o primarismo do ser, o discernimento e o bem-estar ampliam a área da *consciência lúcida*, que a muitos se apresenta como carga de difícil condição, de antemão recusando-se carregá-la.

❖

A desobsessão é técnica espírita especializada para libertar as mentes que se interdependem no comércio infeliz da submissão espiritual. Especialmente aplicada nos fenômenos que caracterizam a dominação de um Espírito sobre um ser encarnado, ela se apoia em dois elementos essenciais: o esclarecimento do vingador – que cobra, por ignorância ou perversidade, os delitos do passado; e a renovação moral do devedor, a vítima atual – que se transferiu da situação de algoz de ontem para a de dependente pagador de hoje.

Apesar de outros fatores importantes, tais: a compaixão de ambos os comparsas ou litigantes, o interesse de ajuda recíproca, o anelo pela felicidade, os requisitos essenciais do arrependimento do endividado e do perdão do credor são fundamentais para que ocorra a recuperação de ambos, por se encontrarem enfermos, mesmo que ignorando a doença mental de que se faz objeto o verdugo e dos distúrbios que ocorrem no paciente.

Pela sua variedade de síndromes, a obsessão permanece ainda pouco identificada entre os homens, e, devido à complexidade da psicoterapia desobsessiva, o recurso salvador se demora desconhecido, sem a conveniente e rápida aplicação.

No processo desobsessivo, o terapeuta, ou doutrinador, é o elemento-chave para o mister, por exigirem-se-lhe valores morais legítimos, conhecimento da alienação, trato psicológico para lidar com os elementos envolvidos na pugna, espírito de serviço e abnegação caridosa, que são hauridos no estudo do Espiritismo aplicado à vivência diária.

À medida que se desenvolvem as conquistas da inteligência e do sentimento na Terra, com o correspondente aprofundamento das causas dos males humanos se descobrirá a procedência deles, e a obsessão sairá das sombras em que se homizia para receber as clarinadas de luz do Evangelho, e os homens, conscientes das suas responsabilidades perante a vida, transitarão para o comportamento saudável, no qual o amor, o dever e o respeito a Deus, ao próximo e a si mesmo constituirão a psicoterapia preventiva às obsessões, enquanto que, diante das multidões de enfermos, a técnica da desobsessão representará o recurso terapêutico para que sejam liberados, portanto, consolados, conforme prometeu Jesus.

3.5.3 Mediunidade socorrista
(Obra: *Nos bastidores da obsessão*. 1. ed. FEB, p. 41-44 – Porta de luz.)

Imagine um dédalo em sombras, imensurável, hórrido, onde se demoram emanações morbíficas provenientes de células em disjunção; charco miasmático carregado de lodo instável, tendo por céu nimbos borrascosos sacudidos por descargas elétricas; paul sombrio que agasalha batráquios e ofídios, répteis e toda a fauna asquerosa; região varrida por ventos ululantes, longe da esperança, onde uma tênue e célere perspectiva de paz não tremeluz...

Considere-se relegado a esse labirinto nefando, longe de qualquer amparo, a mergulhar a mente em febre nos abismos do remorso que, fantasma incansável, assume proporções inimagináveis; sob o estrugir de recordações vigorosas das quais não se consegue furtar, ressumando erros propositais e casuais com que se distanciou da paz; malgrado necessite de esperança ou refazimento, de silêncio para meditar ou de uma aragem fresca para renovação, escute inerme outros companheiros de desdita em imprecações e lamentos, dominados pela própria sandice; onde a razão se fez sicário impiedoso, sem entranhas, e se encarrega, ela mesma, de justiçar com azorragues em forma de cilícios que lhe são involuntários; sem equilíbrio para uma evocação suave, um painel de ternura, amor ou prece...

A obsessão: instalação e cura

Avalie o significado de uma porta libertadora, que subitamente se abrisse, convidativa, banhada que fosse de fraca, mas significativa luz, através da qual, transposta a mínima distância entre você e ela, poderia ouvir consolo, chorar sem desespero, lenindo as próprias angústias, e repousar; além da qual doce canto embalante ciciasse uma melopeia conhecida ou uma *berceuse* reconfortante; após vencida, revisse paisagem esquecida e agradável e, dilatados os ouvidos, escutasse a pronúncia de um terno nome em relação a você: irmão! Depois do que roteiro e medicamento chegassem salvadores, inaugurando experiência feliz, transpassada a expiação inominável...

Você bendiria, certamente, mil vezes esse portal de acesso.

Tal região, não muito longe de nós, entre os desencarnados e os encarnados, são os vales purgatoriais para os que transpõem o umbral da morte narcotizados pela insânia e pelo crime.

Tal porta fascinante é a mediunidade socorrista de que você se encontra investido na tessitura física, ao alcance de um pouco de disciplina e abnegação.

Examinando quanto você gostaria de receber auxílio se ali estivesse, pense nos que lá estão e não demore mais em discussões inócuas ou em desculpismo injustificável.

Corra ao socorro deles, os nossos companheiros na dor, iludidos em si mesmos, e abra-lhes a porta de luz da oportunidade consoladora.

Mergulhe o pensamento nos exórdios do amor do Cristo e, mesmo sofrendo, atenda a *estes* que sofrem mais.

Não lhe perguntarão quem você é, donde vem, como se apresenta, pois não lhes importa; antes, sim, desejarão saber o que você tem em nome de Jesus para lhes dar. Compreenderão mais tarde a excelência da sua fé, o valor do seu devotamento, a expressão da sua bondade, a extensão das suas necessidades e também estenderão braços na direção do seu espírito.

Agora, necessitam de paz e libertação, e Jesus *precisa* de você para tal mister.

Não lhes atrase o socorro, nem demore sua doação. Possivelmente você já esteve ali antes, talvez seja necessário estagiar por lá...

Se você conceber que o seu esforço é muito, para ajudá-los, mentalize Jesus, transferindo-se dos Cimos da Vida para demorar-se no Vale de Sombras por vários anos e prosseguir até agora conosco...

O Espiritismo que lhe corrige a mediunidade em nome do Cristo – Espiritismo que lhe consola e esclarece – ensina-lhe que felicidade é moeda cujo sonido somente produz festa íntima quando retorna daquele a quem se oferece e vem na direção do doador.

Doando-se, em silêncio, longe dos que aplaudem faculdades mediúnicas, coloque suas possibilidades em benefício dos sofredores, nas sessões especializadas, e granjeará um crédito de bênçãos que lhe ensejará, também, liberdade e iluminação, à semelhança d'Aquele que, Médium do Pai, fez-se o doce irmão de nós todos milênios afora.

3.5.4 Alienação obsessiva e a missão do Espiritismo
(Obra: *Grilhões partidos*. 3. ed. LEAL, p. 7-10 – Grilhões partidos.)

No báratro das perturbações que inquietam o homem moderno, a alienação obsessiva ocupa lugar de relevo.

Estigmatizados por inenarráveis tormentos íntimos que procedem dos refolhos da alma, os obsidiados por Espíritos têm padecido lamentável abandono por parte dos respeitáveis estudiosos das ciências da mente, que, aferrados a vigoroso materialismo, negam drasticamente a interferência dos desencarnados – na condição de personalidades intrusas – na etiopatogenia de algumas enfermidades mentais.

Por outro lado, cristãos decididos, clarificados pela Fé Espírita, no afã de ajudar pelos múltiplos processos fluidoterápicos e da doutrinação, enquadram os alienados na sua quase generalidade como obsidiados, sem a indispensável atenção para com as enfermidades de caráter psiquiátrico.

Não são verdadeiros os postulados extremistas negativos dos primeiros, tampouco os exageros dos segundos.

Indubitavelmente, nas matrizes do processo evolutivo, cada um traz as *causas* que produzem as distonias e desarranjos físicos como psíquicos e simultaneamente.

Sendo a dor um processo de burilamento, o sofrimento decorre do mau uso perpetrado pelo ser em relação aos recursos múltiplos concedidos pelos Desígnios Superiores, que regem a vida em todas as suas manifestações, para a ascensão de cada um.

O homem está, porém, destinado à perfeição.

Todos os atrasos a que se impõe e desvarios a que se permite constituem-lhe impedimentos ao avanço, tornando-se elos retentivos na retaguarda.

Os Códigos Divinos estabelecem que somente pelo amor se pode haurir paz, colimar metas felizes.

De essência salutar, o amor é a base da vida, ao mesmo tempo a força que impele o ser para as realizações de enobrecimento.

Toda vez que as paixões vis o desgovernam, enlouquecem-no e dele fazem cárcere de sombra, de aflição demorada.

Por essa razão, ao lado das terapêuticas mais preciosas, o amor aos pacientes de qualquer enfermidade produz resultados insuspeitados.

Da mesma forma, enquanto se teime em perseverar na sistemática da revolta ou nos escabrosos sítios da ilusão que favorece o ódio, o ciúme, a mentira, a soberba, a concupiscência, a avareza, a mesquinhez – todos asseclas insidiosos que se locupletam na sanha nefasta do egoísmo –, a dor jungirá o faltoso ao carro da aflição reparadora e do ressarcimento impostergável.

Ninguém está em regime de exceção na Terra.

Desculpismo nenhum em face dos imperiosos compromissos para com a vida.

Em cada padecente se encontra um Espírito em prova redentora, convidando-nos à reflexão e à caridade.

❖

Na imensa mole humana dos que sofrem a loucura, conforme os cânones das classificações psiquiátricas, transita um sem-número de obsidiados que expungem faltas e crimes cometidos antes e não alcançados pela humana justiça na oportunidade...

São defraudadores dos dons da vida que retornam jungidos àqueles que infelicitaram, enganaram, abandonaram, mas dos quais não se conseguiram libertar...

Morreram, sim, porém não se aniquilaram. Trocaram de vestes, todavia, permaneceram os mesmos.

As conjunturas da Lei os surpreenderam onde se alojaram, e as imposições que criaram ligaram-nos, vítimas e algozes, credores e devedores, em graves processos de reparação compulsória.

Atados mentalmente aos gravames cometidos, construíram as algemas a que se aprisionam, em vinculação com os que supunham ter destruído...

Debatem-se presos nos mesmos elos, lutando em contínuo desgaste de vitalidade com que enlouquecem, até que as claridades do amor, do perdão – forças sublimes da vida – consigam partir as cadeias e libertá-los, facultando que se ajudem reciprocamente.

Enquanto o amor não se sobreponha ao ódio e o perdão à ofensa, marcharão em renhida luta, perseguindo e autoafligindo-se sem termo pelos dédalos de horror em que se brutalizam até a selvageria mais torpe...

❖

Muito maior do que se pode supor é o número dos obsidiados na Terra. Estão em soledade, em grupos e em coletividades inteiras...

Estes são dias graves para o destino do ser humano e da Humanidade.

Ao Espiritismo compete gigantesca missão: restaurar o Evangelho de Jesus para as criaturas, clarificar o pensamento filosófico da Humanidade e ajudar a Ciência, concitando-a ao estudo das causas nos recessos do Espírito antes que nos seus efeitos.

Consolador, cumpre-lhe não somente enxugar lágrimas e suores, mas erradicar em definitivo os fulcros do sofrimento onde se encontrem.

Não é de origem divina a dor, portanto, possui caráter transitório, com função específica e de fácil superação, desde que o homem se obstine em atingir as finalidades legítimas da existência.

No trato, portanto, com obsidiados e ante as obsessões, armemo-nos com os recursos do amor, a fim de que consigamos o êxito de ver os grilhões partidos e os Espíritos livres para os cometimentos da felicidade.

3.5.5 Em oração
(Obra: *Nos bastidores da obsessão*. 1. ed. FEB, p. 47-49.)

Senhor, ensina-nos a respeitar a força do direito alheio na estrada do nosso dever.

Ante as vicissitudes do caminho, recorda-nos de que no supremo sacrifício da Cruz, entre o escárnio da multidão e o desprezo da Lei, erigiste um monumento à Justiça, na grandeza do amor.

Ajuda-nos, assim, a esquecer todo o mal, cultivando a árvore generosa do perdão.

Estimula-nos à claridade do bem sem limites, para que o nosso entusiasmo na fé não seja igual a ligeiro meteoro riscando o céu de nossas esperanças, para apagar-se depois.

Concede-nos a felicidade ímpar de caminhar na trilha do auxílio, porque só aí, mediante o socorro aos nossos irmãos, aprendemos a cultivar a própria felicidade.

Tu, que nos ensinaste sem palavras no testemunho glorioso da crucificação, ajuda-nos a desculpar incessantemente, trabalhando dentro de nós mesmos pela transformação do nosso Espírito, na sucessão do tempo, dia a dia, noite a noite, a fim de que, lapidado, possamos apresentá-lo a Ti no termo da nossa jornada.

Ensina-nos a enxergar a Tua Ressurreição sublime, mas permite também que recordemos o suplício da Tua solidão, a coroa de espinhos, a cruz infamante e o silêncio tumular que a precederam, como lições incomparáveis para nós na hora do sofrimento, quando nos chegue.

Favorece-nos com a segurança da ascensão aos Altos Cimos, porém não nos deixes olvidar que, após a jornada silenciosa durante quarenta dias e quarenta noites, entre jejum e meditação, experimentaste a perturbação do mundo e dos homens, em tentações implacáveis que, naturalmente, atravessarão também nossos caminhos...

Dá-nos a certeza do Reino dos Céus, todavia não nos deixes esquecer que na Terra, por enquanto, não há lugar para os que te servem, tanto quanto não o houve para Ti mesmo, auxiliando-nos, entretanto, a viver no mundo até a conclusão da nossa tarefa redentora.

Ajuda-nos, Divino Companheiro, a pisar os espinhos sem reclamação, vencendo as dificuldades sem queixas, porque é vivendo nobremente que fazemos jus a uma desencarnação honrada como pórtico de uma ressurreição gloriosa.

Senhor Jesus, ensina-nos a perdoar, ajuda-nos a esquecer de todo o mal, para sermos dignos de Ti!

3.6 Grupo V – Novos ensinamentos do Espírito Manoel Philomeno de Miranda (2004 a 2015)

3.6.1   Parasitoses físicas
3.6.2   Induções hipnóticas obsessivas
3.6.3   As obsessões sutis e insidiosas
3.6.4   Transição planetária
3.6.5   Conflitos humanos e obsessões coletivas
3.6.6   O amor nunca põe limites
3.6.7   Diretrizes e alertas

3.6.1 Parasitoses físicas
(Obra: *Entre os dois mundos*. 6. ed. LEAL, p. 161.)

Embora o júbilo que a todos nos dominava, após as excelentes experiências de que participamos na clínica psiquiátrica, mantivemos silêncio e reflexão, durante o transcurso da jornada em direção do nosso campo de repouso, em face da quantidade de material para pensar.

A alienação mental, sob qualquer aspecto considerada, não deixa de ser áspera provação necessária ao restabelecimento da paz no Espírito rebelde.

A perda do raciocínio e a incapacidade de exercer o autocontrole geram no indivíduo situações calamitosas, desagradáveis, infelizes.

Se as pessoas saudáveis se permitissem visitar, periodicamente que fosse, alguma clínica psiquiátrica ou mesmo outras encarregadas de atender portadores de enfermidades degenerativas como *parkinson*, *alzheimer*, câncer, hanseníase, é muito provável que se dessem conta da vulnerabilidade do corpo físico e dos seus processos de desorganização, optando por diferente conduta mental e moral. Compreenderiam *de visu* que os males atormentadores procedem do Espírito, podendo ser evitados com muita facilidade, em cujo labor seriam aplicados todos os recursos que se multiplicariam em benesses compensadoras.

Ilhadas, porém, nas sensações mais imediatas, nem todas se encontram despertas para entender os reais objetivos da existência humana, optando pelo gozo incessante em vez da busca superior da felicidade.

Esse processo inevitável de conscientização acontecerá, sem dúvida, e para que logo chegue, todos devemos contribuir com os nossos melhores recursos, diminuindo as consequências lamentáveis da imprevidência moral e dos seus desregramentos que desbordam nos conflitos individuais e sociais...

Quando chegamos ao núcleo de renovação de forças, a noite havia descido sem preâmbulos, abençoada pelos ventos brandos que vinham do mar, carregados de energia balsâmica e restauradora.

O nosso orientador afastou-se por breve tempo, entrando em contato com outros responsáveis por diferentes grupos que confabulavam sobre as atividades desenvolvidas. Podia-se sentir-lhes a alegria resultante dos deveres nobremente cumpridos e das expectativas felizes em relação ao futuro.

Preferi mergulhar em profundas reflexões, acercando-me do oceano rico de mensagens de vida complexa, quase infinita, nas suas manifestações.

Não podia deixar de considerar a grandiosidade da Revelação Espírita, que enseja ao ser humano, na Terra, o conhecimento da realidade transcendente da vida, oferecendo-lhe seguras diretrizes para a conquista da harmonia e da plenitude.

Considerei, intimamente, a Sabedoria Divina que não tem pressa, deixando-se desvelar à medida que o ser adquire discernimento e responsabilidade para apreender o significado dessa dimensão incomum e seguir conscientemente, conquistando mais espaço mental e edificação moral.

Um misto de felicidade e nostalgia invadiu-me, estimulando-me a narrar aos companheiros da vilegiatura carnal as realizações do Mundo além da estrutura física, de forma que adquiram mais lucidez em torno da Imortalidade, preparando-se para os cometimentos que virão iniludivelmente.

Busquei, então, fixar mais os detalhes das conversações e das lições que nos eram ministradas, de forma que pudessem contribuir para o esclarecimento dos mais interessados na libertação dos vínculos retentores com a retaguarda do progresso espiritual.

Nesse ínterim, Germano acercou-se-me, e dialogamos em torno das ocorrências vivenciadas na clínica psiquiátrica, bem como a respeito dos processos de degenerescência mental, dos transtornos obsessivos perversos, agradecendo a Deus a ímpar felicidade que desfrutávamos por haver conhecido e adotado os ensinamentos espíritas que nos libertaram da ignorância.

O amigo Germano, que fora médico, consoante já referido, era hábil trabalhador espiritual, dedicado ao socorro a portadores de obsessões fisiológicas, aqueles que sofrem a impertinência do ódio dos adversários introjetado no organismo somático.

Ele informou-me como a incidência da mente cruel sobre os delicados tecidos orgânicos termina por afetá-los, desorganizando a mitose celular, produzindo distúrbios funcionais, qual ocorre nos aparelhos digestivo, cardiovascular e abrindo campo no sistema imunológico para a instalação das doenças.

— No início do processo — disse-me, bondoso —, a enfermidade é mais psíquica do que física, isto é, as sensações são absorvidas diretamente do Espírito doente, perispírito a perispírito, impregnando o corpo *hospedeiro* da parasitose até este incorporar a energia deletéria que o desgasta no campo vibratório, atingindo, a breve prazo, a organização fisiológica. O número de portadores de doenças orgânicas simulacro, conforme as denominamos, cuja procedência é obsessiva, não tem sido anotado, sendo muito maior do que pode parecer.

"Invariavelmente os cultores do intercâmbio espiritual e espiritistas, quase em geral, reportam-se às influências obsessivas de natureza mental e comportamental... O organismo físico, no entanto, é caixa de ressonância do que ocorre nos corpos espiritual e perispiritual. Da forma como sucede com a obsessão de natureza psíquica, quando prolongada, que termina por degenerar os neurônios, dando lugar à loucura convencional, o fenômeno orgânico obedece aos mesmos critérios.

"O que é válido numa área, também o é noutra.

"Indispensável que seja mantida muita atenção diante de afecções e infecções orgânicas, examinando-lhes a procedência no campo vibratório, no qual, não raro, encontramos mentes interessadas em desforços, muitas vezes, ignorando a operação destrutiva que vem realizando nos tecidos.

"Como sabemos, nem todo Espírito vingador conhece as técnicas de perseguição, mantendo-se imantado ao seu antigo desafeto, em face da Lei de afinidade vibratória, isto é, graças à semelhança de sentimentos e de moralidade, o que faculta a plena interação de um com o outro e intercâmbio de emoções de um no outro... Como as cargas mentais e emocionais transmitidas, mesmo que as desconhecendo, são constituídas de campos de ressentimento e de vingança, essa contínua onda vibratória nociva é assimilada pelo ser energético, que passa a mesclá-la com as suas próprias, gerando desconforto e disfunção nos equipamentos que sustenta. Iniciando-se a desconectação do fluxo de energia emitida pelo Espírito encarnado, em face da intromissão daquelas morbosas, as defesas imunológicas diminuem, abrindo campo para a instalação de invasores microbianos degenerativos. As doenças aparecerão logo depois. Toda terapia antibactericida, portanto, que objetive apenas os efeitos dessa ocorrência, irá combater somente os invasores microbianos, não reequilibrando o campo organizador biológico, cuja sede é o perispírito, que se encontra afetado pelo agente espiritual desencarnado.

"Nunca será demasiado repetir que, em qualquer processo de enfermidade e disfunção fisiológica ou psicológica do ser humano, o doente é o Espírito, convidado à reparação dos erros cometidos, responsáveis que são pelas tormentas orgânicas de que ele se torna vítima."

Ele calou-se, por um pouco, e eu considerei:

— Embora não me fosse desconhecida a ocorrência, esse tipo de obsessão fisiológica, não poderia imaginar que apresentasse uma estatística tão expressiva conforme o amigo me relata.

— O irmão Miranda sabe que os elementos constitutivos do perispírito são de energia muito específica, ainda não havendo sido classificada pelos estudiosos da Física Quântica. Pensam, muitos especialistas de nosso Plano, que ele seria constituído por átomos muito sutis ionizados ou por partículas semelhantes aos neutrinos ainda mais tênues e velozes do que aqueles que foram detectados nos formidandos laboratórios terrestres, nada obstante, prefiro, pessoalmente, a definição do preclaro codificador, quando se refere a um envoltório semimaterial,[13] portanto, em termos muito simples, resultado de uma energia semimaterial, de um campo específico. A sua irradiação contínua impregna a organização física dos seus conteúdos, que são resultantes dos atos que procedem do ser pensante (o Espírito imortal). Essa maravilhosa estrutura energética pode ser penetrada por outras, dependendo dos valores morais do ser espiritual que a acolhe, de acordo com a afinidade de constituição. Quando é superior, torna-se mais vibrante e resistente, gerando valores positivos no organismo; sendo de procedência inferior, termina por tornar-se cediça e frágil, apresentando lesões que se refletem como distúrbio equivalente no mundo das formas. Fôrma energética do corpo somático, tudo aquilo que lhe ocorre na organização, será refletido na forma.

---

13. *O Livro dos Espíritos*, de Allan Kardec, Introdução, Item VI, 76. edição da FEB (nota da editora).

"Eis por que, toda e qualquer terapêutica direcionada a doenças deve sempre considerar o ser humano total, não apenas como o corpo ou como o corpo e a mente (Espírito), mas como Espírito, perispírito e corpo. Quando isso ocorrer, e não estão longe os dias da sua aceitação, o binômio saúde/doença estará recebendo muito melhor contribuição do que aquela que lhe tem sido direcionada até estes dias."

– Compreendo, sim – aduzi-lhe aos comentários –, a realidade do enfoque apresentado pelo caro amigo, porque muitos cancerologistas, cardiologistas e outros profissionais da saúde de ambos os Planos da vida, são unânimes em afirmar que transtornos psicológicos, raiva e ressentimento, ciúme e inveja, isto é, todos esses fatores de perturbação emocional, refletem-se na área da saúde, dando surgimento a patologias graves, como algumas das que dizem respeito às suas especialidades.

"Por outro lado, verificamos amiúde, os casos de problemas orgânicos derivados dos conflitos, particularmente do aparelho digestivo, cardíaco, por somatização. Se a mente pessoal gera esses fenômenos perturbadores, sob ação de outras mentes mais vigorosas, ainda sob a cruz dos conflitos originados na conduta extravagante do passado, é claro que os efeitos danosos são muito mais fortes, favorecendo o surgimento de doenças mais graves, produzidas pelos agentes microbianos de destruição dos tecidos.

"Em assim sendo, qual a melhor terapia para ser aplicada?"

– Indiscutivelmente – redarguiu –, a do Evangelho, isto é, a da transformação moral do paciente, que é a sua parte fundamental, e a nossa contribuição em relação a ele, a fluidoterápica, a fim de afastar o agente desencadeador do problema, a sua conveniente doutrinação, a compaixão e misericórdia para com ele, sem nenhuma diferença daquela que seria aplicada nos transtornos obsessivos mentais e comportamentais.

"Pelo pensamento, cada um de nós elege a companhia espiritual que melhor nos apraz.

"Na larga experiência de lidar com obsessos físicos, tenho aprendido que é a mente o grande agente fomentador de vida, como de destruição dos seus elementos constitutivos. Afinal, o que criou e rege o Universo é a Mente Divina, na qual tudo se encontra imerso. A mente humana, nos seus limites, produz a constelação de ocorrências próximas à sua fonte emissora de energia, sempre em sintonia com a qualidade de vibrações exteriorizadas.

"Pensar bem, portanto, já não tem sentido apenas ético ou religioso, mas uma abrangência muito maior que é o psicoterapêutico preventivo e curador."

Sorrimos, jovialmente, e levantamo-nos, seguindo em direção à sala onde receberíamos as instruções para o próximo labor.

Eu sentia-me edificado e feliz.

3.6.2 Induções hipnóticas obsessivas
(Obra: *Reencontro com a vida*. 1. ed. LEAL, p. 19.)

Ante os processos psicopatológicos que aturdem o ser humano, de forma alguma se podem eliminar os preponderantes fatores cerebrais, especialmente aqueles que afetam os neurotransmissores, facultando a instalação de distúrbios psíquicos de variada catalogação.

Concomitantemente, a terapia especializada que visa a regularizar a produção de moléculas neuroniais, não obstante consiga alcançar os resultados programados, é insuficiente para o completo restabelecimento da saúde mental, noológica e comportamental do indivíduo.

Isto porque, na psicogênese desses processos encontra-se o Espírito, como ser imortal que é, em recuperação de delitos morais perpetrados em existências passadas, que ora lhe cumpre alcançar.

Herdeiro das atitudes desenvolvidas no curso das experiências carnais anteriores, o ser elabora a maquinaria orgânica de que necessita para o desenvolvimento dos compromissos da própria evolução.

Assim sendo, ao iniciar-se o processo da reencarnação, imprime, nos códigos genéticos, as deficiências defluentes da irresponsabilidade, que se apresentarão no futuro, em momento próprio, como descompensação nervosa, carência ou excesso de moléculas neurônicas (neuropeptídeos) responsáveis pelos correspondentes transtornos psicológicos ou de outra natureza.

Além deles, as vítimas espoliadas que a morte não consumiu e nem lhes tirou a individualidade, ao identificar aqueles que as infelicitaram, em razão da afinidade vibratória – campo de emoções dilaceradas – são atraídas, e a irradiação inferior do ódio ou do ressentimento, da ira ou da vingança permeia o perispírito do seu antigo algoz, produzindo-lhe inarmonia vibratória, que resulta em perturbação dos sistemas nervosos central e endocrínico, abrindo espaço para a consumação dos funestos planos de vindita.

Simultaneamente, são direcionadas à mente do *hospedeiro físico* induções hipnóticas carregadas de pessimismo e de desconfiança, de inquietação e de mal-estar, que estabelecerão as matrizes de futuras graves obsessões.

Instalada a ideia perturbadora, e a hipnose contínua descarrega ondas mentais nefastas que se mesclam com as do paciente, confundindo-o, desestruturando-o, até o momento em que perde a própria idEntidade, terminando por ceder área mental ao invasor, que passa a dirigir-lhe o pensamento, a conduta, a existência.

Sob essa nefanda vibração monoideísta, as delicadas células neuroniais captam a energia magnética que as invade, alterando-lhes a produção das moléculas mantenedoras do equilíbrio.

Submetidos aos tratamentos especializados, mas não afastados os agentes parafísicos promotores da desordem vibratória, tendem a permanecer insanos, mesmo que temporariamente experimentem melhoras no quadro enfermiço, tornando-se crônico o distúrbio.

Somente quando houver uma alteração do comportamento mental e moral do enfermo, direcionado para o amor, para o bem, conseguindo sensibilizar aqueles que estejam na condição de perseguidores, é que ocorrerá a recuperação que os medicamentos auxiliam na reorganização dos equipamentos cerebrais.

Porque se trate de esforço de alta magnitude, a maioria dos doentes, além de estar aturdida pela *consciência de culpa*, embora sem identificar a causa, raramente se dispõe a esse magno empenho que, por outro lado, atrairia a atenção e o concurso edificante dos bons Espíritos que iriam trabalhar para que fossem neutralizadas e mesmo eliminadas as energias deletérias absorvidas do *hóspede* indesejado.

A reencarnação é oportunidade de incomparável significado para o Espírito que delinquiu, que se evade da responsabilidade, que se anestesia no prazer ou se homizia na inutilidade.

O conhecimento dos objetivos existenciais do ponto de vista espiritual, constitui recurso valioso e educativo para o reequilíbrio e a identificação com a Consciência Cósmica libertadora.

Sucede, no entanto, que a indolência mental e a rebeldia moral, o pessimismo e o ressentimento, facilmente se instalam no pensamento e na conduta humanos, dificultando a aquisição real da saúde mental e física.

Por isso, a hipnose espiritual obsessiva arrasta multidões de pacientes voluntários aos porões da depressão, do distúrbio do pânico, da cleptomania, do exibicionismo, dos transtornos compulsivos, da esquizofrenia, ou produz mutilados emocionais, hebetados mentais, sonâmbulos espirituais em triste espetáculo no proscênio terrestre, que ascende com as conquistas da Ciência e da Tecnologia, mas se demora nos pauis das paixões morais asselvajadas e das alucinações do insensato e perverso comportamento humano.

É muito maior o número de hipnotizados espirituais do que se pode imaginar.

Deambulam de um para outro lado, transitam quase sem rumo entre esculápios e psicoterapeutas, na busca de soluções químicas ou mágicas, sem o esforço moral em favor de uma introspecção profunda, para se poderem autolibertar ou serem liberados...

Aos bandos, homens e mulheres, vitimados por induções hipnóticas impiedosas, atiram-se nas loucuras das drogas químicas e degenerativas, nas frustrações excêntricas, na violência quase insuportável, desejando fugir, sem identificarem a força mental que os vilipendia, consumindo-os e asselvajando-os.

Jesus, para esses insensatos, prossegue sendo uma figura mítica, como inspirador de novas bacantes, que alguns desses telementalizados por diversas dessas modernas *Fúrias*, usam para atrair incautos, divertidos irresponsáveis e buscadores incessantes de novos prazeres...

A humildade, o amor, o perdão, a caridade tornam-se para tais aficionados da coletiva obsessão, expressões de impacto verbal e sem sentido para a ação real, não poucas vezes, levadas ao ridículo.

Torna-se urgente uma releitura do Evangelho de Jesus e a sua imediata aplicação como terapêutica valiosa para reverter a paisagem sofrida e triste da Humanidade contemporânea.

Ao tentá-lo, uma outra forma de hipnose se apresentará: aquela fomentada pelos Mensageiros da Luz, induzindo as criaturas ao Bem, à paz, à felicidade.

Há permanente intercâmbio psíquico entre os seres humanos e os Espíritos, cada qual, porém, sintonizando na faixa correspondente às aspirações cultivadas e aos sentimentos mantidos.

3.6.3 As obsessões sutis e insidiosas
(Obra: *Transtornos psiquiátricos e obsessivos*. 2. ed. LEAL, p. 117.)

A sala onde, a partir de agora, iriam realizar-se as atividades socorristas de desobsessão, em face de ser um recinto, no qual os pacientes anteriormente recebiam os esclarecimentos espirituais e se beneficiavam com os passes fluídicos, ministrados pelos dedicados seareiros da caridade, irradiava suave luz que se alongava pelos corredores do pavilhão, no qual se encontrava instalada.

Espíritos afetuosamente ligados aos internados acorriam àquele recinto formoso para rogar, em oração, benefícios em favor da sua recuperação.

É certo que qualquer lugar onde se enuncia o nome de Deus e n'Ele se pensa logo se transforma em santuário.

Jamais um apelo da Terra é desconsiderado pelo Céu. Mecanismos sutis e de delicada engrenagem encarregam-se desse sublime intercâmbio, através das ondas de energia que preenchem todo o espaço, em variedade quase infinita, demonstrando que o amor está presente em tudo e vitaliza a todos que se lhe façam permeáveis.

Logo mais, em razão da ampliação dos serviços, com a presença de técnicos espirituais em socorros desobsessivos, que embora os houvesse antes, mais operacionalidade teria lugar no recinto, que se iria transformar em posto avançado de atendimento especial.

Amanhecia, quando Petitinga, Dr. Juliano e nós, afastamo-nos do pavilhão, dirigindo-nos a uma bela praça arborizada no centro da cidade.

A pujança de luz do Sol vencia lentamente as sombras que fugiam colorindo-se, enquanto a passarada em sinfonia fascinante bendizia a Natureza em festa.

Raros veículos e transeuntes movimentavam-se àquela hora, e o ar apresentava-se levemente perfumado.

Espíritos ociosos e vadios, viciados e em desalinho emocional, transitavam de um para outro lado, como se ainda estivessem vestindo a indumentária carnal, sem perceber-nos a presença na agradável pérgula adornada de rosas vermelhas que se abriam à luz em vitória crescente onde nos encontrávamos...

Percebi que a grande maioria era constituída de antigos residentes do lugar, que ainda não se haviam dado conta do fenômeno da desencarnação, apegados aos velhos hábitos que mantiveram durante a existência. De quando em quando, podíamos identificar também *rastros de luz* cortando o ar na direção do Alto, deixados por nobres mensageiros, quer encarnados ou não, que se afastavam das residências onde ali estiveram durante a noite...

Nesse clima de suave renovação, Dr. Juliano, ainda impressionado com o que tivera oportunidade de acompanhar, esclareceu:

— A esquizofrenia, por exemplo, sempre me despertou um grande interesse. Na minha visão unicista da vida, delegava à genética a quase total responsabilidade pela então enfermidade mental, que também se apresentava como decorrência de doenças letais ou de recuperação difícil, do alcoolismo, das drogas, tornando-se-me difícil entender esse mecanismo. Reduzia toda a responsabilidade ao acaso que elegia uns, mais infelizes do que outros, para cercear-lhes a felicidade, interessando-me em encontrar procedimentos hábeis para diminuir-lhes os padecimentos ou, quem sabe, liberá-los totalmente deles. Fascinado pelas descobertas do Dr. Emil Kraepelin, nos seus estudos em torno da melancolia, hoje conhecida como depressão, passei a interessar-me pelos fatores psicológicos que a desencadeavam. Igualmente interessado pela incomparável contribuição do Dr. Eugen Bleuler, o eminente psiquiatra suíço que denominou a *dementia praecox* como esquizofrenia, aprofundei os estudos nas causas endógenas a que ele se referia para entender essa terrível doença mental que ataca o ser humano em todas as idades, mas de preferência entre os 15 e 25 anos, quando a vida começa a florescer no corpo. As alterações de pensamento, as alucinações e delírios, a falta de discernimento, a ausência de interesse social, o abandono de si mesmo ou a agressividade, acabrunhavam-me, e envidei os melhores esforços para contribuir em favor da recuperação das suas vítimas.

Hoje, com a visão das causas profundas, compreendo a justeza das Divinas Leis que alcançam os infratores conforme o estágio moral em que se encontram. Ninguém defrauda a vida inutilmente, sem deixar de ser alcançado pelo desencadeamento dos males que se permitiu. É natural, portanto, que as denominadas *causas atuais*, nada mais sejam que efeitos daqueles desastres que cada qual se permitiu. Atualmente reconhecida, não mais como uma doença mental, mas como um conjunto de patologias diversas, é um látego aplicado à consciência leviana, a fim de reajustá-la aos Códigos Superiores.

Felizmente, a Farmacologia conseguiu sintetizar diversas substâncias que mantêm o paciente em parcial equilíbrio, permitindo-lhe uma vida social relativamente normal, desde que permaneça em tratamento cuidadoso. Nessa ocasião, o discernimento pode induzi-lo à renovação moral, à mudança de comportamento, que lhe trarão benefícios muito maiores, reduzindo a intensidade da *doença* em face da melhora espiritual do *doente*. Mediante a visão espiritista, no entanto, modifica-se totalmente o conhecimento em torno desse terrível transtorno psicótico, que toma conta de 1% da população terrestre. Podemos incluir nessa taxa os casos tipicamente obsessivos, muito difíceis de separá-los daqueles considerados clássicos, pela razão da semelhança de sintomas com que se manifestam.

Deduzo que o perseguidor desencarnado, reencontrando aquele que o infelicitou, acerca-se-lhe e, pela Lei de Afinidade – débito-crédito –, emitindo as ondas do sentimento rancoroso, alcança e sincroniza com as *matrizes* morais do endividado, como verdadeiros *plugues* que se lhe fixam, utilizando-me da linguagem recentemente aprendida, passando este último a experimentar o pensamento invasor, que lentamente o aliena, por desequilibrar as sinapses neuronais, o sistema nervoso central e algumas glândulas de secreção endócrina... Ao largo do tempo, o que era apenas uma influência perniciosa destrambelha a harmonia das comunicações mentais, transformando-se na decantada loucura...

Quando silenciou, demonstrando o entusiasmo pelo que houvera visto e acompanhara, Petitinga completou:

– A reencarnação é a luz que aclara o entendimento lógico em torno dos incontáveis quesitos afligentes da existência humana. Demonstrando que cada Espírito é autor de suas conquistas e desgraças, faculta a reabilitação de quem erra e estimula o progresso de quem acerta através dos mesmos processos pedagógicos do amor e do trabalho.

Chama-me a atenção, porém, na atualidade, a alta estatística de portadores do *mal de Alzheimer*, padecendo de lamentável degeneração neuronal, em processo expiatório aflitivo para eles mesmos e para os familiares, nem sempre preparados para essa injunção dolorosa. Incompreendido o processo degenerativo, a irritação e a revolta tomam conta da família que maltrata o enfermo, quando este necessita de mais carinho, em face do processo irreversível. A segurança dos diagnósticos já contribui para que, no início, se possa atenuar e retardar os efeitos progressivos dessa demência assustadora. Sem dúvida, trata-se de um veículo expiatório para o paciente e o seu grupo familiar. Embora a gravidade de que se reveste essa degenerescência, adversários desencarnados pioram o quadro, afligindo a vítima em tormentosos processos de agressão Espírito a Espírito, em razão de o paciente encontrar-se em parcial desdobramento, pela impossibilidade de utilizar-se do cérebro, então alucinando-o pelo medo que alcança as vascas do terror...

– Ignorava que, nessa demência, também pudessem ocorrer influências nefastas – referiu-se o psiquiatra baiano.

– Sem dúvida que, em todos os processos de resgate espiritual – continuou Petitinga –, sempre existem dois envolvidos, e aquele que foi vítima sempre aproveita de qualquer oportunidade, sem compaixão, para desforrar-se de quem o prejudicou. A obsessão, por isso mesmo, é mais volumosa e sutil do que se conhece, mesmo nos estudos espiritistas atuais, porquanto, nem todos os quadros podem ser percebidos exteriormente, sendo muito comuns nos estágios do coma, da morte aparente, das degenerações cerebrais...

— Recordo-me de quando Alois Alzheimer — referiu-se o psiquiatra — estudou uma paciente, a senhora Augusta D., portadora de um tipo de degenerescência mental e nela encontrou os elementos cerebrais de estruturação dos seus alicerces para o conhecimento da enfermidade que posteriormente lhe recebeu o nome, em homenagem ao seu trabalho extraordinário, ainda mais se considerando o atraso da pesquisa óptica através dos microscópios, que ele conseguiu de forma exaustiva nas suas longas necropsias. Desencarnando a paciente, embora o diagnóstico estabelecido, foi constatado que ela falecera de outro tipo de enfermidade, mas abrira o caminho para o conhecimento desse flagelo neurodegenerativo. Foi ele quem descreveu, por primeira vez, em 1906, o que sucede com os *novelos neurofibrilares*, que são as modificações intracelulares que se apresentam no citoplasma dos neurônios, complicando diversos departamentos cerebrais.

Como efeito desse processo, os pacientes têm afetada inicialmente a memória, sofrem distúrbios cognitivos, especialmente aqueles que respondem pela fala, pela capacidade de concentração, ampliando-se o desequilíbrio no raciocínio, na perda da orientação espacial, da habilidade para calcular, enfim, dos processos normais de lógica e de comportamento...

Anteriormente ignorada, a enfermidade era tratada como um estado de demência progressiva, sem possibilidade de reversão. Ainda hoje continua sem grande esperança de cura, em face dos danos graves produzidos ao cérebro, que se atrofia expressivamente, mas que, detectada precocemente, pode ter diminuídos os efeitos desastrosos... Então constato que, em se tratando de uma expiação, num processo terminal, não tem como ser estacionada, e menos, recuperada. O curioso, nesse quadro, é a hereditariedade, que exerce um papel fundamental na sua manifestação, comprovando que esses pacientes são Espíritos incursos em delitos idênticos e praticados juntos, não lhe parece? Pesquisadores atenciosos identificaram uma base hereditária através da descoberta de um marcador genético no cromossoma 21 em determinado grupo familiar, enquanto que, noutro, a evidência induz à ação do cromossoma 19...

– Exatamente – concluiu Petitinga. – Graças a essa ocorrência infeliz, os Espíritos acumpliciados retornam no mesmo grupo biológico, a fim de encontrarem os fatores predisponentes e preponderantes para a ação do perispírito na elaboração do corpo que propiciará o aparecimento da enfermidade moralizadora do endividado. Aquele, porém, que não consegue a dádiva da reencarnação, permanece na Erraticidade em aflição, vinculando-se ao antagonista quando as circunstâncias se fazem propiciatórias.

As obsessões sutis são muito graves, porque passam quase despercebidas e, quando são anotadas, ei-las já enraizadas nos departamentos mentais e emocionais das suas vítimas.

Silenciou, um pouco, como que ordenando o raciocínio, e prosseguiu:

– Em face dessas degenerações, o parkinsonismo, cujas raízes profundas estão no Espírito endividado, ao manifestar-se, enseja também a vinculação morbígena com os adversários vigilantes que lhe pioram o quadro, ensejando, desse modo, a recuperação moral do enfermo...

Eis, portanto, como se inicia o tormento obsessivo que nem sempre culmina com a desencarnação do paciente.

– Assim considerando, a questão em torno das obsessões é muito grave – adiu o Dr. Juliano. – Conforme dados estatísticos confiáveis, a população de portadores da doença de Parkinson na Terra alcança na atualidade 1% das pessoas de mais de 50 anos, o que não deixa de ser quase alarmante. Surgem os primeiros sinais em forma de leves tremores que se tornam mais graves, aumentando progressivamente e consumindo a vítima. Graças à identificação dos neuropeptídeos, a dopamina especialmente, produzida na região denominada *substantia nigra,* no cérebro, que é encarregada de conduzir as correntes nervosas por todo o corpo, responde por essa cruel problemática da área da saúde. A sua ausência causa o desequilíbrio neurotransmissor, afetando os movimentos e dando lugar a outros distúrbios orgânicos sempre graves, porque irreversíveis.

– Como se encaixa aí a vinculação obsessiva?

Petitinga refletiu calmamente, e respondeu:

– Algumas vezes, desde o berço, os litigantes permanecem mais ou menos vinculados psiquicamente. Aquele que reencarnou sofre a presença doentia do inimigo que o aflige, levando-o a uma infância atormentada, hiperativa ou molesta. Através dos anos, o sitiante aguarda que ocorra algum fator orgânico que lhe proporcione o desforço, instalando o seu pensamento nos delicados tecidos mentais, passando a desestabilizar as sinapses e a gerar perturbações nos diferentes sistemas nervosos: simpático, parassimpático, voluntário e central... Lentamente têm início os distúrbios em relação à vida vegetativa, à pressão arterial, aos fenômenos respiratórios, facultando a instalação de doenças orgânicas.

Nos processos degenerativos parkinsonianos, esse procedimento vibratório mais inibe a produção de dopamina e afeta igualmente as musculaturas vinculadas ao sistema nervoso autônomo, dando lugar à perda de equilíbrio. Compreendemos, porém, que nem todos os casos tenham influenciação obsessiva, porque há muitos Espíritos em recuperação dos seus delitos, mas portadores de outros valores que os resguardam da interferência malsã dos inimigos desencarnados.

Quando os investigadores científicos puderem dedicar maior atenção às pesquisas parapsíquicas, especialmente aquelas de natureza mediúnica – pois que, na base da ocorrência, sempre se está diante de um fenômeno mediúnico de longo porte –, serão encontradas respostas para muitas incógnitas defrontadas nas terapêuticas aplicadas às enfermidades. Em alguns pacientes – não obsidiados – os resultados são surpreendentes, enquanto que noutros – os obsidiados – os efeitos são quase nulos, quando não apresentam sequelas, às vezes, injustificáveis, que são decorrentes dos fluidos doentios emitidos pelo agressor e assimilados pelas delicadíssimas engrenagens nervosas.

Após o silêncio natural, dando-nos conta de que as horas avançavam, resolvemos pelo retorno à clínica, onde nos aguardavam as atividades sob a direção do Dr. Ignácio Ferreira.

O dia estuava de luz, e, em lá chegando, encontramos o caro amigo na sala de repouso que nos fora reservada, acompanhado pelos demais membros do compromisso espiritual.

Com bonomia e bem-humorado, recebeu-nos, explicando que iríamos acompanhar um paciente que logo deveria ser internado, procedente de uma cidade próxima. Ele fora informado da problemática por devotado cooperador da Casa.

Ato contínuo, acercamo-nos da recepção da clínica, e vimos chegar uma ambulância que trazia um senhor praticamente hebetado, com aproximados quarenta anos de idade, em deplorável estado de desgaste orgânico. Visivelmente vencido pelo medicamento que lhe fora aplicado, observei-lhe as companhias perversas que se nutriam das parcas energias de que era portador. Deduzia-se que se encontrava dominado por pertinaz obsessão de efeitos devastadores e de demorado curso...

Após os procedimentos formais, foi levado a uma enfermaria onde se alojavam mais outros três pacientes quase dementados, onde ficou instalado.

Algum tempo depois, com o prontuário em mãos, um jovem psiquiatra acercou-se-lhe, para uma avaliação, não ocultando a preocupação que se lhe estampou no semblante. O enfermo era um cocainômano inveterado, que ali estivera anteriormente em processo de *desencharcamento*, de modo que pudesse ter uma sobrevida maior, caso se resolvesse pela libertação do vício, o que se constatava não haver conseguido.

O especialista fez as anotações competentes ao seu atendimento, deixando-o sob a vigilância e os cuidados da enfermagem.

Enquanto isso, Dr. Ignácio auscultou-o com cuidado e, solicitando a ajuda de Petitinga, para que lhe aplicasse passes dispersivos, a fim de desligar parcialmente o Espírito atoleimado, facultando-lhe melhor exame da ocorrência em profundidade.

Silenciosos, em atitude de prece, acompanhamos o trabalho de socorro em processamento, vendo o paciente deslocar-se do corpo que entrou em pesado torpor. Simultaneamente acompanhamos a algazarra dos vingadores que se comprazian em atormentá-lo através de doestos que não eram escutados e das gargalhadas de mofa em relação a qualquer possibilidade de refazimento orgânico para ele.

Nesse momento, adentrou-se nosso irmão *justiceiro*, que vinha informar-se a respeito do novo paciente, no que foi atendido por um dos perseguidores do recém-chegado. Embora o seu fastígio e arrogância, não nos pôde ver, assumindo a ridícula postura de representante da organização de justiça local, como fez questão de enfatizar.

Pudemos observar que o Dr. Ignácio, sem preocupar-se com a presença do indigitado obsessor, deteve-se na análise do Espírito em atendimento, apontando os fulcros energéticos nos quais se instalavam algumas *matrizes* psíquicas deletérias, que serviam de vinculação entre ele e os seus exploradores.

Convidando a querida senhora Modesto, pediu-lhe que aplicasse a mão direita sobre o *chakra cerebral* do paciente e que procurasse identificar as causas do problema inscritas nos recessos do inconsciente profundo através da ação plástica do perispírito.

Não se fazendo de rogada, a dedicada médium acercou-se, e profundamente concentrada, tocou a região indicada, proporcionando que a mesma se abrisse em pouco tempo, desvelando sucessivos cenários de ocorrências arquivadas que nos surpreenderam.

Com voz pausada, Dr. Ignácio esclareceu que o enfermo trazia escrita a história dos seus crimes na memória do passado, de cujos acontecimentos resultara o desequilíbrio que agora enfrentava.

— Nosso irmão — enunciou, sereno — aqui esteve reencarnado, nesta região, em dias não muito distantes do desenvolvimento agrário destas terras. Europeu de nascimento, fez parte de uma grande migração que se instalou neste Estado, trabalhando com afinco e amealhando sólida fortuna. Inescrupuloso e venal, passou a explorar outros compatriotas, que também anelavam por independência econômica, escravizando-os praticamente em trabalhos exaustivos e degradantes. Tornados seus colonos, muitas das famílias que trabalhavam para ele sofreram o guante terrível das suas perversões e desvarios sexuais, infelicitando jovens indefensas que eram posteriormente entregues ao comércio carnal na cidade, nas cercanias ou na capital, graças a sequazes mantidos a seu soldo. Os anos transcorreram enganosos para ele e terríveis para as suas vítimas até que a morte a todos arrebatou.

O seu despertar no Além foi terrífico, pois que, de imediato, defrontou o grande número de vítimas que providenciaram severas punições em redutos infames de ódio e torpeza moral, onde esteve por mais de vinte anos. Graças à interferência da mãezinha, foi recambiado à reencarnação, voltando aos mesmos sítios, como herdeiro de si mesmo, a fim de recuperar-se dos muitos males praticados...

A consciência de culpa afligiu-o desde a infância e as vinculações com as vítimas que não puderam ser impedidas, em face da Lei de Afinidades vibratórias, facultaram o ensejo de atormentá-lo, desde cedo, fazendo-o reviver as cenas hediondas do presídio na Erraticidade inferior onde esteve em punição, enquanto o sítio do ódio aturdia-lhe o pensamento. Na adolescência atormentada, descobriu-se com incapacidade para o uso do sexo, que o atirou em depressão profunda, quando começou o uso de alcoólicos, de cocaína... Os estudos não puderam oferecer-lhe um título universitário apesar dos esforços dos genitores atuais, que terminaram por sucumbir de angústia à morte, pelos disparates e escândalos perpetrados pelo quase alienado...

Recolhido anteriormente a este nosocômio, depois de conveniente atendimento especializado e abstinência das drogas, apresentou melhoras não muito significativas que o levaram de volta ao lar, onde, passado pouco tempo, voltou à lamentável dependência da droga...

O seu conflito mais grave é na área sexual, assinalada pelos abusos e crimes praticados anteriormente. A impotência fisiológica é resultado do desgaste perverso da sagrada função procriativa, de que se beneficiou na extravagância e na hediondez da sua prática.

Sentindo-se poderoso, porque jovem, formoso e rico, não podendo dar vazão aos impulsos malcontidos do organismo, debate-se no desespero, açodado pelos inimigos que o estimulam e lhe pioram o quadro através de pensamentos libidinosos e desestruturadores... Ei-lo, então, com os problemas derivados do comportamento mórbido, açulado pelo ódio das suas vítimas...

Nesse momento, nobre Espírito em vestes femininas adentrou-se na enfermaria e logo percebemos tratar-se daquela que lhe fora mãe nos dias anteriores à atual existência, e que intercedia por ele, o filho alucinado e infeliz.

Saudou-nos com delicado sorriso e agradeceu ao Dr. Ignácio a síntese biográfica apresentada, que confirmou, entristecendo-se.

Dona Modesto retirou a destra da fronte do paciente e desapareceram os quadros que ali podíamos observar, como se fossem impressos num pequenino *écran* de televisão.

Com a ternura habitual às mães, explicou:

— Anselmo é Espírito muito querido, que o tempo vem trabalhando sem que se operem os resultados positivos almejados. Enrijecido pelos hábitos doentios, não tem conseguido realizar a necessária mudança de comportamento mental, a fim de ajustar-se aos programas iluminativos que estão ao seu alcance. Aqueles que o amamos, temos investido um expressivo cabedal de afeto e paciência, que ele não tem conseguido absorver, transformando em conquistas libertadoras das paixões que o encarceram na ignorância e na crueldade. Em face do processo longo de alucinações cometidas, aqui chega hoje em deplorável estado de aflição, para mergulhar em recurso expiatório irreversível, nesta existência, como delineamento para as experiências do futuro...

Muito agradecemos a cooperação dos queridos amigos que se dispõem ao misericordioso concurso terapêutico. Nas minhas rogativas ao Divino Médico, havia suplicado para o querido infrator mais uma oportunidade, e eis que a resposta celeste chega em forma de compaixão e apoio.

Dr. Ignácio, que estava informado da problemática, acercou-se-lhe, e gentilmente anuiu, complementando:

– Quando recebemos o seu prontuário espiritual e observamos a gravidade do seu problema, procuramos penetrar-lhe as causas profundas da alienação, detectando o transtorno de conduta que se tem permitido.

Pelo que nos foi possível observar, é muito grave a sua atual situação. Isto porque, entre as várias entidades espirituais que o odeiam, uma delas localiza-lhe a concentração mental no aparelho genésico, agravando a perturbação funcional de que é objeto. Concomitantemente, outro inimigo insidioso domina-lhe o centro da vontade mediante contínua indução ao consumo da droga perversa. Como consequência, a arritmia cardíaca denuncia grave conjuntura no órgão, visivelmente afetado pela ação química da substância longamente absorvida.

– Acredito que o filho querido – assinalou a dama espiritual – deverá retornar dentro de algumas horas. A minha preocupação é com o prosseguimento do seu martírio obsessivo, desde que as vinculações com os adversários são muito poderosas. Assim pensando, venho interceder junto ao dedicado psiquiatra, no sentido de impedir o seu arrastamento pelos inimigos a alguma região inferior ou, por sua vez, permanecer em deperecimento de energias absorvidas pelos seus atuais verdugos.

Ela silenciou, por brevíssimo instante, logo aduzindo:

– As suas têm sido dores morais muito profundas, que o levaram à fuga espetacular pela drogadição e pela obsessão... Não dispôs, na sua angústia, de tempo mental para a reflexão, martirizando-se com a culpa inconsciente instalada nos refolhos da alma, sem valor espiritual para o enfrentamento. É uma existência talada em pleno desenvolvimento. O seu retorno ao Grande Lar faz-se inadiável, a fim de que não mergulhe no abismo do suicídio conforme planejam os seus adversários.

Dr. Ignácio reflexionou um pouco, e expôs:

— Poderemos induzi-lo a um longo sono, qual se fora um coma de longo porte, preparando-o para o desprendimento espiritual definitivo, de acordo com a anuência do Plano superior, que certamente a nobre genitora já conseguiu.

— É claro, que sim — afirmou, comovida. Interferimos junto aos elevados programadores da reencarnação, explicando a necessidade de ser-lhe concedida uma nova chance com caráter expiatório, após esta existência, na qual teria tempo para meditar a respeito das Leis Divinas, havendo recebido o necessário consentimento.

— Como o momento é propício, intentemos, então, a terapêutica oportuna e salvadora.

Convidando-nos a todos à oração, vimo-lo concentrar-se de forma inabitual, envolvendo-se em diáfana claridade, quando se adentrou na enfermaria nobre Espírito que examinou o paciente, e explicou ao Dr. Ignácio:

— Será fácil deslocar um pequeno coágulo sanguíneo e encaminhá-lo ao cérebro, ensejando-lhe um acidente vascular cerebral de expressivo curso, localizando-o no hemisfério esquerdo, cujos efeitos lhe serão benéficos...

Demo-nos conta que o visitante era um hábil neurocirurgião, ora sediado no Sanatório Esperança, que lhe atendera a solicitação mental e viera em seu socorro.

Observamos o esculápio examinando o aparelho circulatório do paciente, logo explicando:

– Notamos que o nosso enfermo é portador de grave problema nas carótidas, especialmente na lateral esquerda. Será muito fácil deslocar-lhe um pequeno trombo que irá proporcionar-lhe uma isquemia cerebral de larga proporção, obstruindo-lhe delicada área de comunicação motora, verbal, sem anular-lhe o raciocínio, o fluxo do pensamento, ajudando-o a despertar para a autoconsciência.

Ao contínuo, Dr. Ignácio convidou-nos a uma atividade desobsessiva, na qual dona Matilde e dona Modesto deveriam contribuir mediunicamente, atraindo as duas entidades mais vinculadas ao paciente, deslocando-as dos *chakras* aos quais se fixavam, ao tempo em que seriam realizados os procedimentos para a produção do acidente vascular cerebral.

Eu me encontrava encantado com os recursos para mim desconhecidos, de que se utilizam os benfeitores espirituais a fim de contribuírem para a recuperação moral dos calcetas e impertinentes defraudadores das Divinas Leis, trabalhando sempre com amor. Assim pensando, dei-me conta que, invariavelmente, o que se apresenta como um mal constitui terapia salutar para excelentes resultados no bem e na saúde.

Não fora, porém, essa, a primeira vez que acompanhava algo dessa natureza, porém, não do mesmo porte.

Isto posto, ficou estabelecido que, naquela mesma noite, após as 23h, seria realizado um labor desobsessivo no plano espiritual, tendo em vista a desestruturação de Anselmo, o paciente irresponsável e recalcitrante que, nada obstante, era amado e credor de carinhosa ajuda, embora dolorosa, tendo-se em conta os promissores resultados futuros.

O médico especialista convidado e a nobre genitora devotada solicitaram permissão para retirar-se, ficando estabelecido o horário referido para os procedimentos espirituais em benefício do paciente adormecido.

Logo depois, Dr. Juliano Moreira interrogou o colega uberabense:

— Confesso que ignorava totalmente este programado recurso terapêutico. Equivale a dizer que os Espíritos nobres podem desencadear distúrbios orgânicos com vistas à recuperação moral dos enfermos?

— Sim — concordou o interlocutor. — Convém não esquecermos que nos encontramos no mundo das causas, da energia, e que os fenômenos orgânicos podem ser produzidos desde aqui, através da movimentação de forças específicas. Vejamos o caso do nosso Anselmo. Ele se encontra com diversas artérias muito comprometidas com excesso de gordura, com alguns depósitos lipídicos nas suas paredes — ateromas — e que, estimulados por vigorosa descarga mental bem orientada, podem ser deslocados e seguir a corrente sanguínea até obstruírem vasos de pequena calibragem, porém essenciais na irrigação, especialmente no cérebro. Advirão, por consequência, as paralisias correspondentes às áreas afetadas...

— É bastante lógico — concordou, meneando a cabeça, afirmativamente.

Quanto vã é a nossa filosofia, na Terra! Não posso deixar de parafrasear Shakespeare...

Como ficam sem qualquer respaldo as teses afrontosas de que o pensamento é resultado do quimismo cerebral, quando esse é, em realidade, o fator que mantém a produção dos agentes eletroquímicos para as neurocomunicações!

Passamos o dia observando os pacientes psiquiátricos e procurando encontrar a linha provável de divisão entre o transtorno fisiológico e o de natureza obsessiva, que se confundem, em face das idênticas manifestações doentias com muito sutis delineamentos específicos.

O espetáculo no pátio em que se reuniam era deprimente, em razão da perda de discernimento de alguns em delírios da imaginação e em captação telepática das imagens mentais que lhes eram impostas.

Alguns enfermeiros de formação espírita, pacientes e gentis, dialogavam com alguns pacientes, enquanto outros cooperadores mantinham o sentimento de fraternidade e de compreensão dos seus distúrbios emocionais e mentais.

Em razão das vibrações e das preces que ali eram habituais, faziam-se menos penosas as exsudações psíquicas dos doentes e dos Espíritos infelizes misturados no comércio tenebroso das explorações de energias.

3.6.4 Transição planetária
(Obra: *Transição planetária*. 5. ed. LEAL, p. 9.)

Vive-se, na Terra, o momento da grande transição de mundo de provas e de expiações, para mundo de regeneração.

As alterações que se observam são de natureza moral, convidando o ser humano à mudança de comportamento para melhor, alterando os hábitos viciosos, a fim de que se instalem os paradigmas da justiça, do dever, da ordem e do amor.

Anunciada essa transformação que se encontra ínsita no processo da evolução, desde o Sermão profético *anotado pelo evangelista Marcos, no capítulo XIII do seu livro, quando o Divino Mestre apresentou os sinais dos futuros tempos após as ocorrências dolorosas que assinalariam os diferentes períodos da evolução.*

Sendo o ser humano um Espírito *em processo de crescimento intelecto-moral, atravessa diferentes níveis nos quais estagia, a fim de desenvolver o instinto, logo depois a inteligência, a consciência, rumando para a intuição que será alcançada mediante a superação das experiências primevas, que o assinalam profundamente, atando-o, não raro, à sua natureza animal em detrimento daquela espiritual que é a sua realidade.*

Mediante as reencarnações, etapa a etapa, dá-se-lhe o processo de eliminação das imperfeições morais, que se transformam em valores relevantes, impulsionando-o na direção da plenitude que lhe está destinada.

Errando e corrigindo-se, realizando tentativas de progresso e caindo, para logo levantar-se, esse é o método de desenvolvimento que a todos propele na direção da sua felicidade plena.

Herdeiro dos conflitos em que estorcegava nas fases iniciais, deve enfrentar os condicionamentos enfermiços, trabalhando pela aquisição de novas experiências que lhe constituam diretrizes de segurança para o avanço.

Em face das situações críticas pelo carreiro carnal, gerando complicações afetivas, porque distante das emoções sublimes do amor, agindo mais pelos instintos, especialmente aqueles que dizem respeito à preservação da vida, à sua reprodução, à violência para a defesa sistemática da existência corporal, agride, quando deveria dialogar, acusa, no momento em que lhe seria lícito silenciar a ofensa ou a agressão, dando lugar aos embates infelizes geradores do ressentimento, do ódio, do desejo de desforço, esses filhos inconsequentes do ego dominador.

O impositivo do progresso, porém, é inarredável, apresentando-se como necessidade de libertação das amarras vigorosas que o retêm na retaguarda, ante o deotropismo que o fascina e termina por arrebatá-lo.

Colocado, pela força do determinismo, na conjuntura do livre-arbítrio, nem sempre lógico, somente ao impacto do sofrimento desperta para compreender quão indispensável lhe é a aquisição da paz, a conquista do bem-estar... Nesse comenos, dá-se conta dos males praticados, dos prejuízos causados a outros, nascendo-lhe o anelo de recuperar-se, auxiliando aqueles que foram prejudicados pela sua inépcia ou primitivismo em relação aos deveres que fazem parte dos soberanos códigos de ética da vida.

Atrasando-se ou avançando pelas sendas libertadoras, desenvolve os tesouros adormecidos na mente e no sentimento, que aprende a colocar a serviço do progresso, avançando consciente das próprias responsabilidades.

Infelizmente, esse despertar da consciência tem-se feito muito lentamente, dando lugar aos desmandos que se repetem a todo momento, às lutas sangrentas terríveis.

Predominam, desse modo, as condutas arbitrárias e perversas, na sociedade hodierna, em contraste chocante com as aquisições tecnológicas e científicas logradas na sucessão dos tempos.

Observam-se amiúde os pródromos dos sentimentos bons, quando alguém é vítima de uma circunstância aziaga, movimentando grupos de socorro, ao tempo que outras criaturas se transformam em seres-bomba, assassinando, fanática e covardemente outros que nada têm a ver com as tragédias que pretendem remediar por meios mais funestos e inadequados do que aquelas que pretendem combater...

Movimentos de proteção aos animais sensibilizam muitos segmentos da sociedade, no entanto, incontáveis pessoas permanecem indiferentes a milhões de crianças, anciãos e enfermos que morrem de fome cada ano, não por falta de alimento que o planeta fornece, mas por ausência total de compaixão e de solidariedade...

Fenômenos sísmicos aterradores sacodem o orbe terrestre com frequência, despertando a solidariedade de outras nações, em relação àquelas que foram vitimadas, enquanto, simultaneamente, armas ditas inteligentes ceifam outras centenas e milhares de vidas, a serviço da guerra, ou de revoluções intermináveis, ou de crimes trabalhados por organizações dedicadas ao mal...

São esses paradoxos da vida em sociedade que a grande transição que ora tem lugar no planeta irá modificar.

As criaturas que persistirem na acomodação perversa da indiferença pela dor do seu irmão, que assinalarem a existência pela criminalidade conhecida ou ignorada, que firmarem pacto de adesão à extorsão, ao suborno, aos diversos comportamentos delituosos do denominado colarinho branco, *mantendo conduta egotista, tripudiando sobre as aflições do próximo, comprazendo-se na luxúria e na drogadição, na exploração indébita de outras vidas, por um largo período não disporão de meios de permanecer na Terra, sendo exiladas para mundos inferiores, onde irão ser úteis limando as arestas das imperfeições morais, a fim de retornarem, mais tarde, ao seio generoso da mãe-Terra que hoje não quiseram respeitar.*

O egrégio codificador do Espiritismo, assessorado pelas Vozes do Céu, deteve-se, mais de uma vez, na análise dos trágicos acontecimentos que sacudiriam a Terra e os seus habitantes, a fim de despertar os últimos para as responsabilidades para consigo mesmos e em relação à primeira.

Em O Livro dos Espíritos, *no capítulo dedicado à Lei de destruição, o insigne mestre de Lyon estuda as causas e razões dos desequilíbrios que se dão no planeta com frequência, ensejando as tragédias coletivas, bem como aquelas produzidas pelo ser humano, e constata que é necessário que tudo se destrua, a fim de poder renovar-se. A destruição, portanto, é somente produzida para a transformação molecular da matéria, nunca atingindo o Espírito, que é imortal.*

Desse modo, as grandes calamidades de uma ou de outra procedência têm por finalidade convidar a criatura humana à reflexão em torno da transitoriedade da jornada carnal em relação à sua imortalidade.

As dores que defluem desses fenômenos denominados como flagelos destruidores, objetivam fazer a "Humanidade progredir mais depressa. Já não dissemos ser a destruição uma necessidade para a regeneração moral dos Espíritos, que, em cada nova existência, sobem um degrau na escala do aperfeiçoamento? Preciso é que se veja o objetivo, para que os resultados possam ser apreciados. Somente do vosso ponto de vista pessoal os apreciais; daí vem que os qualificais de flagelos, por efeito do prejuízo que vos causam. Essas subversões, porém, são frequentemente necessárias para que mais pronto se dê o advento de uma melhor ordem de coisas e para que se realize em alguns anos o que teria exigido muitos séculos".[14]

14. KARDEC, Allan. O Livro dos Espíritos. Parte 3ª, cap. VI, questão nº 737.

Eis, portanto, o que vem ocorrendo nos dias atuais.

As dores atingem patamares quase insuportáveis e a loucura que toma conta dos arraiais terrestres tem caráter pandêmico, ao lado dos transtornos depressivos, da drogadição, do sexo desvairado, das fugas psicológicas espetaculares, dos crimes estarrecedores, do desrespeito às leis e à ética, da desconsideração pelos direitos humanos, animais e da Natureza... Chega-se ao máximo desequilíbrio, facultando a interferência divina, a fim de que se opere a grande transformação de que todos temos necessidade urgente.

Contribuindo na grande obra de regeneração da Humanidade, Espíritos de outra dimensão estão mergulhando nas sombras terrestres, a fim de que, ao lado dos nobres missionários do amor e da caridade, da inteligência e do sentimento, que protegem os seres terrestres, possam modificar as paisagens aflitivas, facultando o estabelecimento do Reino de Deus *nos corações.*

Reconhecemos que essa nossa informação poderá causar estranheza em alguns estudiosos do Espiritismo, e mesmo reações mais severas noutros... Nada obstante, permitimo-nos a licença de apresentar o nosso pensamento após a convivência com nobres mentores que trabalham no elevado programa da grande transição...

Equipes de apóstolos da caridade no plano espiritual também descem ao planeta sofrido, a fim de contribuir em favor das mudanças que devem operar-se, atendendo aqueles que se encontram excruciados pela desencarnação violenta, inesperada, ou padecendo o jugo de obsessões cruéis, ou fixados em revolta injustificável, considerando-se adversários da Luz, membros da sanha do Mal, a fim de melhorar a psicosfera vigente, desse modo, facilitando o trabalho dos mensageiros de Jesus.

Na presente obra, apresentamos três fases distintas, mas que se interpenetram, em torno do trabalho a que fomos convocado, mercê da compaixão do Amor, de modo a acompanharmos as ações de enobrecimento de dignos e valorosos benfeitores, vinculados ao programa em desenvolvimento a respeito da transição planetária que se vem operando desde há algum tempo...

Não temos outro objetivo, senão estimular os servidores do Bem a prosseguirem no ministério, a qualquer custo, sem desânimo nem contrariedade, permanecendo certos de que se encontram amparados em todas as situações, por mais dolorosas se lhes apresentem.

Procuramos sintetizar as operações de socorro aos desencarnados vitimados pelo tsunami ocorrido no Oceano Índico, devastador e de consequências graves, que permanece ainda gerando sofrimento e desconforto, especialmente porque sucedido de outros tantos que prosseguem ocorrendo com frequência assustadora...

Logo após, referimo-nos ao contributo especial dos Espíritos dedicados às tarefas de reencarnação dos novos obreiros, terrestres ou voluntários de outra dimensão cósmica, passando à análise dos tormentos que invadem a Terra, assim como da interferência dos Espíritos infelizes, que se comprazem em manter o terrível estado atual de aturdimento.

Nada obstante, em todos os momentos, procuramos demonstrar a providencial Misericórdia de Jesus, sempre atento com os Seus mensageiros a todas as ocorrências planetárias, minimizando as aflições humanas e abrindo espaço ao dia radioso de amanhã, que se aproxima, rico de bênçãos e de plenitude.

Agradecendo ao Senhor de nossas vidas e aos Espíritos superiores investidos da sublime tarefa da grande transição plane-

tária por haver-nos concedido a honra do trabalho ao seu lado, sou o servidor devotado de sempre.

Salvador, 09 de abril de 2010.
Manoel Philomeno de Miranda

3.6.5 Conflitos humanos e obsessões coletivas
(Obra: *Mediunidade: desafios e bênçãos.* 5. ed. LEAL, p. 119.)

Indiscutivelmente, a sociedade terrestre vive um dos períodos mais graves de toda a sua História.

Jamais se apresentaram de maneira tão volumosa, como na atualidade, os conflitos humanos e as obsessões coletivas.

A grandeza do conhecimento, nas suas mais diversificadas expressões, não tem conseguido obstar os desatinos humanos defluentes dos tormentos que tomam conta da criatura, que marcha sem rumo nestes dias tumultuosos.

A soberba decorrente da cultura e da tecnologia, da ciência e das artes, dos pensamentos filosóficos, da civilização e do seu elevado grau de conforto, das extraordinárias comunicações virtuais e de toda a gama de benefícios advindos dessas incomparáveis conquistas, sofre a agressão da própria insensatez por negar a existência de Deus e as excelências do Espírito que se é.

À medida que se ganha em informações técnicas e culturais, mas não em sabedoria, porquanto estão à margem os valores ético-morais que estruturam o equilíbrio emocional e respondem pela felicidade, mais a presunção parece afastar o ser humano da sua Causalidade.

Chega-se mesmo ao atrevimento de afirmar-se que os países ricos, superdesenvolvidos, serão todos ateus em período muito próximo, sem que se tenham em conta muitos fatores que podem reverter-lhes a situação.

Além das crises financeiras que periodicamente abalam as estruturas das grandes e poderosas nações terrenas, outras inesperadas e menos consideradas abatem a presunção humana, ferindo a autoestima dos mais atrevidos, em convites impostergáveis à meditação, como decorrência dos desastres de toda ordem, sejam sísmicos, sociais, nucleares, nas suas fortalezas de energia que tanto bem proporcionam, no entanto sob riscos incalculáveis a que dão lugar.

A sucessão de tsunamis, no século atual, e suas consequências imprevisíveis têm arrastado as multidões ao desespero e à insegurança, por mais cuidadosos planos de preservação do patrimônio e da vida, nos lugares erguidos sobre as grandes fossas e falhas terrestres, e, da mesma forma, os *corredores* de tornados, de furacões e de outros desastres naturais que anualmente ferem a grande nação americana do Norte, a Ásia, bem como as ameaças constantes das erupções vulcânicas, as chuvas e deslizamentos fatais, as secas que assolam grande parte da África e dos países mais pobres do mundo...

De igual maneira, as enfermidades causadas pelo abuso e desconsideração pela vida, resultado dos vícios perversos a que se permitem os indivíduos, as contaminações decorrentes da promiscuidade sexual, social e familiar, como a tuberculose, ao lado da AIDS, ceifando milhões de vidas, chamam a atenção para outras, as que decorrem dos distúrbios cardiovasculares, as degenerativas, demonstrando a fragilidade da argamassa celular em relação ao ser imortal.

Por outro lado, a ameaça constante dos famigerados programas de extermínio de etnias, nos países menos desenvolvidos, as preocupações com o terrorismo nos seus mais variados aspectos, demonstram que é possível preverem-se muitos desses males, nunca, porém, a possibilidade de evitá-los.

Todos esses fenômenos alarmantes que alcançam as pessoas, sem qualquer exceção, bem como a velhice e os seus efeitos desastrosos, quando não se soube edificá-la nos dias da juventude, constituem perigo para a ganância e as pretensões ousadas de uma vida que fosse indestrutível e inatacável no corpo físico.

Concomitantemente, a violência urbana assusta e o mundo estertora entre os dependentes de drogas químicas destrutivas e os psicopatas, que se avolumam de tal forma que, se todos os leitos da Terra fossem reservados apenas aos esquizofrênicos, seriam insuficientes para atendê-los.

Para onde marcha a sociedade?

Seis mil e seiscentos anos de decantada cultura e civilização são transcorridos, mas pequeníssima é a colheita de sabedoria e de paz.

O mundo tem sido governado mais por militares do que por poetas, filósofos, humanistas, demonstrando a predominância da força bruta sobre a grandeza do Espírito e dos seus valores éticos.

As lições da História, que se repetem com regularidade através dos tempos, não têm valido muito para a edificação de uma sociedade mais feliz, menos agressiva e mais responsável, especialmente no que diz respeito ao próprio ser humano.

Muitas leis são elaboradas com frequência assustadora, umas substituindo as outras antes de serem aplicadas e vivenciadas, enquanto o crime, a anarquia, a desonestidade e o cinismo grassam em escala tão crescente quanto inimaginável.

Qualquer indivíduo, sinceramente firmado em propósitos de dignidade e de bom senso, perguntar-se-á: O que está acontecendo com a mulher e o homem contemporâneos? Do que lhes têm valido todas as realizações de que se vangloriam, se têm apenas uma breve duração, logo substituídas pelos desaires, pelo vazio existencial, pela depressão?

A correria desenfreada ao prazer, a fuga psicológica da realidade, cada vez mais empurram o indivíduo para o desequilíbrio, porquanto elas sempre o aguardam adiante, por mais prolongada se faça a ignorância da sua presença, e ao surpreenderem o incauto produzem-lhe grande impacto de aflição e de desconcerto moral.

As religiões, muito preocupadas com a Terra, vêm se olvidando do objetivo essencial, que é o de preparar o ser humano para a sua imortalidade e para as consequências dos seus atos durante a caminhada carnal.

Algumas delas, hipnotizando as massas, prometem os recursos terrenos mediante pesados ônus que são utilizados pelos atuais *vendilhões do templo,* criando injustificável fanatismo em torno da fé que preconizam, em total desrespeito aos ensinamentos de Jesus e à Sua vida extraordinária.

O materialismo, caminhando ao lado dessas doutrinas mundanas, que se interessam pelos bens e pelo conforto momentâneo, sempre recebe nos braços os decepcionados, e os esmaga com as altas cargas de cinismo e de descrédito, retirando-lhes as bengalas psicológicas de apoio em que se sustentavam.

Estes são dias de graves convulsões, de toda natureza, na Terra por onde transitam as criaturas cultas e atormentadas, confortadas e inquietas, divertidas e solitárias, presunçosas e infantis...

Os valores a que dão significado e conferem legitimidade têm sido insuficientes para fazê-las harmoniosas, torná-las felizes...

Conflitos humanos

Na raiz das inquietações que varrem o planeta sob o ponto de vista social e espiritual, a grande crise é de natureza moral.

Tem havido insuperável progresso exterior, sem que venha ocorrendo simultaneamente o de natureza interna.

Conquistam-se os espaços siderais, penetra-se na intimidade das micropartículas, realizam-se viagens monumentais, guerreia-se com *armas inteligentes*, formulam-se programas de apoio financeiro aos países em insolvência econômica, desenham-se planos para as cidades do futuro, sem a preocupação real com o ser humano, que merece todo o empenho e consideração.

No seu processo evolutivo, ele vem avançando a duras penas, do instinto à razão, sem haver conseguido a vivência da lógica e do bom-tom, não utilizando o raciocínio de maneira conveniente, porque ainda assinalado pelo egoísmo em primeiro lugar, olvidando o item essencial da solidariedade, que sustenta as vidas no grupo social, o que o afasta do seu próximo mais próximo, mesmo dentro do lar, dando lugar a torpes inquietações.

As comunicações virtuais – correspondências, jogos, estudos, informações, relacionamentos – impõem o individualismo, a solidão, e quando muito a comunhão estéril e fria através dos computadores e outros similares instrumentos, diminuindo o calor da proximidade, o significado da presença e da familiaridade, que assinalam estes como terríveis dias de multidões refertas de solitários...

As atrações para fora sempre resultam em danos para as reflexões internas, que perdem os espaços, substituídos pela futilidade e pelo gozo de efêmera duração, liberando os conflitos internos que se transferem de uma para outra existência corporal.

O Espírito é a soma das suas experiências, ao longo das reencarnações. O que não foi realizado conforme o programa evolutivo é transferido para outra oportunidade com a carga das consequências a que faz jus.

A violência, gerada pelo instinto de preservação da vida, que foi de grande utilidade no período primário da evolução, caso não seja substituída pela pacificação racional e disciplinada na mente, na emoção e na conduta, irrompe com frequência, ante qualquer contrariedade ou frustração, produzindo descompassos psicológicos inumeráveis. Se é escamoteada pelos processos da educação social, ressurgirá, mais tarde, como fenômeno alienante ou perturbador, em forma de depressão. Se liberada, torna-se desvario de consequências imprevistas.

O medo ancestral, que contribuiu no seu momento próprio para a manutenção da existência, malconduzido transforma-se em fator de desconfiança e de animosidade em relação à vida, à sociedade, iniciando-se no lar como tormento inquietante.

A ansiedade resultante das expectativas ambiciosas, que normalmente tem um caráter psicológico saudável, transforma-se em desequilíbrio ante a volúpia das informações em massa e o desejo de participar de tudo e em tudo envolver-se, extrapolando a capacidade de seleção do realmente necessário, ante o secundário e o inútil.

Os hábitos enfermiços de ontem, não atendidos e não corrigidos em tempo, mediante os fatores educativos e morigerados, ressurgem, impondo-se e exigindo comportamentos altamente perigosos, que alucinam na drogadição, no tabagismo, no alcoolismo, nos desvarios eróticos do sexo em desalinho.

As condutas extravagantes e criminosas, carregadas de culpa, em razão de haverem atravessado os tempos silenciadas na consciência, induzem ao retorno às tribos, aos grupos esdrúxulos e mórbidos que agridem a sociedade.

Heranças atávicas do passado sempre se expressam no presente, como conflitos de inferioridade, de superioridade, de narcisismo, com a carga tóxica dos preconceitos que transformam os indivíduos em vândalos perversos e insensíveis...

Os dolorosos mecanismos de transferência psicológica são muitos e geradores de atribulações emocionais, porque os indivíduos não estão dispostos a enfrentar os seus limites e situações, avançando com coragem na conquista de si mesmos.

Todo e qualquer tipo de conflito emocional faz parte das realizações experienciadas pelo Espírito no seu processo de crescimento para a Vida.

Indispensável que o ser humano acorde para autoconhecer-se, a fim de modificar as estruturas íntimas, programando a existência saudável e vivendo-a dentro das possibilidades que lhe estejam ao alcance, sempre trabalhando por melhorar-se.

Para tanto, faz-se indispensável que se reserve tempo físico e mental para o mister iluminativo, a fim de sair da cova escura onde se encontra na caverna das heranças ancestrais.

Brilha, no seu mundo interior, a luz da saúde portadora da paz.

É inadiável a necessidade de buscá-la e deixar-se clarificar por dentro, desenvolvendo os sentimentos de autoamor, de compaixão, de solidariedade, de amizade, comungando com o seu próximo onde quer que se encontre.

A solidão proposital é má conselheira, pois que a mente despreparada logo se utiliza do espaço e do tempo para cultivar as ideias perturbadoras, dando campo aos conflitos dilaceradores e impondo crenças absurdas, de que as demais pessoas não lhe concedem estima, nem respeito e nem mesmo consideração... Suspeitas infundadas adquirem estrutura de falsa realidade, tornando o solitário um ser amargo e armado contra todos, quando deveria haver se esforçado para amar e ser amado por todos.

A vida é uma lição de participação, de cooperação em todos os sentidos e em todas as suas expressões, desde as mínimas organizações até os mais grandiosos conglomerados. Em todo lugar, a bênção da solidariedade em forma de submissão e de cooperação demonstra a necessidade da união fraternal entre as criaturas humanas que são o grande objetivo da Criação.

Ninguém, portanto, no mundo físico, que se não encontre assinalado pelos conflitos, sempre responsáveis pela insegurança emocional, pelas dúvidas afligentes, por algumas insatisfações... São perfeitamente saudáveis em determinados momentos a tristeza ou a melancolia, a ansiedade, o receio de ferir ou de ferir-se, a dificuldade de decisão em situações graves... O grande problema é quando esses fenômenos perturbadores tornam-se dominantes, substituindo a paz que deve viger no íntimo, a alegria de viver, os estímulos para o trabalho e para os enfrentamentos, a firmeza das decisões dignificadoras, o esforço contínuo para ser-se sempre melhor hoje do que ontem, em constante luta *contra as más inclinações...*

Ninguém se encontra na Terra em regime de exceção; todos, portanto, estão sujeitos às condições do *mundo de provas e de expiações*, em razão da sua própria situação de Espírito em processo evolutivo ainda renteando com o primarismo de que não se conseguiu libertar.

Em seu benefício encontram-se as formosas conquistas da ética e da saúde, as formulações psicológicas e psiquiátricas libertadoras dos transtornos neuróticos e psicóticos, a contribuição inestimável das lições do Evangelho de Jesus, sem dúvida, o mais perfeito tratado psicoterapêutico preventivo e curador para as mazelas do corpo, da emoção e do Espírito, ao alcance de todos quantos, honestamente, desejem o bem-estar e a paz.

Por isso, a Lei inexorável das reencarnações torna-se o caminho seguro para as conquistas da plenitude, ensejando o desenvolvimento do *Cristo interno* de cada criatura, que pode tornar-se feliz desde o momento em que descobre o objetivo essencial da existência, que é a sua entrega ao amor e a Deus.

Uma pessoa saudável é de alto valor para o grupo social, que se torna igualmente equilibrado, abrindo espaço para realizações nobilitantes, superando agastamentos, ciúmes, lutas internas, disputas insignificantes, conturbações doentias... O ser portador de saúde moral e espiritual transforma-se no foco, facultando a aquisição de valores desconhecidos ou desconsiderados, mas de fácil conquista quando se tem boa vontade e interesse em crescer e servir.

Desse modo, a permanência de qualquer tipo de conflito no indivíduo faz parte do cardápio existencial, não o desanimando nem perturbando, pois que se está esforçando por vencer-se e vencer os desafios, desde que, para tanto, encontra na Doutrina Espírita as diretrizes seguras para a autossuperação, para a construção do mundo melhor para todos, após haver-se conquistado a si mesmo.

OBSESSÕES GENERALIZADAS

Ao lado dos conflitos humanos encontra-se uma psicopatologia das mais graves, nem sempre considerada pelas doutrinas encarregadas da área da saúde.

Porque não existe a morte, no sentido de extermínio da vida, aqueles que desencarnam apenas mudam de campo vibratório por onde passam a transitar.

O mundo físico não é o real, o único, antes é uma condensação do Mundo energético, primitivo, espiritual.

O abandono das vestes carnais pelo fenômeno da morte orgânica devolve o Espírito ao campo vibratório de onde se originou, sem o consumir quanto gostariam muitos descuidados.

Normalmente assevera-se que existem dois mundos, na Terra como noutros lugares: o material e o espiritual. Em uma visão realmente lógica, somente existe uma realidade, que se apresenta sob dois aspectos: a que se condensa em organização material e a que lhe é precedente. Desse modo, as duas expressões confundem-se num intercâmbio vibratório perfeitamente compreensível, sofrendo os efeitos uma da outra.

Considerando-se que a Lei das Afinidades ou de Sintonia vibra em todo o Universo, o seu vigor une os Espíritos no seu processo de desenvolvimento dos recursos evolutivos, em qualquer lugar que se encontre.

Cada qual elege as companhias de acordo com o comportamento mental, moral e espiritual, mantendo convivência saudável ou enfermiça, conforme os conteúdos vibratórios dos seus companheiros. Em consequência, ninguém, que permaneça na Terra a sós, *visto que temos ao redor de nós tão grande número de testemunhas* que vigiam, conforme anotações do apóstolo Paulo, na sua Epístola aos hebreus, capítulo 12, versículo 1.

Essas *testemunhas* são os desencarnados que cercam os viajantes humanos na sua trajetória de crescimento moral e que interferem amiúde nos seus pensamentos, palavras e atos, conforme o nobre codificador do Espiritismo teve ocasião de informar-se através dos mentores da Doutrina Espírita.

Como o processo de evolução é todo feito de valores éticos superiores, as ações menos dignas constituem carga pesada a ser liberada durante a jornada espiritual.

Os males praticados contra o próximo, infelizmente contra si mesmos, acarretam animosidades e desaires que se transformam em processos de perturbação, de graves efeitos para aqueles que os praticam.

As obsessões, portanto, são o resultado da má conduta vivenciada, do perdão não cedido por aqueles que foram transformados em vítimas da irresponsabilidade e da prepotência dos insensatos, gerando lamentáveis transtornos, que assolam a comunidade terrestre.

Noutras vezes, por inveja ou sentimentos contraditórios, os Espíritos maus, ainda afeiçoados aos sentimentos negativos, comprazem-se em magoar ou anatematizar as criaturas humanas, dificultando-lhes a ascensão. Tal ocorrência tem lugar, porque encontram ressonância vibratória naqueles que se tornam manipulados pelas suas mentes perturbadoras.

Ninguém na Terra que lhes não haja padecido a injunção penosa. Mesmo a Jesus tentaram, não poucas vezes, criar embaraços, sendo repelidos pela austeridade e grandeza moral do Mestre que se lhes tornou o Guia, mesmo que a seu contragosto...

Neste momento de turbulência terrestre, multiplicam-se as obsessões como verdadeira pandemia.

Rara a pessoa que não esteja vigiada, sondada, atingida pelas ondas mentais contraditórias e insanas dos Espíritos sofredores e obsessores que se demoram na Erraticidade, aguardando o momento da reencarnação ou da transferência para outra dimensão em planeta inferior, de acordo com o seu comportamento.

Aumentando gradativamente como resultado da intemperança do ser humano, que prefere a ilusão e a mentira, o prazer imediato, mesmo que a custo do sofrimento de outrem, abrem-se as *brechas mentais* para a instalação dos transtornos obsessivos que se multiplicam, ampliando a faixa dos conflitos existenciais e dificultando a diagnose dos fenômenos psíquicos de desequilíbrio.

Uma observação, mesmo que perfunctória, do comportamento social, dos interesses humanos, dos jogos das ambições, dos crimes hediondos e das condutas estranhas das criaturas, basta para confirmar o desequilíbrio que grassa em crescente nas comunidades.

Os crimes hediondos, particulares e seriais, demonstram essa dominação espiritual cruel, vitimando aqueles que sintonizam com os seus desvarios.

A vampirização das energias, dando lugar a enfermidades de diagnóstico de maior complexidade, a sede insaciável de buscar coisa nenhuma, caracterizam fenômenos obsessivos lamentáveis.

Ao tempo de Jesus, obsessões coletivas tomaram conta de Israel, provocando o Senhor e apresentando a grande chaga moral da sociedade decadente e ambiciosa.

Periodicamente, no curso da História, cidades inteiras foram tomadas pelos Espíritos perturbadores, ficando dominadas pelas suas injunções maléficas.

Repetem-se na atualidade aqueles dias desafiadores, num grande confronto com as aquisições intelectuais e tecnológicas, irrompendo em toda parte com vigor e dominando as mentes e os sentimentos que se desarticulam, dando lugar às aberrações e loucuras de todo porte.

A obsessão espiritual é um transtorno, ora sutil, ora ostensivo, que se instala de um para outro momento, lentamente, ou mediante *surtos*, tomando posse dos sentimentos e tendências das criaturas, desvairando-as.

Quando se esperava que o novo século oferecesse paz e renovação espiritual, constata-se que a morbidez e o desencanto são-lhe as chagas expostas com mais volume do que a bondade e o amor.

Na alucinação resultante da busca incessante do prazer, os seres humanos vêm se olvidando dos deveres, pensando somente no gozo sem limite, em largos passos para a consumpção das energias, da saúde e dos objetivos elevados a que se vinculam.

Confundem-se, então, os transtornos psicológicos com os obsessivos, sendo a linha divisória entre um e outro muito diáfana, o que perturba os estudiosos do tema, especialmente aqueles que se dedicam ao ministério terapêutico próprio.

Felizmente o Espiritismo chegou no momento anunciado pelo Mestre para repetir-Lhe as lições, para trazer informações novas e esclarecer as ocorrências espirituais que se demoravam ignoradas, ampliando o elenco do conhecimento em torno da Vida além da vida.

Nesse terrível contubérnio enfermiço grave, pode-se dispor dos ensinamentos espíritas para operar a transformação da sociedade para melhor, iniciando-se pela recuperação do indivíduo, a fim de alcançar-se todo o grupo no qual se encontra.

Os recursos são os mesmos oferecidos pelo Psicoterapeuta Jesus, que propõe a modificação da conduta mental, e naturalmente comportamental, utilizando-se dos valores defluentes do amor para sanar as dívidas do passado ou recuperar-se dos desequilíbrios do presente, trabalhando os *metais* do Espírito viciado, e amoldando-o ao bem mediante as ações seguras da solidariedade, da benevolência, apoiado na oração ungida de confiança em Deus e na correspondente entrega dos sentimentos à caridade.

Hospital de almas, os Centros Espíritas, mediante as reuniões mediúnicas de desobsessão, desempenham, nesta hora, um papel relevante na recomposição moral da sociedade, orientando e elucidando os inimigos desencarnados que laboram contra o progresso, ao mesmo tempo demonstrando-lhes a inutilidade das suas condutas, porque a fatalidade da vida é a conquista da plenitude, e nenhuma das ovelhas que Deus confiou a Jesus se perderá...

Precatem-se todos aqueles que se encontram na luta redentora, contra as influenciações negativas dos Espíritos ociosos e maus, insistindo nos propósitos edificantes a que se dedicam, trabalhando-se intimamente em busca da autoiluminação, não olvidando o bem que podem oferecer ao seu próximo, tornando o mundo atual melhor do que se encontra.

Rugindo a tempestade, instala-se o medo, mas depois chegará a bonança do amor para reunir todas as criaturas num só rebanho...

O Amor de Deus, por isso mesmo, paira soberano acima de todas as coisas, e a barca terrestre navega sob o comando sublime do Grande Nauta Jesus, experimentando as refregas provocadas pelas próprias criaturas, mas destinada ao porto da paz e da felicidade.

3.6.6 O amor nunca põe limites
(Obra: *Amanhecer de uma nova era*. 2. ed. LEAL, p. 73.)

Nesse instante, duas Entidades que cooperavam nas reuniões mediúnicas normais da Sociedade Espírita adentraram-se, trazendo em maca, adormecido, um dos seus diretores.

Tratava-se do confrade Anacleto, com um pouco mais de meio século de existência terrestre, que ficara viúvo, há cinco anos, aproximadamente, que fora antes, dedicado servidor do Evangelho, que se constituíra um dos pilares de segurança da Instituição.

Segundo pude depreender mentalmente, em razão das emissões do pensamento do nosso mentor, de maneira invigilante ele passou a cultivar ideias de exaltação e comportamento agressivo, tornando-se um espinho ferinte no grupo de trabalho.

Responsável por atividade de relevante importância, manteve-se cauto sexualmente durante o período matrimonial. Após a desencarnação da esposa, igualmente trabalhadora dedicada, passou a cultivar sentimentos perturbadores e tormentos adormecidos, dando largas à imaginação e gerando imagens mentais tóxicas, lentamente absorvidas e transformadas em hábitos psíquicos.

A pouco e pouco, deixou-se embriagar pela sensualidade, no difícil período da andropausa, tornando-se indócil e prepotente.

Por qualquer coisa agredia os companheiros com palavras chulas, desviando-se da boa conduta moral, frequentando motéis com jovens aventureiras, igualmente perturbadas.

Narcisista, desligou-se emocionalmente dos deveres espirituais e comparecia ao grupo sem compromisso íntimo, demonstrando desinteresse pela função que exerce. Em consequência, as suas atividades tornaram-se desconsideradas e porque os demais membros da diretoria necessitassem do entrosamento entre todos, quando chamado à cooperação reagia de maneira rude, para não dizer grosseira.

Chegara ao cúmulo de estar desviando valores da contabilidade da Casa, a fim de atender a volúpia dos seus tormentos.

A esposa desencarnada, em aflição compreensível, ao constatar os desmandos do consorte aturdido recorreu ao mentor, solicitando-lhe ajuda imediata. Esse, por sua vez, dirigiu a sua rogativa ao *Menestrel de Deus*, que tomou as providências agora materializadas na equipe de que fazíamos parte, a fim de serem evitados danos mais graves ao próprio enfermo e à sociedade.

O que nele se apresentava com caráter de maior gravidade, era a alucinação de autopoder que o mesmo se atribuía, não prestando contas dos seus atos administrativos aos demais companheiros, nem aceitando qualquer ingerência ou atitude fraternal que pudesse modificar a situação.

Várias tentativas de diálogo foram rebatidas com os comportamentos chocantes, desrespeitando todos aqueles que se lhe acercavam.

Atingindo o ápice, os amigos estavam dispostos a convocar uma assembleia geral e removê-lo do quadro administrativo, o que redundaria, sem dúvida, em um escândalo, porque, certamente, o paciente reagiria de forma inesperada e infeliz, complicando-se mais e afetando o conceito da Casa dedicada ao amor e à caridade.

Trazido à sala de atendimentos, ressonava ruidosamente, demonstrando os conflitos que o afligiam, e agitava-se, como desejando libertar-se de alguma constrição que lhe fazia mal.

Observando-o com mais atenção, pudemos notar que se encontrava fortemente submetido a uma injunção obsessiva de natureza grave, porque notávamos diversas formas ovoidais, fazendo recordar a medusa da mitologia grega. Essa *cabeleira*, constituída por seres espirituais inferiores, flutuava em volta da sua cabeça, e emitia ruídos estranhos, peculiares, como sons de animais ferozes.

Tratava-se de Espíritos vítimas da monoideia, que lhes fora inculcada em experiências hipnológicas perversas, trabalhada por hábil adversário do bem, que se acreditava responsável por verdadeira legião de desencarnados que lhe sofriam os acicates cruéis.

Detendo-nos, na observação, percebíamos que dois deles fixavam-se no sistema nervoso central, outros dois no aparelho genésico, mais um no chacra cerebral, em verdadeira parasitose exploradora grave.

Tão ligados estavam esses Espíritos deformados e insanos que não puderam ser desligados anteriormente do enfermo agora trazido ao auxílio espiritual.

A área genésica apresentava-se dominada por verdadeiros *vibriões* criados pela dissolução moral a que o paciente se entregara, ameaçando-lhe a organização fisiológica, obrigada ao atendimento da mente desvairada.

Era natural que o seu fosse o pensamento do desajuste moral, em razão do cérebro sofrer a insidiosa presença do ser infeliz que lhe dominava a nobre região coronária, encharcando-a de energias deletérias.

O sistema nervoso central, por sua vez, sofria a ingerência da mente espiritual desditosa que se nutria do seu tônus energético, exaurindo a vítima com lentidão e segurança.

Sem dúvida, com pouco tempo de persistência desse quadro, seria impossível a continuação da existência estável. Com certeza, alguma enfermidade devoradora se aproveitaria da falta de resistências do sistema imunológico igualmente comprometido, dilacerando o corpo já alquebrado. Concomitantemente, o dislate levaria o pensamento à loucura e as consequências seriam imprevisíveis, não fossem as providenciais terapêuticas a que seria submetido a partir daquele momento.

A repercussão de um escândalo, de uma agressão física ou de algo mais funesto seria terrível para o grupo de servidores de Jesus, apreensivos e inquietos.

O irmão Anacleto, sem dúvida, era vítima de uma obsessão impiedosa cujo controle encontrava-se distante, mas bem direcionado.

A aparência física já denunciava o estado de desnutrição e falta de vigor, em razão do roubo de vitalidade que padecia.

No silêncio natural em que a sala estava mergulhada, envolta em dúlcidas vibrações harmoniosas, Dr. Bezerra exorou o auxílio de Jesus para a atividade que ia iniciar-se, suplicando as Suas bênçãos em favor de todos aqueles que se encontravam envolvidos no quadro desolador da obsessão: a vítima e os seus algozes.

Uma diáfana claridade tomou todo o recinto como a resposta dos Céus ao apelo da Terra.

O médico espiritual aproximou-se do doente encarnado e fixando-lhe o centro genésico, no qual se hospedavam duas Entidades deformadas, pôs-se a aplicar uma energia especial em movimentos anti-horário, como se estivesse desparafusando o tentáculo de cada uma delas que se fixava, respectivamente, nas gônadas.

Pude perceber que se apresentavam como ventosas comuns aos polvos com alto poder de fixação e absorção dos conteúdos em cujo exterior se prendiam.

Todos encontrávamo-nos profundamente concentrados, direcionando nosso pensamento como força atuante em favor da operação que estava sendo levada a efeito.

Por mais de cinco minutos o dedicado benfeitor permaneceu no processo libertador, até quando foram desligados os tubos fluídicos que serviam de duto nutriente aos infelizes.

Automaticamente e com carinho as formas ovoidais que flutuavam foram seguras pelo nobre cirurgião e por José Petitinga que funcionava como seu auxiliar direto.

Ouvíamos os estranhos ruídos que se exteriorizavam daqueles seres degenerados, que haviam tido modificado o perispírito e se apresentavam na condição degenerada, fruto espúrio do comportamento que se permitiram nas jornadas anteriores, culminando com a queda nas armadilhas do soez hipnotizador que os manipulava.

Ato contínuo, foram conduzidos e localizados na aura da dedicada senhora Celestina e de outro médium, ambos em profunda concentração.

Ao ligarem-se energeticamente aos dois médiuns disciplinados, logo se puseram a agitar-se, movendo-se continuamente, apresentando alguns estertores e emitindo sons animalescos que denotavam um sofrimento inenarrável, porque impossibilitados de exteriorizá-lo por meio da verbalização.

Recebendo energia que se estendia das mãos de Hermano, Petitinga e Jésus, num contato transcendente e de natureza calmante, com voz suave o mentor falou-lhes:

– *A libertação de que necessitam começa agora, embora se prolongue por algum tempo. É necessário recuperar a forma perdida, utilizando-se do invólucro perispiritual desses que se lhes transformam em intermediário, de modo que, no futuro, em processo de reencarnação dolorosa, possam voltar ao estado anterior que usaram indevidamente.*

Têm sido longos os anos dessa radical transformação, mas soa o momento para a recuperação da vida normal. Todo o patrimônio armazenado através dos tempos e que hoje se encontra arquivado no cerne do ser, volverá lentamente e ser-lhes-á possível avançar pela estrada do progresso.

Jesus sempre vai em busca da ovelha tresmalhada, e os irmãos são bem o exemplo daquelas que tombaram, renitentes, no fundo do abismo onde ora se encontram.

Como são capazes de pensar, embora não se possam expressar, voltem-se para Deus e supliquem-Lhe misericórdia. Os dias de horror e de desventura estão prestes a ceder lugar ao período de esperança e da alegria de viver.

Enquanto falava e transmitia energias saudáveis aos Espíritos disformes, podíamos captar-lhes o desespero que expressavam pelo pensamento, embora a monoideia que, em cada um, degenerara a forma perispiritual, mantendo-os naquela deplorável situação.

Havia nessas mensagens mentais desespero e alucinação, ansiedade e angústia.

Voltando à palavra articulada, a fim de que pudessem captá-la por intermédio da faculdade mediúnica dos abnegados instrumentos, informou-lhes o benfeitor:

— *Vocês serão conduzidos com carinho a um Núcleo espiritual hospitalar, onde serão tratados de maneira conveniente, preparando-os para a reencarnação na Terra, onde a bênção da expiação lhes devolverá a harmonia perdida.*

Nunca se olvidem do amor, considerando que o erro é uma sombra que acompanha indelevelmente aquele que o comete.

O amor de nosso Pai, no entanto, não tem dimensão nem fronteira, permanecendo como força motriz do Universo. Deixem-se inundar por essa energia sublime e facilmente conseguirão a paz. Mesmo que, aparentemente, demore o processo de total libertação, logo sucederá a vitória, pois que longos foram os tempos de fixação do mal, assim como da sua execução, especialmente nas aberrações praticadas na louca busca do prazer sensorial irresponsável e criminoso.

Acalmem-se e deixem-se conduzir pela misericórdia do Senhor, não recalcitrando contra o aguilhão que se impuseram...

Lentamente, as oscilações e pequenas convulsões dos médiuns foram diminuindo, à medida que os comunicantes eram desvencilhados dos fluidos generosos em que se encontravam mergulhados.

A seguir, foram acomodados em maca adrede preparada e transferidos para o local próprio na sala de onde seriam levados para a assistência hospitalar de longo curso.

Imediatamente, o generoso guia retornou à proximidade da cama em que se encontrava Anacleto ainda adormecido e gemendo sempre, vítima da contínua constrição dos inimigos desencarnados e repetiu a experiência com as duas expressões ovoidais que se fixavam no sistema nervoso central, presos na base posterior do cérebro, no ponto em que nasce a medula, procedendo de maneira idêntica.

As Entidades pareciam perceber o que se estava passando porque, flutuando no espaço pareceram agitadas, de maneira negativa, como que insistindo para permanecer na mesma situação vampiresca.

Imperturbável e consciente, o cirurgião do amor e da caridade prosseguiu no seu ministério por tempo um pouco mais dilatado, conseguindo retirá-las e procedeu de maneira semelhante, levando-as à comunicação atormentada por meio dos dois médiuns em concentração, condição essencial para a ocorrência feliz.

Quando a agitação se apresentou maior e mais angustiante, o mentor falou-lhes:

— *Nada permanece conforme nossos caprichos, porque a vida tem uma finalidade sublime, e mesmo quando o ser humano se compromete com a desdita é-lhe concedida a oportunidade redentora. A compaixão do Pai pelos filhos enganados ultrapassa tudo quanto a mente humana é capaz de conceber. Desse modo, é chegado também o momento de ambos que, a partir de agora, enfrentarão as consequências da própria incúria, a fim de despertarem para realidades novas e inadiáveis.*

Inutilmente o mal permanecerá na Terra e o seu curso, por mais longo se apresente, será sempre de breve duração, porque somente o bem possui caráter de permanência, por proceder de Deus.

Seduzidos pelo seu sicário, ainda se rebelam por haver perdido a exploração energética do nosso pobre equivocado, sem dar-se conta de que todos merecem misericórdia e compaixão no estado em que se encontram. Nossa preocupação, neste momento, é com vocês, irmãos queridos, desde que largos já se fazem os tempos dessa brutal deformação que os degrada.

A melhor conduta, neste instante, é o abandono da ideia de vingança, assim como a do prazer criminoso que os transformou em degenerados diante das Divinas Leis.

Na pausa inevitável, podíamos captar-lhes as ondas de revolta e de indignação, bem diferentes dos dois anteriormente atendidos.

O benfeitor prosseguiu:

— *Impossível a treva resistir à luz e o ódio contrapor-se ao amor. A vitória, sem dúvida, será sempre do Eterno Bem.*

Agora adormeçam, repousando um pouco, em face do desvario que os consome. Logo mais será novo dia e a oportunidade que surge é bênção incomum em favor da felicidade futura de suas vidas.

Mantenham-se em paz, porquanto, ninguém foge por tempo ilimitado em relação ao próprio destino, fruindo de plenitude que todos alcançaremos um dia.

Deus os abençoe, irmãos queridos!

Repetiu-se o procedimento realizado em relação aos anteriores socorridos.

Terminada essa tarefa, o mentor acercou-se de Anacleto e despertou-o com palavras suaves e gentis.

Visivelmente atordoado, com fácies congestionada, no desar que sofria, interrogou:

– *Estou em algum tribunal de justiça? Qual é a acusação?*

Muito calmo, Dr. Bezerra respondeu-lhe:

– *O amigo encontra-se em nosso santuário de amor e de caridade. O tribunal a que se refere permanece na sua consciência, onde está escrita a Lei de Deus. Os conflitos de conduta assustam-lhe a consciência temerosa da divina justiça por causa das infrações cometidas contra os deveres espontaneamente assumidos.*

A resposta oportuna fê-lo acalmar-se e dar-se conta de que se encontrava em desdobramento espiritual na sociedade em que era diretor.

Conscientizando-se e percebendo a figura veneranda do diretor dos trabalhos, assim como a presença do pequeno grupo de trabalhadores espirituais, foi tomado pelo pranto em quase desespero, reclamando:

– *As trevas tomaram conta de mim. Encontro-me abandonado pelos meus guias, eu que lhes tenho sido muito fiel, e já por um bom tempo...*

– Não assuma a atitude de mártir ou vítima de abandono – elucidou o amorável mentor –, *quando o irmão sabe, perfeitamente, que tem sido o responsável por vários transtornos de conduta e pelo perigo que vem rondando a venerável instituição, em decorrência da irresponsabilidade e da insânia moral que se vem permitindo.*

A voz era enérgica, necessária para o despertamento do embusteiro, que agora se passava como esquecido da Providência.

Ato contínuo, o mentor explicou:

— *Aqui estamos tomando providências para minimizar os danos causados pelos descalabros do caro irmão, também com o objetivo de chamá-lo à atenção para a responsabilidade dos seus compromissos, de modo a mudar de conduta e, dessa forma, libertar-se das trevas, sim, que o têm envolvido por anuência total de sua parte.*

Onde está a sua responsabilidade em relação ao trabalho de Jesus e à firmeza da fé, se logo se permite percorrer a senda de espinhos da insanidade, tornando-se instrumento de perturbação e de desastre para um trabalho que é piloti de sustentação na edificação do Espiritismo na Terra?

Não se brinca com as questões do Espírito imortal, nem se podem abandonar graves responsabilidades sem sofrer-lhes as consequências do ato leviano. Portanto, mude o foco do seu pensamento e conversemos.

O paciente, que despertava emocional e psiquicamente para aquilatar os disparates que se vinha permitindo, foi tomado pelo pranto natural de arrependimento, manifestando desejo de recuperar a paz.

Enfrentando a realidade com lucidez, ouviu o bondoso guia informá-lo:

— *A partir deste momento, embora permaneçam as situações de sintonia com os Espíritos malfazejos aos quais se tem entregado de boa mente, receberá também o nosso auxílio, a fim de que se possa libertar da sua influência perniciosa, reencontrando o rumo.*

A oração e a disciplina moral deverão constituir-lhe roteiro de segurança, em reflexão positiva e contínua, mantendo-se vigilante em relação às façanhas do prazer doentio e prejudicial.

Reconquiste o caminho perdido, avançando com harmonia interior pela senda redentora ao lado dos amigos e cooperadores, sem transformar-se em abismo ou impedimento à realização dos elevados objetivos espirituais que nos dizem respeito.

Agora, repouse e preserve a lembrança deste momento que deverá ser-lhe inolvidável.

Amanhece-lhe a oportunidade nova que deverá ser aproveitada com sabedoria.

Deus o abençoe!

Envolvido em enternecimento e harmonia, Anacleto adormeceu sem convulsão, em paz, sendo conduzido de retorno ao lar, por nosso Jésus Gonçalves e outro auxiliar da atividade mediúnica.

3.6.7 Diretrizes e alertas
(Obra: *Perturbações espirituais*. 1. ed. LEAL, diversas passagens)

INTERCESSÃO PROVIDENCIAL

A hora exige atenção e cuidado, ante o número expressivo de lobos disfarçados de ovelhas, com vozes mansas e venenos nas palavras, que aparentam humildade forçada e são possuidores de ira incontrolável. (p. 18)

❖

A Instituição Espírita de hoje deve evocar a *Casa do Caminho*, onde Pedro, Tiago e João viveram os ensinamentos de Jesus e mantiveram a continuação do contato com o Mestre, a fim de que tivessem forças para o testemunho, o sublime holocausto da própria vida. (p. 19)

PLANEJAMENTOS SOCORRISTAS

(...) a mansidão e a misericórdia serão sempre os nossos instrumentos de estratégia fraternal. (p. 25)

❖

É momento muito sério que está a exigir esforços hercúleos e dedicação quase exclusiva de todos aqueles que são afeiçoados ao Bem em todas e quaisquer das suas manifestações. (p. 29)

ATENDIMENTO DE EMERGÊNCIA

Somente a força do amor sem melindres nem retentivas para conseguir o verdadeiro milagre da transformação. (p. 48)

OS DESAFIOS PROSSEGUEM

(...) – Que faria o Mestre neste momento? Como agiria?
Ungir-se de humildade e de compreensão pelo outro, o seu próximo, proceder-se de maneira edificante, sem permitir-se que as paixões do *ego*, a presunção e o despotismo assumam o comando. (p. 50)

ENFRENTAMENTOS ILUMINATIVOS

A doutrina d'Ele, agora restaurada pelos imortais (...) constitui-nos alimento para nutrir-nos a alma e luz para que não resvalemos na treva da ignorância. (p. 82)

RESTABELECENDO A DIGNIDADE

No processo evolutivo de todos nós, sempre assinalamos os equívocos e os fascínios pelo erro, por estarmos impregnados dos velhos vícios que trazemos de reencarnações passadas. (p. 97)

PERSPICÁCIA DAS TREVAS

De igual maneira, as sociedades espíritas, com as exceções compreensíveis graças aos sacrifícios e coragem de alguns servidores do Bem, estavam sendo invadidas pela futilidade, arrogância, presunção e desrespeito às lições exaradas na Codificação, considerada em superação pelo momento presente (...). (p. 100)

❖

[Combater] os espetáculos de oratória vazia e artística (p. 101), [a] tese de Espiritismo sem Espíritos (...) [e] os lamentáveis espetáculos apresentados pela mediunidade atormentada, em que ditos mentores tornavam o fenômeno ridículo ou fútil... (Texto adaptado, p. 103)

AMPLIA-SE A ÁREA DE TRABALHO

(...) o recinto dedicado às atividades mediúnicas deve, sempre que possível, ser preservado de altercações, de anedotário vulgar, de conversação fútil, de atividades não compatíveis com a Lei da Caridade, porque são oficinas-hospitais de acolhimento a desencarnados em preparação para o atendimento que lhes fará grande bem. (p. 113)

ENCONTRO COM A VERDADE

No passado, os desafios aos espíritas procediam do mundo exterior, sendo fáceis de percebidos e mesmo superados; na atualidade, porém, a crueza da perseguição é de natureza interna, na intimidade das próprias instituições, por invigilância de alguns adeptos que não se permitem penetrar pelo conhecimento verdadeiro da doutrina. (p. 129)

❖

Na atualidade, os maiores desafios e testemunhos já não são fora das fronteiras dos Núcleos de iluminação, porém, dentro delas, pelo olvido da simplicidade, da pobreza, da ternura entre todos, da abnegação junto aos *filhos do Calvário* (...). (p. 136)

ESCLARECIMENTOS E ADVERTÊNCIAS

O Mundo espiritual nunca deixou de comunicar-se com o físico, mantendo as seguras informações da vida após a morte, e até hoje prossegue, sem que haja uma real mudança. (p. 145)

❖

Jesus reina e o Seu poder de amor ultrapassa qualquer capacidade humana de entendimento. Os dois mil anos que O separam da atualidade não modificaram, de forma alguma, a doação da Sua vida, que nos constitui a via redentora. (p. 146)

OS DEBATES PROSSEGUEM

É tempo de dialogar, em vez de competir, de ajudar, não de criar embaraços. (p. 156)

❖

(...) Deixai a arena das paixões para aqueles que ainda não conhecem o doce Galileu, e vivei de acordo com os Seus princípios, nos quais o *ego* cede lugar em todas as circunstâncias (p. 157)

Atividades incessantes

(...) o Centro Espírita é um reduto dedicado à paz e um santuário para a comunhão com Deus (...). (p. 177)

❖

(...) a Doutrina Espírita é luz na treva da ignorância, proporcionando discernimento em torno dos objetivos essenciais da existência física e do intercâmbio que existe, mesmo inconsciente, entre os dois planos da vida. (p. 177)

Providências salvadoras

Todos podemos conviver e afáveis, mesmo quando temos opiniões diferentes, respeitando-nos uns aos outros e colaborando juntos em favor do bem geral (p. 200)

Esclarecimentos oportunos

(...) as estatísticas do crime são assustadoras, acompanhadas de doenças intempestivas que surgem e desaparecem (...).

Não são, porém, estes dias, surpresa para os estudantes do Evangelho de Jesus, porque estão anunciados com detalhes nos escritos luminosos (...). (p. 204)

Os desafios e as soluções

O cumprimento do programa espírita exige seriedade e vivência austeras, porque constituem o compromisso que resulta do conhecimento da realidade do Espírito e suas implicações à existência corporal. (p. 221)

Concluindo o trabalho

Felizmente, o número de servidores fiéis, que estão comprometidos com o programa do Mestre, é bem expressivo e se encontram conscientes das responsabilidades que lhes dizem respeito, sobretudo na preservação dos postulados doutrinários e na sua vivência no cotidiano. (p. 238)

❖

Aos espíritas fiéis cabe a tarefa de informar em torno dos perigos psíquicos, emocionais e morais que cercam o ser humano na atual conjuntura, advertindo que o túmulo não é a porta final de dissolução da vida, antes é o passaporte para o país real de onde se origina a vida e para onde se retorna após a caminhada evolutiva (p. 240-241)

4

O CENTRO ESPÍRITA E A DESOBSESSÃO[15]

João Neves, José Ferraz e Nilo Calazans

A desobsessão compreende, basicamente, duas grandes atividades: atendimento aos encarnados e atendimento aos desencarnados.

Estas duas vertentes têm suas interfaces e estão de certo modo interligadas, sendo o compromisso fundamental das casas espíritas com uma e com outra. Porém, temos que separar o compromisso específico de cada área, que possui particularidades próprias, devendo, portanto, ser realizadas uma por meio de atividades doutrinárias em que participam diretamente os Espíritos encarnados, e a outra feita pelos seres desencarnados (mentores) com a participação de encarnados.

4.1 Atendimento aos encarnados

4.1.1 Padrão vibratório do Centro Espírita

A primeira qualidade que deve ser enfatizada no tratamento desobsessivo é o padrão vibratório do Centro Es-

---

[15]. Texto extraído do seminário *O Centro Espírita e a desobsessão*, que foi realizado na sede da Federação Espírita do Estado da Bahia – FEEB, em 31.08.97 (nota do organizador).

pírita. A desobsessão ocorre fundamentalmente nele, embora ela possa acontecer em qualquer local onde se encontrem corações interessados em promover a harmonia e ajudar o seu semelhante. No entanto, é no Centro Espírita que ele tem recebido maiores investimentos do Mundo espiritual, da administração planetária, para que se organizem fatores liberativos para a criatura humana.

Por essa e outras razões, o Centro Espírita tem que ser preservado e estruturado de tal maneira que haja nas suas atividades um clima fraternal predominante, em que todos estejam interessados numa proposta evangélica de construção do amor e da solidariedade entre as criaturas.

Os pensamentos não são coisas abstratas, são de certo modo, no plano psíquico, coisas concretas que impregnam os ambientes onde são projetados.

O pensamento projeta em torno do ambiente onde é emanado energias desagregadoras ou positivas, de conformidade com os seus teores vibratórios característicos, os quais atraem a presença de maus ou bons Espíritos, criando uma psicosfera de fluidos irritantes, tóxicos no primeiro caso, e de harmonia, paz e serenidade no segundo.

Através da psicosfera criada, obtém-se o padrão vibratório do Centro Espírita. Cada Instituição tem a sua aura pessoal em razão dos fatores que foram expostos. Isso é a base do sucesso para o trabalho de desobsessão.

Então, bons pensamentos, sacrifícios, doações feitas com equilíbrio, com amor, prática da fraternidade transformam o Centro Espírita em um colo de mãe abençoado e acolhedor. Oferece bases seguras para a desobsessão. Fora disso, o clima psíquico não permite a presença dos benfeitores espirituais, nem as condições imprescindíveis para um trabalho desobsessivo exitoso.

Allan Kardec examina no capítulo XXI – Da influência do meio, de *O Livro dos Médiuns*, dizendo textualmente que os Espíritos não vão a locais onde sabem que a sua presença é inútil. Desses locais se afastam. Daí, se não criamos elementos de atração, de sintonia, de identidade com o Mundo espiritual, o padrão vibratório não oferece campo para a desobsessão.

André Luiz, no livro *Nos domínios da mediunidade*, oferece uma informação muito importante: o psicoscópio é um aparelho de pequena dimensão utilizado pelos benfeitores espirituais para ter acesso ao mundo psíquico dos encarnados pelas irradiações anímicas do ser humano.

Os benfeitores espirituais dizem que por essa ficha psicoscópica podem determinar a posição de cada colaborador, examinando as suas possibilidades de trabalho na seara do amor e do bem.

A possibilidade do Centro Espírita é definida e analisada pelo Mundo espiritual de forma realista e segura. Portanto, uma regra fundamental em desobsessão é que cada um caminhe em conformidade com os seus recursos espirituais.

Deveremos entender os centros espíritas também como organizações coletivas, em que estejamos interessados na proposta desobsessiva globalizada. Se a nossa Casa, por enquanto, deu pequeninos passos, será um pequeno ambulatório no Mundo espiritual. Outras, que deram passos maiores, serão hospitais especializados, de cirurgias mais profundas, de tal maneira que todo esse conjunto forme uma unidade coletiva.

Precisamos trabalhar essa ideia de unidade. Muitas vezes, um ser encarnado que frequenta determinado Centro Espírita e que está sendo atormentado por outro ser desencarnado pode estar sendo atendido ali, e sendo trabalhado o desencarnado em outra Instituição.

Nós nos lembramos de que em nossa Casa (Centro Espírita Caminho da Redenção, em Salvador, BA), enquanto se processava o último Congresso Espírita do Estado da Bahia, em nossas reuniões mediúnicas aconteciam fatos de desobsessão, atendimentos especializados em benefício de pessoas que estavam frequentando toda a atividade daquele evento espírita. Existe, dessa forma, uma cúpula gerenciadora de todo esse processo desobsessivo na Terra.

4.1.2 A desobsessão e o atendimento fraterno

O atendimento fraterno na Casa Espírita é a porta de acesso para que o indivíduo ali possa ser atendido com a finalidade de diagnosticar, orientar e sugerir as terapias que ele deve utilizar para o processo da *desobsessão*.

Esse atendimento deve ser privativo e confidencial. Além disso, devem ser seguidos determinados passos com muita atenção.

Inicialmente, a maneira de acolher a pessoa, a fim de que ela, espontaneamente, comece a fazer a sua catarse e fale de forma sintética ou resumida a respeito da sua problemática.

Em seguida, temos o momento em que o atendido vai ser conscientizado. Nessa fase é necessário, para que a conscientização atinja os objetivos desejáveis, que o atendente seja uma pessoa tecnicamente preparada para esse tipo de tarefa espiritual, tendo sobretudo o hábito de saber ouvir. Em um sentido de maior profundidade, saber ouvir não significa tão somente um processo neurofisiológico, mas, acima disso, alguém que saiba concentrar a mente para ouvir atentamente a pessoa que está contando as suas dificuldades.

Em seguida, o atendente escolhe os pontos do problema mais importantes para a orientação que se faz necessária à luz da Doutrina Espírita e do Evangelho de Jesus. Isso deve ser feito com simpatia e empatia. Necessário partilhar com a pessoa de forma empática, fazendo com que o paciente se sinta envolvido por vibrações de amizade. A empatia é a capacidade que a pessoa pode adquirir para identificar as emoções de outrem. Para que isso seja possível, torna-se necessário que o atendente saiba conhecer as suas próprias emoções e controlá-las.

Por isso, a técnica nesse particular é de importância fundamental, a fim de que a orientação seja dada dentro dos postulados espíritas, e não através de opiniões pessoais. O atendente fraterno deve se ater a transmitir com cuidado o ensino espírita, evitando a todo custo postura inadequada. Nunca deve dizer à pessoa: – *Você é um obsidiado*, ou então: – *Você é médium, precisa desenvolver imediatamente a mediunidade.* Não se deve, de forma nenhuma, proferir esse tipo de orientação ou encaminhar a pessoa para tratamentos de curas, pois essa ideia remove da mente do atendido a sua responsabilidade plena na questão da desobsessão. No atendimento fraterno a pessoa recebe as diretrizes a seguir, a fim serem desfeitas as primeiras investidas do atormentado-atormentador.

Uma Casa Espírita desprovida de atendimento fraterno está deficitária para o atendimento individualizado ao público que por ali transita. Necessário refletirmos sobre o que foi dito para chegarmos às nossas próprias conclusões sobre o atendimento desobsessivo aos encarnados.

4.1.3 A desobsessão e a terapia pelos passes

A terapia pelos passes consiste na transmissão de bioenergia, que parte do médium, é cedida por ele, mais a energia que vem dos bons Espíritos.

Destacamos o *passe espírita* porque existem passes magnéticos, em que o doador transmite do seu próprio psiquismo. Porém, a proposta da Casa Espírita é o passe espírita, mediúnico, mas *não incorporado*. Mediúnico no sentido de que o ser se coloca a serviço dos benfeitores espirituais.

André Luiz estabelece, no capítulo 17 do livro *Nos domínios da mediunidade*, que o passista doa de si, porém, com o assessoramento dos bons Espíritos. Isso ocorre pelo envolvimento. Praticamente o passista toma um passe dos benfeitores espirituais, recolhe energias que passam pelos seus centros de força e redireciona essas energias para o beneficiário.

Não existe, portanto, incorporação, porque o médium passista não é um *médium para transmitir mensagens*; é um médium de energias saudáveis, um campo irradiador de forças, e não campo irradiador da palavra ou da mensagem mediúnica escrita.

Então, a proposta do *passe espírita* é a do passe sob a influência dos bons Espíritos, em que o amor é fundamental, assim como os bons princípios éticos. O passista deve ser uma pessoa centrada, que se autodescobriu, que se harmonizou consigo; calmo, sereno, uma pessoa que goste de gente, das pessoas, que tenha um conhecimento razoável sobre o corpo humano e sobre a Doutrina Espírita em particular, para se oferecer como um canal.

Vem a proposta seguinte, que é a mediunidade curadora. Quem é passista do ponto de vista espírita, com o aperfeiçoamento da sua doação, pode se transformar em um médium curador. O médium curador é aquele que tem capacidade de dar-se integralmente, fazendo com que as bênçãos dos bons Espíritos circulem livremente por seu intermédio. Quando temos poluídos o nosso corpo e a nossa expressão psíquica e vibratória, podemos contaminar os fluidos dos bons Espíritos; quando esse conjunto está limpo, o médium pode transformar-se em médium curador, que é também proposta da mediunidade espírita.

O passe deve ser vinculado ao atendimento fraterno.

Primeiro a pessoa deve passar por este serviço para ser estimulada, reavaliada e preparada para o mecanismo do passe. Porque muitas vezes ela precisa conversar um pouco para desabafar. Muitos dos problemas que estão em sua alma são desalojados no atendimento fraterno, criando bases para uma operação segura durante o passe. O passista deve ser silencioso; não é o passista que fala, que orienta, é o atendente fraterno.

Os Espíritos, quando aplicam o passe, postam-se silenciosamente, diz André Luiz. Manter um plantão de passes, silencioso, centrado, harmonizado e, paralelamente, o atendimento fraterno, para estimular, para orientar a pessoa na sua renovação interior, tudo isso vem significar a existência de equipes adestradas e integradas.

Todo o trabalho de uma Casa Espírita tem que passar por uma integração. O passista deve saber que ele é um elemento da desobsessão. Um elemento vital, pois toda essa corrente de tratamento pode ser interrompida num atendimento displicente ou que não atenda aos dispositivos do Mundo espiritual. É toda uma estrutura que vem desde a Espiritualidade até o paciente que vem receber o benefício, o socorro. Isso impõe, também, uma oferta mínima de passistas.

Se uma Casa Espírita abre uma proposta desobsessiva, tem que acolher as pessoas que vêm procurá-la para receber o passe. O passe pode ser dado nas reuniões doutrinárias, assim como os Espíritos podem aplicá-lo independentes de médiuns; porém, eles precisam da bioenergia do médium, do fluido vital, que é a substância que o ser encarnado produz, para determinadas operações de recomposição vibratória que o paciente precisa.

Então, mesmo ciente de que os Espíritos dão passe, nós teremos que ter uma proposta de passes. No Plano espiritual os benfeitores determinam os plantões de passe para atender à clientela do Centro Espírita em horários previamente estabelecidos. Daí a responsabilidade do trabalho. Não podemos abrir espaço para a desobsessão sem ofertar uma proposta mínima de plantões diários, com dois passistas revezando-se em atendimentos de até uma hora; não por mais tempo, para não desgastar a pessoa, a fim de atender aqueles que estão no processo liberativo e precisam de acolhimento e energia para se renovar.

4.1.4 A desobsessão e as reuniões doutrinárias

Outra atividade de muita importância para o processo da desobsessão é a reunião doutrinária. Verificamos isso nas obras de André Luiz e em *Trilhas da libertação*, de autoria de Manoel Philomeno de Miranda, que faz a narrativa dos acontecimentos durante uma reunião doutrinária.

Quando uma pessoa entra no Centro Espírita que tem uma psicosfera vibratória adequada, já está protegida dos seus desafetos. Quando ela ali se adentra, os Espíritos benevolentes começam a fazer um tratamento adequado, segundo as necessidades que apresenta.

Então, verifica-se que durante a exposição doutrinária há verdadeiros milagres nessa área, porque o encarnado está fora da sintonia do desencarnado que o está atormentando e presta atenção ao conteúdo da palestra.

Essa ocorrência permite aos benfeitores espirituais a realização de cirurgias perispirituais, que visam, assim, a colocar um ponto final naquelas ligações fluídicas, que são o motivo da implantação da obsessão no que se refere ao encarnado. Ali ele se renova mentalmente, emocionalmente, e durante todo aquele percurso se processa uma verdadeira psicoterapia de apoio para o encarnado, porque ele recebe uma terapia de ordem psicológica, de salutar eficiência para a questão desobsessiva.

Quando sair dali, vai depender dele próprio a continuidade dos benefícios, permanecendo na sintonia do bem, ou então voltar a sintonizar com seus desafetos. Os benfeitores fazem inclusive uma triagem das Entidades que acompanham os encarnados e que se situam no seu campo magnético. Aquelas que estão mais suscetíveis de ser doutrinadas são hospedadas na Casa Espírita para posterior tratamento no campo dos desencarnados.

No final da reunião, há também o benefício do passe, que pode ser coletivo ou individual e que retira os resíduos de fluidos que o indivíduo traz, para que ele saia dali liberto daquelas injunções obsessivas que o vêm martirizando há muito tempo.

Vale recordar a postura dos expositores. Nossas casas espíritas devem ter expositores estudiosos, que preparem com cuidado as suas palestras, busquem escolher temas que veiculem uma mensagem positiva e otimista, e nunca transmitir circunstâncias deprimentes para as pessoas que ali se encontram; para tanto é necessária uma elaboração esquematizada dos assuntos doutrinários e evangélicos focalizados e que se preservem da acomodação de que os bons Espíritos irão inspirá-los no momento próprio.

O expositor, portanto, tem que manter todos esses cuidados mais a conduta moral sadia para se tornar um ponto de referência para os ouvintes. Os dirigentes têm a obrigação de escolher, com cuidado, os palestrantes que irão ocupar a tribuna das casas que dirigem.

Os expositores devem tornar-se mais próximos uns dos outros, sem reações contrárias à troca de ideias entre si, evitando espírito de competição. Inclusive, ouvirem uns aos outros. Diante do exposto, as nossas casas espíritas podem colocar em pauta a formação da equipe de expositores dentro do princípio da apresentação de palestras de boa qualidade. Isso é muito importante para a terapia de apoio, que é a reunião doutrinária, indispensável no processo de desobsessão.

4.1.5 A desobsessão e o tratamento profissional especializado

Vamos tocar num ponto fundamental. Referimo-nos às possibilidades que ampliam a capacidade do Centro Espírita de atender e sugerir o tratamento profissional nas suas variadas especialidades, como psiquiatras, clínicos e outros, uma vez que as problemáticas da obsessão podem minar não somente a mente, como também a emoção, pelo estresse, pela depressão e por outras doenças psicológicas, assim como o organismo físico, sinalizando depauperamento orgânico, processo anêmico, perda profunda de vitalidade etc., requerendo atendimento especializado na área competente.

Pode-se ir ao psicólogo em casos de conflitos na personalidade que dificultam qualquer terapêutica. São âncoras de ação onde se apoiam os obsessores. É preciso drenar essas áreas do inconsciente que estão problematizadas e atingidas para a superação dos conflitos. Daí também o campo de apoio muito significativo do psicólogo.

Somos um ser trino: Espírito, perispírito e corpo, então cada departamento da nossa vida requer um apoio especializado. O atendimento desobsessivo aos encarnados na Casa Espírita tem sua possibilidade de ação específica, mas há uma necessidade muito grande de adicionar o tratamento profissional especializado. As terapias se completam. Toda vez que se deixa de fazer alguma coisa na área psicológica, clínica ou psiquiátrica, está dificultando-se a própria desobsessão.

Se houver necessidade, deve-se ir ao médico, senão a desobsessão não se completará. Aqueles fatores indispensáveis para o soerguimento das forças vitais não se completariam por essas razões que foram expostas. Faz-se indispensável a procura de tratamento por intermédio de especialista profissional quando há qualquer ameaça à integridade do ser: uma proposta permanente de suicídio, algumas tentativas frustradas socorridas a tempo, entre outras. É necessário bloquear os movimentos do obsidiado nessa condição emergencial enquanto as providências divinas se estabelecem, porque o passo seguinte poderá ser a concretização da ameaça suicida, um suicídio por falta de controle prévio indispensável.

Quando o obsessor exacerba o tormento ao desafeto, acelera a excitação, o que pode causar uma lesão no sistema nervoso. Um bloqueador do sistema nervoso na área médica é providência essencial. Não devemos sair para aquela proposta do passado, afirmando que tais problemas não são casos para a área médica. Recorrer ao atendimento médico é uma providência indispensável. De preferência, não indicar profissionais, porém, se for necessário, indicar, e, se a pessoa não tiver uma referência, sugerir mais de um, para forçar o mecanismo da escolha própria. Hanna Wolff faz uma proposta audaciosa: não procurar terapeuta materialista. Se a nossa proposta é espiritualista, tenhamos então a coragem moral de escolher um terapeuta que tenha uma proposta espiritualista, porque ele vai ser inspirado e terá maior condição de receber assessoria dos benfeitores espirituais para fazer um atendimento harmonizado e feliz.

Então, também no atendimento fraterno, se nós tivermos que indicar, teremos que ter os cuidados iniciais para não incorrermos nesse equívoco, porque o materialismo efetivamente traz uma interpretação da vida que muitas vezes prejudica a abordagem dos próprios terapeutas, criando dificuldades na terapia.

4.1.6 A desobsessão e a promoção do ser

Todos esses recursos apresentados existentes no Centro Espírita para o processo de desobsessão têm, em realidade, a finalidade de promover o ser inteligente encarnado.

Não é simplesmente a preocupação, que muitas vezes existe, exclusiva de fazer-se com que o desencarnado abandone espontaneamente o seu intento de perseguir e de vingar-se do encarnado atormentado. Na realidade, a desobsessão tem esses recursos para que o encarnado possa, por essas várias circunstâncias, ter a oportunidade de se moralizar, de despertar para a vida verdadeira, que é a espiritual.

Um grande número de pessoas se adentra no Centro Espírita completamente desinformado do que seja a Vida espiritual. Vivem o imediatismo da existência corporal, dizem não ter uma crença religiosa ou hábitos religiosos. A frequência ao Centro Espírita possibilita o despertamento não somente da sua consciência, mas também do sentimento de religiosidade, buscando simultaneamente autodescobrir-se, finalidade para a qual o Espiritismo nos convoca nesta presente oportunidade reencarnatória. Para que nós nos descubramos é imprescindível o autoconhecimento.

Isto é realmente uma atitude imediata de todos aqueles que se dizem espíritas: saber identificar as suas emoções para controlá-las. O indivíduo que está no Centro em busca da desobsessão é na realidade um irmão temporariamente enfermo. Na verdade, ele não é doente, ele está doente, o que é muito diferente, por isso não devemos fazer rotulações depreciativas. O Centro Espírita, para completar essa atitude promocional do ser, tem que abrir as portas para o estudo básico do Espiritismo, para a ação do bem. Dar oportunidade às pessoas que queiram trabalhar no bem, porque o bem é bom para quem o pratica. E no instante em que nós estamos dinamizados por este sentimento, que é o amor em movimento, com a mente voltada para a causa dos semelhantes, desvinculam-se os laços com as Entidades atormentadoras, infelizes, que se comprazem com o sentimento de vingança.

Dessa forma, o Espiritismo quer colocar em nossas mãos a cura real, que somente é possível quando erradicamos as causas. Todas as causas da obsessão se encontram no Espírito, que é o endividado das Leis Cósmicas. No momento em que surge a renovação, a autoiluminação, esse processo vai diluindo-se até o total desaparecimento, desde que o devedor repare o mal perpetrado.

Daí o convite do Espiritismo, neste momento, para que juntos caminhemos nessa direção, a fim de logo mais obtermos a cura real. Até hoje nos encontramos em dúvida, sem sabermos o porquê de passarmos por tantas dificuldades, inclusive a da obsessão. Tudo fica simples de ser explicado se admitirmos que o nosso ontem surge no hoje em uma variedade de formas, convocando-nos ao reajuste e à reparação. Por isso o estado interior de cada pessoa é que vai propiciar realmente essa cura real, dando o ensejo de serem feitos maiores voos na direção dos mundos felizes.

4.2 Atendimento aos desencarnados

4.2.1 A desobsessão e a reunião mediúnica

A desobsessão é uma técnica espírita especializada para libertar as mentes que se interdependem no comércio infeliz da submissão espiritual. Ela se apoia em dois elementos essenciais: o esclarecimento do vingador desencarnado e a renovação moral do devedor encarnado.

Encarnados e desencarnados estão sendo colocados aqui como seres que precisam ser assistidos com a mesma eficiência e com a mesma boa vontade.

Vamos tratar agora do esclarecimento dos desencarnados.

O grande trabalho de desobsessão é promovido pelos bons Espíritos.

Sempre houve, na Terra, obsidiados e obsessores, assim como atendimento, socorro e terapias. Esse trabalho era realizado naturalmente no Mundo espiritual pelos benfeitores, e os médiuns, quando chamados à cooperação, eram desdobrados durante o sono físico para realizar a sua doação mediúnica.

Com o advento do Espiritismo, a convocação dos encarnados para o trabalho se evidenciou e as reuniões mediúnicas de caráter terapêutico foram colocadas como uma possibilidade de ser realizadas no plano físico também.

No primeiro momento do Espiritismo havia uma preocupação muito grande com a demonstração da imortalidade da alma. As reuniões tinham um caráter eminentemente de pesquisa. Passada essa etapa, a fase atual é de ajuda aos carentes, na qual os médiuns estão voltados para essa feição terapêutica da mediunidade.

A psicografia cedeu lugar, na preferência do Mundo espiritual, para a psicofonia, por ser o trabalho dos médiuns falantes um processo mediúnico mais adequado para o tratamento energético dos desencarnados – através do choque anímico – e o diálogo ser esclarecedor.

As reuniões mediúnicas são, portanto, reuniões especializadas em que os médiuns psicofônicos se colocam em disponibilidade para essa tarefa terapêutica, e os médiuns esclarecedores, ou doutrinadores, colocam-se como instrumentos adequados para conscientizar os Espíritos.

Uma reunião mediúnica de caráter desobsessivo deve seguir alguns padrões de qualidade. Qualidade é um conceito moderno, que impõe uma compreensão clara de objetivos. Todas as pessoas envolvidas no processo mediúnico têm que saber a própria missão dentro do trabalho.

Qualidade tem muito a ver com avaliação. Uma avaliação passo a passo, para que se possam tomar as medidas corretivas no momento em que o problema surge, e preventivas, para que as faltas deixem de existir. Qualidade propõe que haja procedimentos.

Os primeiros padrões de qualidade são inerentes à equipe. Uma equipe de desobsessão – uma equipe mediúnica – deve ter determinadas qualificações: fraternidade entre os seus membros; treinamento para o processo de interiorização, de recolhimento, ou seja, saber concentrar-se de tal modo que possa favorecer a ação espiritual, bloqueando os interesses e pensamentos que não dizem respeito à reunião, para ali se colocarem de maneira centrada.

É necessário que os participantes façam o Culto do Evangelho no Lar. Neste particular, André Luiz estabeleceu que o Evangelho é uma providência higiênica, terapêutica, porque estabelece uma base de apoio entre o lar e a própria reunião mediúnica. Considerando-se que o trabalhador da mediunidade está constantemente sob a vigilância dos Espíritos inferiores, que não querem que a desobsessão ocorra de uma forma equilibrada e positiva, é necessário que seja evangelizada sua família de forma eficaz, para que haja uma base de apoio importante para a tarefa desobsessiva.

Outra necessidade fundamental é a seleção da equipe de trabalho mediúnico.

Seleção dos participantes, para que não ocorra que a equipe que venha a formar a reunião mediúnica seja composta por pessoas despreparadas que passam a ocupar os lugares daqueles que têm compromisso com a mediunidade.

Se existe "colaborador" que não quer assumir compromisso com o trabalho, é provável tenha faltado a seleção adequada. Se os problemas se avultam e arrastam-se sem solução, é possível que a seleção tenha sido relaxada no seu início.

Necessário também, dentro de padrões de qualidade, manter privacidade do trabalho mediúnico. Não podemos fazer um trabalho de intercâmbio espiritual aberto ao público, porque estaríamos comprometendo os resultados. Traríamos elementos de perturbação mental e psíquica para o ambiente da reunião, o que se constitui um risco desnecessário que vai comprometer os seus objetivos.

Faz-se necessário que tenhamos dias específicos para o intercâmbio espiritual e um espaço adequado para que haja harmonização do ambiente. Allan Kardec se preocupou com isso no seu *Projeto 1868*, constante do livro *Obras póstumas*, quando disse que o Estabelecimento Central onde seriam feitas as evocações deveria ter um espaço reservado para elas, exatamente pela impregnação fluídica, vibratória, do próprio local.

Portanto, fixar dias e horários reservados para as reuniões mediúnicas é medida facilitadora para o compromisso com o Mundo espiritual. Realizá-las nos dias estabelecidos, e não por qualquer motivação extemporânea, é outra medida importante. Quando começamos a achar que devemos fazer uma reunião mediúnica aqui, outra ali, uma hoje, outra extra amanhã, significa desqualificação do próprio trabalho regular que fazemos no Centro Espírita.

Essencial, também, a disciplina da pontualidade, para que haja uma compreensão perfeita do objetivo.

Um detalhe importante é a programação dos atendimentos. Muitas experiências espíritas respeitáveis pecam exatamente por não atentar para isso. André Luiz diz que os mentores espirituais dispõem de melhores condições para compreender a possibilidade de ação do grupo que se organizou para o trabalho mediúnico. São eles, portanto, que têm uma competência maior para dizer quem é que vai ser socorrido num determinado trabalho específico. Quando os encarnados colocam uma programação dentro da programação do Mundo espiritual, começa a haver choques de competência. A programação deve ser feita de lá para cá, e não daqui para lá. Podemos colocar o nome, orar por alguém, e isso já é uma pré-evocação, que muitas vezes o Mundo espiritual valoriza. Correspondem a estados de intercessão carinhosa quando as encaminhamos com unção, com respeito, com religiosidade, porque a própria pessoa vai ser o instrumento da cura, do apoio que ela quer dar a alguém. Esta é uma preocupação fundamental: não interferir de forma ostensiva na programação dos atendimentos, deixando que o Mundo espiritual programe o trabalho da desobsessão. Tem-se que atender os encarnados com todo o carinho, mas, na hora de programar quais os Espíritos que vão ser atendidos na reunião mediúnica, não interferir nessa seara, que é da alçada dos benfeitores espirituais. Não raro temos uma proposta e eles têm outra; queremos atender o nosso caso específico e eles desejam socorrer aqueles que se acham em condições de merecimento. De outras vezes, eles optam por promover a desobsessão de nós mesmos, que somos os trabalhadores da Casa Espírita, enquanto nós estamos com a atenção em outra direção.

No livro *Trilhas da libertação*, psicografado por Divaldo Franco, de autoria do benfeitor Manoel Philomeno de Miranda, encontram-se registros de como os Espíritos socorrem os próprios médiuns que estão envolvidos na atividade de intercâmbio espiritual. Se tivermos uma proposta muito rígida de clientelismo absoluto, abafamos a possibilidade dos benfeitores atenderem a programação previamente elaborada por eles. O trabalho leva essa conotação.

Importante, também, é avançarmos lentamente no trabalho da desobsessão. Não nos rotulemos como grupo especializado em trabalho desobsessivo antes que tenhamos a competência para fazê-lo. O ideal é que o próprio grupo gradualmente se fortaleça. Quando o trabalhador está pronto, o trabalho aparece. Comecemos com uma proposta de desenvolvimento e educação mediúnica. O grupo aos poucos se adestra, estrutura-se; as pessoas vão adquirindo competência, amor ao trabalho, dando sinais de devotamento, renúncia, abnegação, tendo a capacidade de palmilhar o caminho dos espinhos, das dificuldades, superando-os, e então o Mundo espiritual traz as propostas de desobsessão para aqueles médiuns que se credenciaram para a tarefa.

Mas podemos ter uma reunião mediúnica com cinco, seis, oito médiuns. Um atenderá questões simples da vida, Espíritos sofredores; outros estarão num processo de desenvolvimento ainda primário da mediunidade, e alguns médiuns, especificamente, por terem maior adestramento, poderão executar o trabalho específico da desobsessão. Deixemos que o grupo se fortaleça no vagar do tempo, para não criarmos propostas artificiais de desobsessão, para as quais não temos ainda a capacidade de administrar.

Muitos médiuns experimentam dificuldades variadas exatamente quando saem da proposta de desenvolvimento natural, lenta e gradual, para ser colocados em reuniões de desobsessão sem estar preparados. Faz-se necessário que deixemos a Natureza encaminhar, sabiamente, a capacidade, a condição de cada medianeiro, de cada trabalhador, de cada grupo específico, é o que afirma Hermínio C. de Miranda. Os grupos mediúnicos se fortalecem ao longo do tempo, repetimos.

A benfeitora Joanna de Ângelis assevera que antes de dez anos todos os ensaios humanos não passam de tentativas e acrescenta que o Mundo espiritual passa a valorizar o trabalho quando ele se consolida pelo esforço perseverante, depois de dez anos de experimentação, para que não criemos o artificialismo, através de propostas humanas sem capacidade para ser sustentadas. Deixemos que o encaminhamento se faça naturalmente, e o grupo se fortaleça com as suas próprias energias.

4.2.2 A desobsessão e a equipe mediúnica

Todos os trabalhadores integrados nas atividades doutrinárias e assistenciais do Centro Espírita, em particular aqueles que formam a equipe mediúnica, estão sistematicamente envolvidos no trabalho de desobsessão, direta ou indiretamente.

O expositor, ao fazer a sua explanação doutrinária evangélica, alcança as mentes desalinhadas das Entidades desencarnadas que se encontram presentes nas reuniões doutrinárias. Durante a distribuição da sopa, do farnel, do agasalho, do medicamento, os assistidos que ali comparecem para receber a ajuda material atraem os seus parceiros desencarnados e ambos recebem no momento aprazado o atendimento prodigalizado pelos benfeitores espirituais.

Qualquer trabalhador da Casa Espírita, durante o seu momento de doação pessoal no âmbito das necessidades da manutenção material da célula de amor, encontra-se com a mente em sintonia com os amigos espirituais na construção de uma psicosfera adequada para as tarefas de desobsessão.

Imprescindível realçar as atividades dos mentores quando os trabalhadores encarnados oferecem clima psíquico para a atuação deles, desde o momento em que inspiram os atendentes fraternos, na ocasião da orientação, que serve como uma doutrinação indireta para as Entidades atormentadoras que acompanham os seus hospedeiros. Concomitantemente, lá estão eles derramando fluidos saudáveis sobre os passistas para benefício do Espírito vingativo, desimantando-o da sua vítima durante a terapia pelos passes.

Cabe à responsabilidade dos figurantes indiretos estarem imbuídos do melhor propósito de servir desinteressadamente, para não dificultarem a programação dos bons Espíritos, criando com as suas emanações fluídicas sadias um psiquismo favorável na Casa Espírita. Qualquer acontecimento imprevisto deve ser resolvido com ponderação e tolerância. Deve perguntar a si próprio: o que posso fazer para atender a esse irmão em Jesus que chega aqui tão atribulado?

Quanto aos componentes da equipe mediúnica diretamente responsáveis pelos trabalhos desobsessivos, eles devem possuir, como é perfeitamente compreensível, requisitos necessários para o desempenho eficiente das suas funções.

O médium deve ser detentor de adestramento desde o momento da concentração propiciadora do transe mediúnico, da facilidade na comunicação, da regularidade no exercício, da maleabilidade da sua instrumentalidade mediúnica para atender diversos tipos de Espíritos.

O terapeuta-doutrinador deve ser possuidor de raciocínio rápido, estabilidade emocional, intuição clara, comportamento moral sadio, além de conhecimento técnico de como atender, abrangendo as habilidades de intervir na hora certa, com rapidez de percepção e colocação adequada da palavra.

O dirigente deve ser possuidor de todas as qualidades do terapeuta-doutrinador mais a autoridade fundamentada no exemplo, liderança natural e devoção à fraternidade, além de habilidades para orientar a equipe no momento certo e para superar dificuldades.

O assistente-participante, que não é simples espectador, e sim auxiliar do trabalho de intercâmbio espiritual, deve estar motivado para manter uma postura mental compatível com as necessidades energéticas do momento, utilizando a oração meditada, a atenção para com as comunicações dos desencarnados e a emissão de pensamentos edificantes.

4.2.3 Terapias desobsessivas

Depois da enumeração dos requisitos necessários aos componentes de uma equipe mediúnica, torna-se perfeitamente viável estabelecermos os parâmetros para que os mentores espirituais acionem as terapias desobsessivas que vão beneficiar terapeuticamente os desencarnados atormentadores e atormentados em si mesmos.

O choque anímico é o princípio fundamental nas terapias desobsessivas, requerendo, por essa razão, um adestramento cuidadoso do medianeiro no sentido físico, emocional, mental e espiritual para essa tarefa de profunda gravidade e delicadeza, em decorrência das absorções fluídicas pelas diversas estruturas perispirituais, quando se trate de portador da faculdade mediúnica despreparado ou negligente.

Essa terapêutica acontece no fenômeno da incorporação atormentada quando ocorre uma interpenetração entre os perispíritos do médium e do desencarnado, propiciando uma troca energética de significativa importância para a saúde do ser enfermiço. A energia doentia do comunicante é absorvida pelo médium, que a elimina enquanto doa energia saudável ao Espírito enfermo, revigorando-o ou provocando um abalo considerável nas estruturas cristalizadas de sua mente, rompendo as ideias fixas e odientas que se enraizaram no perispírito do desencarnado.

Simultaneamente, o poder de imantação magnética do perispírito do médium impede que o Espírito desvairado fuja do diálogo com o terapeuta-doutrinador, que o despertará para uma realidade nova, ao mesmo tempo aliviando-o psiquicamente das dores ultrizes que sente nessa circunstância.

É por meio desse diálogo que a palavra oportuna, concisa, dita com amorosidade evangélica, introduz a contragosto, na mente do ser espiritual em tratamento, as vibrações medicamentosas e providenciais, a fim de servirem como ponto de partida para a cicatrização das suas feridas morais. A delicadeza das expressões, mescladas pela ascendência moral do doutrinador, envolve e alivia o enfermo desencarnado no paroxismo do sofrimento, funcionando como estímulo para, com o fluido animalizado do médium, produzir os efeitos salutares em prol do restabelecimento da sua saúde.

O terapeuta-doutrinador, em sintonia com o mentor espiritual dos trabalhos, pode intuitivamente utilizar a oração intercessória feita através da emoção superior, robustecendo a terapia desobsessiva com efeitos promissores.

O passe reconfortador aplicado no médium sob a ação perturbadora da Entidade em desequilíbrio que por ele se comunica funciona em benefício de ambos, preservando os delicados equipamentos da instrumentalidade mediúnica, alcançando também o desencarnado em desespero, diminuindo-lhe as manifestações enfermiças.

Quando for necessário e houver uma intuição clara, o terapeuta-doutrinador pode utilizar a indução hipnótica na projeção de quadros mentais proveitosos ao esclarecimento do desencarnado, propor ideias reeducadoras e calmantes, como também sugerir-lhe a absorção de medicamentos fluídicos de efeitos terapêuticos para a contenção dos seus impulsos asselvajados.

Sempre debaixo da orientação do mentor espiritual, a sonoterapia e a regressão de memória poderão ser utilizadas, no primeiro caso, para adormecer o Espírito exaurido nas suas forças psíquicas depauperadas ou, no segundo caso, para remover traumas, superar o medo de encontrar-se, compreender os motivos dos acontecimentos atuais, projetar quadros fluídicos, configurando as cenas desencadeadoras da odiosidade atual, detalhando a interferência da vítima e algoz numa panorâmica fidedigna dos fatos acontecidos.

5
Informações sobre as obras do Espírito Manoel P. de Miranda

Nos bastidores da obsessão – 1970

O instrutor espiritual narra nessa obra as aflições obsessivas ocorridas com a família Soares, nos anos de 1938, em Salvador, BA, época em que estava encarnado e trabalhava ao lado de José Petitinga.

Grilhões partidos – 1974

O autor espiritual narra o drama da família Santamaria, do Rio de Janeiro, no qual a jovem Ester é vitimada por pertinaz obsessão, que a leva a ser internada como louca até que seus pais, Cel. Constâncio e D. Margarida, são encaminhados a reuniões espíritas, que os guiam ao conhecimento das causas do problema e à sua superação.

Tramas do destino – 1976

Narra o autor espiritual as tramas do destino da família Ferguson, na qual Rafael e a filha Lisandra são acometidos do mal de Hansen, além de distúrbios obsessivos e psíquicos, com raízes no passado espiritual de ambos, o que revela a eficácia da terapia espiritual na libertação das dores físicas e morais.

Nas fronteiras da loucura – 1982

Com explicação inicial do Espírito André Luiz, por intermédio do médium Francisco Cândido Xavier, o autor espiritual narra suas observações, ao lado do Espírito Bezerra de Menezes, no período de um carnaval carioca, nas quais aborda as várias técnicas obsessivas em casos de abusos e alienações com droga, álcool, sexo, aborto e tentativas de suicídio, para demonstrar o trabalho dos bons Espíritos num Posto de Socorro Central no Mundo espiritual.

Painéis da obsessão – 1983

O autor espiritual relata nesta obra casos obsessivos e assistência espiritual num sanatório para tuberculosos, em Campos do Jordão, e descreve as dificuldades de um jovem casal espírita, Argos e Áurea, para vencer a enfermidade e as obsessões que ele sofria.

Loucura e obsessão – 1988

O autor espiritual narra seu estágio de um mês, conduzido por Bezerra de Menezes, numa casa de culto afro-brasileiro, e relata as causas e terapias de inúmeros e variados casos de psicopatologias e problemas no comportamento, como autismo, esquizofrenia e frigidez.

Temas da vida e da morte – 1989

Considerando os vários enigmas do pensamento com relação à vida e à morte, o instrutor espiritual apresenta 30 profundas reflexões espíritas acerca desses temas para aclarar as causas de alguns problemas do cotidiano das criaturas.

Trilhas da libertação – 1996

O querido autor espiritual, juntamente ao Espírito José Carneiro de Campos, estuda as técnicas de ação das Entidades cultivadoras do mal e da ação dos Espíritos nobres para esclarecê-las, convidando-nos à meditação, à conduta saudável, à vivência dos postulados éticos, filosóficos e morais da Doutrina Espírita e do Evangelho de Jesus.

Tormentos da obsessão – 2001

O autor espiritual relata várias experiências que vivenciou no Hospital Esperança, localizado no Mundo espiritual, no qual se encontram internados inúmeros Espíritos falidos e comprometidos com o seu próximo, especialmente pacientes que foram espiritistas fracassados, ali recolhidos graças à magnanimidade do benfeitor Eurípedes Barsanulfo, que o ergueu, dando-lhe condição de santuário para a saúde mental e moral.

Sexo e obsessão – 2002

O autor espiritual analisa temas atuais como o desequilíbrio moral e sexual da pedofilia, a sensualidade perversa e a luxúria, a parasitose obsessiva, a influência negativa dos programas da televisão no comportamento de crianças e adolescentes, e outros assuntos de interesse. O Marquês de Sade, Rosa Keller, padre Mauro, Madame X, irmão Anacleto, madre Clara de Jesus, Bezerra de Menezes e o médium Ricardo são alguns dos inesquecíveis personagens dessa obra.

Entre os dois mundos – 2004

Neste livro, o autor espiritual destaca a existência de esferas intermediárias, onde há ininterrupta movimentação de seres espirituais em intercâmbio contínuo, dando-nos a ideia de que não existe estagnação no Universo.

Reencontro com a vida – 2006

Nesta obra, Manoel Philomeno de Miranda passa-nos a lição de que a morte, apesar de inspirar medo, pavor, compaixão, dúvida, angústia, saudade e até revolta, é também a grande mensageira da Realidade e que morrer não significa extinguir-se.

Transtornos psiquiátricos e obsessivos – 2008

Diversos aspectos dos distúrbios mentais e de comportamento são elucidados com riqueza de detalhes neste livro. Manoel Philomeno de Miranda, na condição de repórter gentil, entrevista diversos mensageiros do Mundo causal, oferecendo-nos páginas enriquecedoras, cujo conteúdo jamais será esquecido.

Transição planetária – 2010

Nesta extraordinária obra os leitores conhecerão os mecanismos e as razões de ordem superior da transição planetária, em favor das mudanças urgentes e necessárias que promovam o respeito às leis, à ética e à Natureza, transformando o homem num ser integral, consciente dos seus deveres para com Deus, consigo e o próximo.

Mediunidade: desafios e bênçãos – 2012

Este livro do mestre Manoel Philomeno de Miranda proporciona lições e orientações de inestimável valor doutrinário, ético, moral, filosófico e espiritual, constituindo-se mesmo num poderoso mecanismo de defesa contra as perigosas e sutis ciladas das entidades infelizes do Plano espiritual.

Amanhecer de uma nova era – 2012

Referindo-se à transição planetária pela qual passa o nosso planeta, não só do ponto de vista geológico, mas especialmente no que diz respeito aos aspectos moral e espiritual, este livro esclarece-nos que Espíritos evoluídos procedentes de outras dimensões descem às sombras da Terra, atendendo ao apelo de Jesus, a fim de contribuir em benefício dos seus irmãos da retaguarda.

Perturbações espirituais – 2015

Com este livro, o autor espiritual Manoel Philomeno de Miranda deseja alertar os companheiros inadvertidos ou descuidados dos deveres espirituais assumidos antes do renascimento carnal quanto às suas responsabilidades morais na condição de trabalhadores da última hora, comprometidos com os benfeitores da Humanidade, que neles confiam.

6
NOTAS

6.1 Sínteses biográficas

ADOLF MEYER (* 1866 – † 1950): psiquiatra suíço. Estudou Psiquiatria e Neuropatologia na Universidade de Zurique e emigrou para os Estados Unidos da América em 1892. Foi presidente da Associação Psiquiátrica Americana e uma das mais influentes figuras da Psiquiatria na primeira metade do século XX, que muito influenciou a teoria psiquiátrica americana e inglesa, criando a Ergasiologia, ou Psicobiologia, a qual busca uma integração do estudo biopsicológico do ser humano.

ALCINA: mulher que adquiriu fama por ter sido uma das principais pacientes de Charcot no estudo da histeria. Incorporava Espíritos famosos, como Galeno e outros, e respondia a perguntas em qualquer língua.

ANAXÁGORAS DE CLAZÔMENAS (* Jônia, 500 a.C. – † 428 a.C.): filósofo grego do período pré-socrático. Fundou a primeira escola filosófica de Atenas, contribuindo para a expansão do pensamento filosófico e científico que era desenvolvido nas cidades gregas da Ásia.

ARISTÓTELES (* Estagira, 384 a.C. – † Atenas, 322 a.C.): filósofo grego, aluno de Platão e professor de Alexandre, o Grande. Seus escritos abrangem diversos assuntos, como a Física, a Metafísica, as leis da poesia e do drama, a música, a Lógica, a Retórica, a Política, a Ética, a Biologia e a Zoologia. Com Platão e Sócrates, Aristóteles é visto como um dos fundadores da Filosofia ocidental.

ARNÓBIO (* 255 – † 330 d.C.): também conhecido como Arnóbio de Sica, foi um apologético da fase inicial do Cristianismo que viveu durante o reinado do imperador Diocleciano (284 – 305).

BARÃO VON GÜLDENSTUBBE (Johann Ludwig von, * 1817 – † 1873): cientista e pesquisador escandinavo que muito se interessou pelas materializações luminosas. Introduziu na Europa o estudo da escrita direta. Escreveu o livro *La realité et de leurs manifestations*.

BERGSON (Henri, * 1859 – † 1941): filósofo e diplomata francês de ascendência judaica, conhecido principalmente por ensaios sobre os dados imediatos da consciência, matéria e memória, a evolução criadora e as duas fontes da moral e da religião. Sua obra é de grande atualidade, estudada em diferentes disciplinas – Cinema, Literatura, Neuropsicologia, Bioética. Recebeu o Nobel de Literatura de 1927.

BREUER (Josef, * 1842 – † 1925): médico e fisiologista austríaco, cujas obras lançaram as bases da Psicanálise. Breuer descobriu que aliviara os sintomas de depressão e hipocondria (histeria) de uma paciente, Bertha Pappenheim, depois de induzi-la por hipnose a recordar experiências traumatizantes sofridas por ela na infância. Para isso, fez uso da hipnose e de um método novo, a terapia de conversa. O principal problema desse método são os fenômenos que depois Sigmund Freud chamaria transferência e contratransferência. Dessa experiência Breuer concluiu que os sintomas neuróticos resultam de processos inconscientes e desaparecem quando esses processos se tornam conscientes. Chamou a esse processo Catarse. Ele não quis continuar a prática terapêutica que havia descoberto, nem publicou de imediato os resultados do tratamento de Bertha, porém ensinou seu método a Sigmund Freud.

CARL AUGUST WICKLAND (* 1861 – † 1945): psiquiatra sueco, investigador paranormal e autor de não ficção. Em colaboração com os seus assistentes, Watts Nelle, Celia e Orlando Goerz, escreveu e publicou em 1924 *Trinta anos entre os mortos*, um livro que detalha suas experiências em Psicologia anormal. Abriu uma clínica para o tratamento da obsessão, apesar de não crer na reencarnação.

CHARCOT (Jean-Martin, * 1825 – † 1893): médico e cientista francês, foi um dos maiores clínicos e professores de Medicina da França e, com Guillaume Duchenne, o fundador da moderna Neurologia. Suas mais marcantes contribuições para o conhecimento das doenças do cérebro foram o estudo da afasia e a descoberta do aneurisma cerebral e das causas de hemorragia cerebral. Durante as suas investigações, Charcot concluiu que a hipnose era um método que permitia tratar diversas perturbações psíquicas, em especial a histeria.

CHARLES ROBERT RICHET (* 1850 – † 1935): fisiologista francês descobridor da soroterapia. Recebeu o Nobel de Medicina de 1913 por descobrir a anafilaxia (reação alérgica) e foi também o criador da Metapsíquica.

CÍCERO (Marcus Tullius Cicero, * 106 a.C. – † 43 a.C.): filósofo, orador, escritor, advogado e político romano.

CROOKES (Sir William, * 1832 – † 1919): químico e físico inglês. Em 1861, descobriu um elemento que tinha uma linha de emissão verde brilhante no seu espectro, ao qual deu o nome de tálio, que é o elemento químico de número atômico 81, e identificou a primeira amostra conhecida de hélio, em 1895. Inventou o radiômetro de Crookes, desenvolveu os tubos de Crookes, investigando os raios catódicos, e foi um dos primeiros cientistas a investigar o que hoje é chamado de plasmas. Também criou um dos primeiros instrumentos para estudar a radioatividade nuclear, o assim chamado espintariscópio.

DIONÍSIO DE HALICARNASSO (* cerca de 60 a.C. – † 10 d.C.): historiador grego contemporâneo de Augusto, considerado a melhor fonte para a compreensão da história antiga de Roma.

DR. CARNEIRO (José Carneiro de Campos, * 1854 – †1919): médico baiano (graduado em 1878), foi catedrático de Anatomia Descritiva na Faculdade de Medicina da Universidade Federal da Bahia, com cursos de especialização na Europa. É autor da *Memória Histórica da Faculdade de Medicina* referente ao ano de 1905.

FLÁVIO JOSEFO (Flavius Josephus, * 37 ou 38 – † 95): historiador e apologista judaico-romano, descendente de uma linhagem de importantes sacerdotes e reis, que registrou *in loco* a destruição de Jerusalém, em 70 d.C., pelas tropas do imperador romano Vespasiano, comandadas por seu filho Tito, futuro imperador. As obras de Josefo fornecem um importante panorama do judaísmo no século I, sendo as duas mais importantes *Guerra dos Judeus* e *Antiguidades judaicas*. Essas obras fornecem informações valiosas sobre a sociedade judaica da época, bem como o período que viu a separação definitiva do Cristianismo do Judaísmo.

FREUD (Sigismund Schlomo, * 1856 – † 1939): médico neurologista judeu-austríaco, fundador da Psicanálise. Iniciou seus estudos pela utilização da hipnose como método de tratamento para pacientes com histeria. Ao observar a melhoria de pacientes de Charcot, elaborou a hipótese de que a causa da doença era psicológica, não orgânica. Essa hipótese serviu de base para seus outros conceitos, como o do inconsciente. Também é conhecido por suas teorias dos mecanismos de defesa, repressão psicológica e por criar a utilização clínica da Psicanálise como tratamento da psicopatologia, por intermédio do diálogo entre o paciente e o psicanalista. Freud acreditava que o desejo sexual era a energia motivacional primária da vida humana.

GALENO DE PÉRGAMO (Claudius Galenus, * cerca de 131 – † 201): filósofo romano de origem grega e provavelmente o mais talentoso médico investigativo do período romano. Suas teorias dominaram e influenciaram a Ciência Médica ocidental por mais de um milênio. É o precursor da prática da vivissecção e experimentação com animais. Galeno fez muitas importantes descobertas: distinguir as veias das artérias; o sangue venoso do arterial; propor pela primeira vez que o corpo fosse controlado pelo cérebro; distinguir entre nervos sensoriais e motores; que os rins processam a urina; e demonstrou que a laringe é responsável pela voz. Foi, ainda, cirurgião e muitos dos seus procedimentos e técnicas, ousados demais para seu tempo, só seriam usados novamente alguns séculos depois, a exemplo da sua intervenção cirúrgica para correção da catarata.

GRIESINGER (Wilhelm, * 1817 – † 1868): médico alemão que defendeu que todas as doenças mentais eram resultado de uma doença no cérebro. Griesinger é lembrado para iniciar reformas no tratamento dos doentes mentais, bem como a introdução de alterações no sistema de asilo existente. Ele acreditava na integração do doente mental na sociedade e propôs que a internação de curto prazo devia ser combinada com estreita colaboração dos sistemas de apoio naturais. Também forneceu informações valiosas sobre a natureza do comportamento psicopata. O Hospital Wilhelm Griesinger, em Berlim, foi nomeado em sua honra.

GUSTAVE GELEY (* 1868 – † 1924): médico francês, pesquisador dos fenômenos espíritas e apologista da reencarnação, foi diretor do Instituto Metapsíquico de Paris, que era integrado por Charles Richet, Camille Flammarion, Conde Gramont, Dr. Colmette, Júlio Roche, Dr. Treissier, Sir Oliver Lodge, Prof. Ernesto Bozzano, Prof. Leclainche. Na cidade de Varsóvia realizou importantes trabalhos com os médiuns Ossowiecki, Kluski e outros, obtendo considerável quantidade de moldes de mãos, braços e pernas feitos em parafina por Espíritos que se comunicavam. Dedicou-se com afinco à investigação dos fenômenos de premonição, sonambulismo e lucidez, e a pesquisas no campo mediúnico. Publicou: *Ensaios de Revista Geral e Interpretação Sintética do Espiritismo, O ser subconsciente, As provas do transformismo e os ensinamentos da Doutrina Evolucionista, Do inconsciente ao consciente* e *A ectoplasmia e a clarividência*.

HANNA WOLFF (* 1910 – † 2001): psicóloga alemã. Estudou Ciências Jurídicas e Sociais em Munique, Heidelberg e Berlim, Teologia em Tubingen e Psicologia Profunda em Zurique, na Suíça. Viveu mais de 20 anos na Índia. Publicou a obra *Jesus na perspectiva da Psicologia Profunda*, na qual destaca ser Jesus um Homem Inconfundível; *Jesus Universal – a imagem de Jesus no contexto da cultura hindu* e *Jesus Psicoterapeuta*. Neste último, declara que, durante o atendimento de seus clientes no consultório, citava involuntariamente textos evangélicos, os quais eles registravam e refletiam sobre o seu conteúdo, sua proposta ética transformadora e então melhoravam. Ao ouvir dos pacientes que eles "haviam se apegado às palavras que ela lhes dissera e de ter recebido total ajuda delas", a Dra. Hanna Wolff concluiu que os atos da vida e os ensinos de Jesus eram terapêuticos e o considerou o maior terapeuta que jamais conhecera.

HANS DRIESCH (Adolf Eduard, * 1867 – † 1941): biólogo e filósofo alemão. Ele é mais conhecido por seu trabalho experimental no início de Embriologia e por sua filosofia neovitalista de enteléquia.

HERÓDOTO (* Turquia cerca de 480 – † 455 a.C.): geógrafo e historiador grego, foi o autor da história da invasão persa da Grécia nos princípios do século V a.C.

HORÁCIO (Quintus Horatius Flaccus, * 65 a.C. – † 8 a.C.): poeta lírico e satírico romano, além de filósofo. É conhecido por ser um dos maiores poetas da Roma Antiga.

JÂMBLICO (Iamblichus Chalcidensis, * 245 – † 325): filósofo neoplatônico assírio que determinou a direção da Filosofia neoplatônica tardia e talvez do próprio paganismo ocidental. Estudou a magia dos caldeus e a filosofia de Pitágoras, Platão, Aristóteles e Plotino, e escreveu *Vida de Pitágoras*.

KALINOWSKY (Lothar B., * 1899 – † 1992): psiquiatra americano, mais conhecido por defender a eletroconvulsoterapia. Contribuiu para a segunda edição do *Manual Diagnóstico e Estatístico de Transtornos Mentais*.

KIERKEGAARD (Søren Aabye, * 1813 – † 1855): filósofo e teólogo dinamarquês que criticava fortemente quer o hegelianismo do seu tempo, quer o que ele via como as formalidades vazias da Igreja da Dinamarca. A sua obra teológica incide sobre a ética cristã e as instituições da Igreja.

Na vertente psicológica, explora as emoções e sentimentos dos indivíduos quando confrontados com as escolhas que a vida oferece.

KRAEPELIN (Emil, * 1856 – † 1926): psiquiatra alemão comumente citado como o criador da moderna Psiquiatria, Psicofarmacologia e Genética psiquiátrica. Kraepelin acreditava que as doenças psiquiátricas são principalmente causadas por desordens genéticas e biológicas. Suas teorias psiquiátricas dominaram o campo da Psiquiatria no início do século XX e, na sua essência, até os dias de hoje. Kraepelin contrariava a abordagem de Sigmund Freud, que tratava e considerava as doenças psiquiátricas como causadas por fatores psicológicos. Foi o psiquiatra alemão que primeiro estabeleceu uma classificação das patologias mentais.

LACTÂNCIO (Lucius Caelius Firmianus Lactantius, *África, cerca de 250 – † 320): autor entre os primeiros cristãos que se tornou um conselheiro do primeiro imperador romano cristão, Constantino I, guiando sua política religiosa que começava a se desenvolver e sendo o tutor de seu filho. Escreveu livros apologéticos explicando o cristianismo em termos que eram compreensíveis para pagãos intelectualizados que ainda praticavam as religiões tradicionais, enquanto defendia-o contra ideias de filósofos pagãos. O seu *Divinae instituitiones* (*Instituições divinas*) é um exemplo de apresentação sistemática do pensamento cristão.

LUCANO (Marcus Annaeus Lucanus, * 39 – † 65): poeta romano tido como uma das figuras de maior destaque do período dito clássico do latim. Sobrinho de Sêneca, fez parte da malograda conspiração de Pisão contra a vida do imperador Nero e, ao ser preso, foi obrigado a se suicidar. Restou de sua extensa obra apenas uma epopeia inacabada, a *Farsália*.

MEDUNA (Ladislas Joseph von, * 1896 – † 1964): psiquiatra húngaro. Descobriu que 16,5% dos pacientes epilépticos no instituto que desenvolviam sintomas psicóticos melhoravam da epilepsia. Em 1939, publicou um livro intitulado *Die konvulsionstherapie der schizophrenie* (*A convulsoterapia da esquizofrenia*), no qual descreveu seus resultados com 110 pacientes adicionais tratados com metrazol. Ele relatou a espantosa porcentagem de 95% de remissão da esquizofrenia em pacientes agudos e de 80% em pacientes com menos de um ano de duração da doença. O trabalho de Meduna influenciou a descoberta, que seu deu pelos médicos italianos Ugo Cerletti e Lucio Bini, em 1938, de uma forma mais estável, mais efetiva e menos prejudicial de convulsoterapia, usando eletrochoque transcraniano.

NABUCODONOSOR II (* 605 a.C. – † 562 a.C.): filho e sucessor de Nabopolassar, foi o rei da Babilônia que libertou o reino da Assíria e destruiu Nínive, unificou as dinastias da Babilônia e da Média, conquistou a Palestina, tomou Jerusalém e levou cativos para a Babilônia vários judeus, inclusive o profeta Daniel. Construiu os Jardins Suspensos da Babilônia, obra para agradar sua esposa, Amitis, e um zigurate em formato de pirâmide com aproximadamente 90 metros de altura, conhecido como Torre de Babel). Reconstruiu e adornou Babilônia com canais, aquedutos e reservatórios.

Reinou sobre o maior reino jamais visto na Terra. No final de sua vida, sofreu de uma doença mental, com sintomas parecidos com a licantropia.

NERO (Claudius Cæsar Augustus Germanicus, * Anzio, 37 d.C. – † Roma, 68): imperador romano (54 – 68). Ascendeu ao trono após a morte do seu tio Cláudio, que o nomeara seu sucessor. Ordenou a construção de diversos teatros e promoveu os jogos e provas atléticas. Diplomática e militarmente, o seu reinado caracterizou-se pelo sucesso contra o Império Parta, a repressão da revolta dos britânicos (60 – 61) e uma melhora das relações com a Grécia. O reinado de Nero é associado habitualmente à tirania e à extravagância, recordado por uma série de execuções sistemáticas, incluindo a da sua própria mãe e do seu meio-irmão Britânico, e sobretudo pela crença generalizada de que, enquanto Roma ardia, ele estaria compondo com a sua lira.

ORÍGENES, O CRISTÃO (* Alexandria, 185 – † 254): teólogo, filósofo neoplatônico patrístico e um dos padres gregos. Foi um escritor cristão de grande erudição, ligado à Escola Catequética de Alexandria.

OVÍDIO (Publius Ovidius Naso, * 43 a.C. – † 17-18 d.C.): poeta romano, autor de várias peças menores. É considerado um mestre do dístico elegíaco e é tradicionalmente colocado ao lado de <u>Virgílio</u> e <u>Horácio</u> como um dos três poetas canônicos da literatura latina.

PAULEY (*? – †?): biólogo francês.

PINEL (Philippe, * 1745 – † 1826): psiquiatra francês, considerado por muitos o pai da Psiquiatria humanizada. Notabilizou-se por ter considerado que os seres humanos que sofriam de perturbações mentais eram doentes e que, ao contrário do que acontecia na época, deviam ser tratados como doentes, e não de forma violenta. Foi o primeiro médico a tentar descrever e classificar algumas perturbações mentais. Responsável pelo serviço de alienados do hospício de Bicêtre, desde o começo teve como preocupações fundamentais: 1) distinguir a confusão existente entre os furiosos e os tristes; 2) transformar a atitude brutal e repressiva em uma atitude compreensiva que ele denominou tratamento moral; 3) introduzir no tratamento princípios que reduziam a importância da lesão anatômica etc.

PLÍNIO, O MOÇO (Caius Plinius Caecilius Secundus, * 61 ou 62 – † 113): orador (*Panegírico de Trajano*), jurista, político, governador imperial na Bitínia (111–112). Sobrinho--neto de Plínio, o Velho, o seu legado principal são as suas *litterae curatius scriptae*, 247 missivas escritas a amigos, entre os anos de 97 e 109. Nelas encontramos as melhores descrições da vida quotidiana, política etc. da Roma Imperial e as duas célebres cartas (Plin. Ep. X. 95, 96) que abordam o tema do Cristianismo, um dos primeiros documentos não neotestamentários sobre a Igreja Primitiva.

PLOTINO (* Licópolis, 204 – † Egito, 270): filósofo grego neoplatônico, autor de *As Enéadas*, discípulo de Amônio Sacas por onze anos e mestre de Porfírio. A influência de Plotino e dos neoplatônicos sobre o pensamento cristão, islâmico e judaico foi representativa para escritores como Gregório de Nazianzo, Gregório de Nissa, Santo Agostinho, Dionísio, o Areopagita, Boécio, João Escoto Erígena, Alberto Magno, Santo Tomás de Aquino, Dante Alighieri, Mestre Eckhart, Johannes Tauler, Nicolau de Cusa, São João da Cruz, Marsílio Ficino, Pico de la Mirandola, Giordano Bruno, Avicena, Solomon ibn Gabirol, Spinoza, Leibniz, Coleridge, Henri Bergson e Máximo, o Confessor.

PLUTARCO (* 45 a 50 – † 125): historiador, biógrafo, ensaísta e filósofo neoplatônico grego, conhecido principalmente por suas obras *Vidas paralelas* e *Moralia*.

PORFÍRIO (* Tiro, 233 – † Roma, 304): filósofo neoplatônico e um dos mais importantes discípulos de Plotino, responsável por organizar e publicar 54 tratados do mestre na obra *As Enéadas*. Escreveu ainda uma biografia de Plotino, *A vida de Plotino*, e comentários das obras de Platão e Aristóteles. Seu livro *Introductio in Praedicamenta* foi traduzido para o latim por Boécio e transformou-se num texto padrão nas escolas e universidades medievais, possibilitando desenvolvimentos na Filosofia, Teologia e Lógica durante a Idade Média.

PRÓCULO (* 410 – † 485): último grande filósofo neoplatônico grego. Dirigiu a Academia Platônica e escreveu extensivamente sobre Filosofia, Astronomia, Matemática e Gramática. Baseou a sua filosofia no princípio de que existe somente uma realidade autêntica – o "Um", que é Deus, ou a Divindade, a Meta Suprema de todos os esforços da vida. Próclus reconhecia que a sua iluminação e filosofia vinham do

Alto – na realidade, ele se considerava um instrumento por meio do qual a Revelação Divina vinha até a Humanidade.

ROBERT HARE (*1934 –): famoso psicólogo, especialista em psicopatas. Publicou obras como *Psychology of criminal investigations, International handbook on psychopathic disorders and the law, Snakes in suits: when psychopaths go to work.*

SAKEL (Manfred Joshua, * 1900 – † 1957): judeu-austríaco (mais tarde austríaco-americano), neurofisiologista e psiquiatra, creditado com o desenvolvimento da terapia de choque de insulina para a esquizofrenia, em 1927.

SANTO AMBRÓSIO DE MILÃO (* Alemanha 340 – † 397): bispo da atual Arquidiocese de Milão, é considerado um dos padres latinos e um dos quatro máximos doutores da Igreja. Foi ele quem ministrou o batismo a Agostinho de Hipona. Aprendeu de Orígenes a conhecer e a comentar a Bíblia.

SÃO BASÍLIO MAGNO (*329 – † 379): bispo de Cesareia Mazaca, na Capadócia (atualmente a cidade de Kayseri, na Turquia), foi um dos mais influentes teólogos a apoiarem o Credo de Niceia e um adversário das heresias que surgiram nos primeiros anos do Cristianismo como religião oficial do Império Romano. Além de sua obra como teólogo, Basílio ficou conhecido por seu cuidado com os pobres e necessitados. Juntamente a São Pacômio, ele é lembrando como pai do monasticismo comunal no cristianismo oriental. Basílio, Gregório de Nazianzo e Gregório de Nissa são conhecidos como padres capadócios. A Igreja Ortodoxa e a Igreja Católica Oriental agrupam Basílio com Gregório de Nazianzo e João Crisóstomo como os três grandes hierarcas. É reconhecido como Doutor da Igreja na tradição oriental e ocidental.

SÓCRATES (* 470 – † 399 a.C.): filósofo ateniense, professor de Platão, cujos diálogos retratam como mestre que se recusa a ter discípulos e um homem piedoso que foi executado por impiedade. Dedicava-se ao parto das ideias (Maiêutica) dos cidadãos de Atenas.

TIBÉRIO (Tiberius Claudius Nero Cæsar, * 42 a.C. – † 37 d.C.): imperador romano que sucedeu ao padrasto, Augusto, de 14 até a sua morte. Era filho de Tibério Cláudio Nero e Lívia Drusa. Sua mãe, com dezenove anos e grávida, divorciou-se do seu pai e casou-se com Otaviano, o futuro imperador Augusto. Mais tarde, ele casou-se com a filha de Augusto, Júlia, a Maior. Foi adotado formalmente por Augusto, passando a fazer parte da *gens* Julia.

VALÉRIO (Publius Valerius Maximus, * séc. I a.C. – † séc. I d.C.): escritor romano. Sua obra capital são os nove livros *Factorum dictorum memorabilium* (*Fatos e ditos memoráveis*), dedicados ao imperador Tibério. Elogiava as virtudes romanas por meio de anedotas e relatos tradicionais, o que serviu aos oradores para extrair narrações morais.

VIRGÍLIO (Publius Vergilius Maro, * 70 a.C. – † 19 a.C.): poeta romano clássico, mais conhecido por três obras principais, *Éclogas* (ou *Bucólicas*), *Geórgicas* e *Eneida*, apesar de vários poemas menores também serem atribuídos a ele.

WILLIAM JAMES (* 1842 – † 1910): filósofo americano e autor de romances de análise psicológica.

WUNDT (Wilhelm Maximilian, * 1832 – † 1920): médico, filósofo e psicólogo alemão. É considerado um dos fundadores da moderna Psicologia Experimental, ao lado de Ernst Heinrich Weber (1795 – 1878) e Gustav Theodor Fechner (1801 – 1889). Entre as contribuições que o fazem merecedor desse reconhecimento histórico estão criação do primeiro laboratório de Psicologia no Instituto Experimental de Psicologia da Universidade de Leipzig (Lípsia), na Alemanha, em 1879, e a publicação de *Principles of Physiological Psychology* (*Princípios de Psicologia Fisiológica*).

6.2 Informações gerais

ENTELÉQUIA: no *aristotelismo*, a realização plena e completa de uma tendência, potencialidade ou finalidade natural, com a conclusão de um processo transformativo até então em curso em qualquer um dos seres animados e inanimados do universo

GLOSSOLALIA: (Religião) suposta capacidade de falar línguas desconhecidas quando em transe religioso (como no milagre do dia de Pentecostes); (Psicopatologia) distúrbio de linguagem observado em certos doentes mentais que creem inventar uma linguagem nova.

METAFONISMO: aparecimento e desaparecimento supranormais de indivíduos.

METERGIA: (Espiritismo) Qualquer ação ou exteriorização supranormal.

PNEUMATOGRAFIA: fenômeno mediúnico em que um espírito se comunica por via escrita sem o auxílio de um médium escrevente ou psicógrafo; escrita direta, escrita espontânea.

SALPÊTRIÈRE: famoso hospital francês construído em 1670, onde se realizaram as célebres aulas de Jean-Martin Charcot.

TELECINESIA: (Parapsicologia) movimento de objetos a distância, sem intervenção direta ou contato físico de alguém e supostamente devido a poder paranormal.

TELEPLASMIA: é o mesmo que ectoplasmia (estudo do ectoplasma ou da faculdade que determinados médiuns possuem para a produção ectoplásmica).

XENOGLOSSIA: faculdade mediúnica que consiste em médiuns falarem ou escreverem em línguas vivas ou mortas desconhecidas por eles.

7
Referências

CALAZANS, N.; FERRAZ, J.; NEVES, J. *O Centro Espírita e a desobsessão*. Seminário realizado na Federação Espírita do Estado da Bahia – FEEB, 1997.

DEMÓCRITO, Deoclécio de. *Prontuário da obra de Allan Kardec*. 1. ed. Porto Alegre: AGE, 1994, 584 p.

FERREIRA, Aurélio Buarque de Holanda. *Novo Aurélio Século XXI:* o Dicionário da Língua Portuguesa. 1. ed. Rio de Janeiro: Nova Fronteira, 1999.

FRANCO, Divaldo Pereira; MIRANDA, Manoel Philomeno de [Espírito]. *Nos bastidores da obsessão*. 1. ed. Rio de Janeiro: FEB, 1970, 279 p.

_____. *Temas da vida e da morte*. 1. ed. Rio de Janeiro: FEB, 1997, 334 p.

_____. *Loucura e obsessão*. 7. ed. Rio de Janeiro: FEB, 1997, 334 p.

_____. *Trilhas da libertação*. 3. ed. Rio de Janeiro: FEB, 1997, 328 p.

_____. *Tormentos da obsessão*. 3. ed. Salvador: LEAL, 2001, 324 p.

_____. *Sexo e obsessão*. 1. ed. Salvador: LEAL, 2002, 331 p.

_____.*Grilhões partidos*. 3. ed. Salvador: LEAL, 1981, 238 p.

_____. *Tramas do destino*. 1. ed. Rio de Janeiro: FEB, 1979, 300 p.

_____. *Transtornos psiquiátricos e obsessivos*. 2. ed. Salvador: LEAL, 2019, 264 p.

_____. *Nas fronteiras da loucura*. 1. ed. Salvador: LEAL, 1982, 251 p.

_____. *Painéis da obsessão*. 1. ed. Salvador: LEAL, 1984, 270 p.

_____. *Transição planetária*. 1. ed. Salvador: LEAL, 2010, 264 p.

_____. *Mediunidade: desafios e bênçãos*. 1. ed. Salvador: LEAL, 2012, 216 p.

_____. *Reencontro com a vida*. 1. ed. Salvador: LEAL, 2015, 296 p.

_____. *Entre os dois mundos*. 6. ed. Salvador: LEAL, 2016, 312 p.

_____. *Amanhecer de uma nova era*. 2. ed. Salvador: LEAL, 2016, 240 p.

_____. *Perturbações espirituais*. 1. ed. 4ª reimp. Salvador: LEAL, 2018, 248 p.

FRANCO, Divaldo Pereira [por diversos Espíritos]. *Sementes de vida eterna*. 3. ed. Salvador: LEAL, 1995, 200 p.

_____. *Antologia espiritual*. 1. ed. Salvador: LEAL, 1992, 171 p.

_____. *Roteiro de libertação*. 1. ed. Rio de Janeiro: CAPEMI, 1981, 137 p.

_____. *Sementeira da fraternidade*. 3. ed. Salvador: LEAL, 1979, 253 p.

_____. *Depoimentos vivos*. 1. ed. Salvador: LEAL, 1975, 207 p.

KARDEC, Allan. *O Livro dos Espíritos*. 76. ed. Rio de Janeiro: FEB, 1995, 494 p.

_____. *O Livro dos Médiuns*. 61. ed. Rio de Janeiro: FEB, 1995, 488 p.

_____. *A Gênese*. 36. ed. Rio de Janeiro: FEB, 1995, 423 p.

_____.*Obras póstumas*. 26. ed. Rio de Janeiro: FEB, 1993, 397 p.

_____.*O que é o Espiritismo*. 3. ed. Rio de Janeiro: FEB, 1995, 217 p.

_____.*O Evangelho segundo o Espiritismo*. 110. ed. Rio de Janeiro: FEB, 1995, 435 p.

_____.*O Céu e o Inferno*. 40. ed. Rio de Janeiro: FEB. 1995, 425 p.

_____. *Revista Espírita*. São Paulo: EDICEL, 1967, 11 volumes – 1858-1869.

Anotações

Anotações

Anotações

Anotações

Anotações